悠缘特教
各地特教系列

走进山东特教丛书◎总主编：李淑英

LONGXIAO
SHUXUEJIAOXUE
SHENGHUOHUATANSUO

聋校数学教学生活化探索

主　编　徐东升
副主编　祝红军　崔　宁

天津出版传媒集团
天津教育出版社
TIANJIN EDUCATION PRESS

图书在版编目（CIP）数据

聋校数学教学生活化探索 / 徐东升主编. — 天津：天津教育出版社, 2013.10

ISBN 978-7-5309-7394-3

Ⅰ.①聋… Ⅱ.①徐… Ⅲ.①数学课—教学研究—聋哑学校 Ⅳ.①G762.2

中国版本图书馆CIP数据核字(2013)第247187号

聋校数学教学生活化探索

出 版 人	胡振泰
主　　编	徐东升
副 主 编	祝红军　崔　宁
选题策划	陈志平　蒋丰祥
责任编辑	尹福友
装帧设计	戚克娜　解　芳
出版发行	天津出版传媒集团 天津教育出版社 天津市和平区西康路35号　邮政编码300051 http://www.tjeph.com.cn
经　　销	新华书店
印　　刷	天津金彩美术印刷有限公司
版　　次	2014年1月第1版
印　　次	2014年1月第1次印刷
规　　格	16开（787×1092毫米）
字　　数	340千字
印　　张	17.25
定　　价	38.00元

总序一

特殊教育的发展和普及是衡量一个国家教育普及和教育公平程度的一个重要标志，更是衡量一个国家社会文明程度和公民素质的一把重要标尺。因此，党的十七大、十八大报告先后提出“关心特殊教育”“支持特殊教育”。今年党的十八届三中全会报告中又明确提出“推进学前教育、特殊教育、继续教育改革发展”。这些重要报告表明我国特殊教育事业的发展已引起党和国家的逐步重视，也标志着我国特殊教育事业的发展进入了一个新的阶段。同时，也调动了广大特殊教育工作者的积极性，一批批奋战在一线特殊教育学校的校长、教师积极投身到特殊教育的改革与实践中，探索当代本土化的中国特殊教育发展之路。

“走进山东特教”这套丛书就是特教工作者长期实践探索的成果之一，是齐鲁大地上一批优秀的特教人对多年教育、康复实践成果的总结。丛书既汇聚了百年老校烟台聋校多年积累的语文、数学教学实践经验、青岛盲校的视障学生心理健康教育探索历程，又总结了山东一批特殊教育名校近年在教育、康复方面的实践探索，如青岛聋校听障儿童听觉语言康复、菏泽定陶特殊教育学校的智障儿童康复教育、临沂天使国际特殊教育学校的脑瘫儿童康复、枣庄特殊教育学校幸福校园建设等。这些实践凝聚了山东一线校长、教师们的无数心血，也是奋战在我国一线特殊教育学校校长、教师的缩影。他们实践研究，再实践再研究，用自己的实际行动在推动中国特殊教育事业的发展，为实现特殊教育的中国梦而努力。

本套丛书实践性强，书中所附的实践案例增强了丛书的可读性、借鉴性、启发性。每一本书的内容都很好地反映了编者们多年的实践功底和对现实需求的准确把握。他们不唯高深的理论，而是把教育康复训练方法、感悟、反思、案例等与一线教师距离最近的内容提炼、升华、呈现，总结实践经验再反哺实践，以此来提升广大一线教师的教育康复实践能力，更具有现实意义。

本套丛书既是编者们的职业生涯的宝贵财富，也是特殊教育的宝贵财富，一定能让广大一线教师、特殊儿童家长或相关研究人员从中受益。

王 辉

南京特殊教育职业技术学院特教与学前教育学院副院长 教授

2013 年 11 月

总序二

随着和谐社会建设进程的加快，作为儒家文化的发源地，同时也是中国第一所聋校诞生地的山东，在政策扶持及无数特教人的不懈付出与努力下，特殊教育取得了令人瞩目的成绩。

作为一个从事特殊教育师资培养工作近30年的老特教，可以说是目睹了我国特别是山东省特殊教育的发展，为特殊教育逐渐受到国家重视、社会的“残疾人观”一步步发生变化，特殊教育逐渐被社会大众理解而感到欣慰，尤其是看到更多的高学历、高素质的年轻人不断加入到特殊教育师资队伍中来，更是对特殊教育的未来充满了希望。但是，面对残疾儿童类别不断增多等特教新形势，面对一线特教老师无数的困惑疑问，让人难有“万事大吉”的放松。在完成自己日常的教学科研任务之外，偶尔也有过再做点什么的念头，但考虑到自己的能力和年龄等因素，一次次放下。直到2012年暑假的一天，在跟好朋友、北京悠缘华夏文化传播有限公司蒋丰祥先生通话中，他的一句调侃“年龄已经成为你偷懒的借口”让我理屈词穷；“山东特教发展取得了那么多的成绩，你牵头展示一下山东特教的风采是多么有意义的一件事”。蒋总的“游说”增强了我这个老特教的光荣感和责任感——尽管我知道，凭我的能力和名气来牵头展示齐鲁大地的特教业绩，显然是难负其重，可是为山东特教的发展出一点力应该是我义不容辞的责任。就这样，2012年暑假开始着手筹划出书这事儿。

编什么系列，从哪里着手？作为山东省唯一一所特殊教育师范院校的老师，我常年跟一线老师保持着非常好的联系，他们给与我教学与科研的无数启发与灵感，尤其在跟一线老师的密切交流及实地考察中，发现一种较为普遍的现象：一方面，许许多多的一线教师在多年的特殊教育生涯中用自己的爱心和智慧积累了大量的实践经验，特别是像烟台聋校这样的百年老校（中国第一所聋校）、青岛聋校这样的全国聋教育实验校等，他们视野开阔、经验丰富，这些经验需要整理、升华；另一方面大量的一线老师特别是年轻教师又常有面对各类残疾孩子“束手无策”的尴尬，他们需要理论指导，更需要实实在在的成功经验的借鉴。针对此现状，立足于广大一线教师，抛却过多理论上的“高瞻远瞩”，把康复教育训练方法、感悟、反思、案例等与一线教师距离最近的内容提炼、升华、呈现，成为我们相关各方的共识。因此也就有了“走进山东特教”这套丛书的编写。

本是立足于山东，但随着辽宁王喜军等外省老师的加入，也使得这套书的视野更开阔，内容更丰富。

历经近两年的时间，经过各位编者的辛苦努力，这套书终于跟大家见面了。欣喜之余，更多是要说出我的感谢：

感谢北京悠缘华夏文化传播有限公司蒋丰祥先生、戚克娜女士及其他员工，没有他们的对特教的关爱、对事业的执着与辛苦付出，也就没有一系列特教作品包括本书的出版发行。2007年因主编《特殊儿童的教育鉴别与评估》一书跟他们相识，直至成为今天的挚友，想来真是我的荣幸。悠缘，有缘。

感谢各位编者。他们当中既有烟台、青岛等地全国知名特教学校的校长，也有扎实肯干、成绩斐然的一线老师；有我多年来因特教结缘的朋友，也有我的同学、学生。当我从蒋总那里接受了“任务”，面对算得上庞大的编写计划，忐忑地跟他们沟通时，他们热切的呼应、积极的作为也成为我巨大的精神力量。作为一线管理者或老师，他们教学、管理任务繁重，但对承诺事情的执着和勤勉，使我这个近几年正慢慢把年龄当资本的闲散惯了的人受益匪浅；他们的谦虚和善解人意，使得我们无数次的沟通都顺畅无比。一起合作的过程，也是我跟他们学习的过程。每当打开电脑看到他们半夜从邮箱发来的材料，常生感动。营口的王喜军老师更是把QQ个性签名改为：自从参与编书，就爱上了熬夜。有的老师为了把照片弄好，费劲心思，精益求精。在佩服他们、感谢他们的同时，也为我们的特殊教育有这样一些拼命三郎而甚感欣慰。

写到这里才发现一套学术著作的序言被我写成了充满人情味的感言了吧。见谅。我想学术的严谨与人情味的浓郁并不矛盾。特殊教育更是如此。

本套丛书首期出版的分别是：刘本部、郑芳、刘美芸等著的《听障儿童听觉语言康复研究与实践》，徐东升主编的《聋校数学生活化教学探索》，李岩、孔玲主编的《聋校语文读与写》，张蕾、薛梅、葛玉萍编著的《视障学生心理健康教育与辅导》，孔祥英、陈承杰主编的《智障儿童康复教育概论》，陈庆莲主编的《脑瘫儿童康复训练指南》，郑建刚、刘莹、冯杰主编的《建设幸福特殊教育学校》，李淑英、王喜军、刘迪编著的《特殊儿童感觉统合训练理论与实践》等。所有编者或是经验丰富的一线骨干教师，或是专家型的校长，他们丰富的特教从业阅历及实践经验使得这套书的“实践性”特色突出，其中为数不少的的实践案例分析更是增强了书的可读性、可借鉴性。可以说每一本书的内容皆是编者老师们多年实践经验的总结与反思，是这些编者老师职业生涯的宝贵财富，也是特殊教育的宝贵财富，想必定会对广大一线教师、特殊儿童家长或相关研究人员起到一定的参考或借鉴作用。

由于各位编者多来自特教一线，教学及管理任务繁重，时间有限，加之多是第一次编书，虽尽心力而为也难恐有疏漏或不足之处，还望各位读者朋友批评指正。

李淑英

潍坊学院幼教特教师范学院 副教授

2013 年 11 月

前言

数学作为一种普遍实用的技术，有助于人们收集、整理、描述信息，建立教学模型，进而解决实际问题，直接为社会创造价值。20世纪中叶以来，数学自身发生了巨大的变化，在研究领域、研究方式和应用范围等方面都得到了空前的拓展。

纵观世界数学教育，数学教学与生活实践、活动相结合已成为数学教育改革的一个重要课题。美国在《中小学数学课程与评估标准》中将“有解决数学问题的能力”作为五大数学教改的目标之一，特别指出：这里的问题可以是来自数学内部，也可以来自数学外部，但更来自现实世界的实际问题。瑞典教育部的文件中指出：必须再一次强调数学教育的基本目的是培养学生解决实际问题的能力。英国的数学教改报告中指出：数学课程的各个阶段，教师都需要帮助学生理解如何应用所学的概念、知识与技能，如何应用它们去解决问题。中国著名教育家陶行知创立了以生活教育为主线的现代教育理论，提出了“生活即教育”，把生活和教育有机地统一起来。

我国教育已逐步从应试教育转向素质教育，数学教育正一步步走出王宫，走向大众，走下金字塔，走进生活实践。尤其自国家课程改革以来，“以学生发展为本，关心学生需要，以改变学生学习方式为落脚点，强调课堂教学要联系学生生活，强调学生要充分运用经验潜力进行建构性学习”成为新课改的基本思想。同时《数学课程标准》也强调：数学教学要紧密联系学生的生活实际，从学生的生活经验和已有的知识体验出发，创设生动、有趣的情景，引导学生从数学角度去观察问题、思考问题，以及发展思维能力，体验数学乐趣、感悟数学的作用。掌握多少数学知识已经不再是评价学生学习情况的唯一标准，如何理解数学的价值，能否运用数学的思维方式去观察、分析日常的生活现象，去解决生活中遇到的现实问题，在实践活动中将知识升华，已经成为数学教学的重要教育内容。具体地说，就是在数学教学中能不能把这些生活问题与之相联，能不能在教学中让学生根据自己现有的知识水平和生活经验去重新体验“数学发现”的过程,能不能让学生运用所学的数学知识去解决一些生活中的简单问题……可见，关注数学教学生活化已成为全世界教育改革的主要内容与主攻方向。

联合国教科文组织国际教育委员会在《教育——财富蕴藏其中》的报告中提出，未来教育的四大支柱即学会认知、学会做事、学会共同生活、学会生存。对特教学校来讲，这不仅是未来的教育支柱，亦是特殊教育的趋势所在。

聋校数学教学的主要任务是不仅要向学生传授有关的数学知识，而且必须使他们能运用所学知识解决实际问题。我们培养学生的计算能力、逻辑思维能力、空间观念，最后都集中反映在解决实际问题的能力上。掌握一些数学知识是培养学生分析问题和解决实际问题的能力的基础，但是具有以上这些能力，不会自然形成解决简单实际问题的能力，还需要在教学中有意识的加以培养。只有当学生在掌握基础知识的同时，又相应提高分析问题、解决问题的能力，才能使知识学深、学活、学扎实。

当前，我国的聋教育已经形成了较为完备的体系。但受多方面因素的影响，聋校教学仍存在着一定的弊端，主要表现在：

1. 听力和语言的缺陷，导致听障学生缺乏对社会实践和对客观事物的感性认识，加重了听障学生学习上的困难程度，无形中使听障学生的发展更加滞后于同龄的健听学生；

2. 受多年来始终未变的聋校教材的制约，教育教学中存在的用、学、教严重分离的弊端，即学生在现实生活中要用的没有学，学了的又用不上，学生爱学的东西课本中没有，教师比较多地依赖教材作为教学的主要内容，对听障学生的知识面扩展和能力的提高重视不够，教学内容与学生的社会生活、学校生活、家庭生活严重脱节；

3. 在传统陈旧的教学观念的影响下，教师课堂教学方式单一，导致听障学生缺乏学习兴趣，个性压抑，学习效率低下，学生的学习潜力难以得到发挥，课堂教学失去了生命的活力；

4. 听障学生认识事物以简单、直观、具体的方式为主，抽象、概括分析、理解、判断、思考问题和解决问题的能力比较差，反应迟缓，认识能力发展缓慢，学习迁移困难。

……

因此，聋校教学需要寻求新的改革思路，才能真正把素质教育落到实处。

我国教育家陶行知先生指出："生活即教育""教学做合一""为生活而教育"。他认为生活是教育的中心，因而教学不能脱离现实生活。

聋校数学教学同样离不开生活的支撑，发展听障学生的数学综合能力，就需要以学生发展为本，关心学生需要，以改变学生学习方式为落脚点，强调课堂教学要联系学生生活，强调学生充分运用经验潜力进行建构性学习。反映在操作层面上便是以生活为大课堂，进行"生活化的数学教学"，"让生活走进数学，让数学回归生活"，把教学归朴于实践活动，归朴于生活情趣，倡导活教、活学、活用合一。即学生现在或将来在学习、生活中要用什么，就让学生学什么；让学生学什么，教师就创造性地教什么；教了什么，要让学生实实在在的会些什么。

以此，来促进听障学生的数学能力、生活能力的协调发展，提高和完善听障儿作为社会人的综合素质，适应知识经济时代的要求，在素质教育背景下找准在聋校数学教学中培养学生实践能力和创新精神的最佳切入点。

基于以上认识与思考，七年前，《聋校数学教学生活化研究》这一烟台市"十一五"规划重点课题的研究开展，使我们开始走上了一条对听障学生进行生活化数学教学的探索之路，产生了撰写《聋校数学教学生活化探索》一书的冲动，这期间，大量的教学案例、操作方法、体悟反思、学生作品，成为本书最原始、最宝贵的第一手资料。

《聋校数学教学生活化探索》来源于生活，又有服务于生活，突出科学性、实用性和可操作性等特点。可以说，本书为从事聋教育的教师和即将踏上聋教育工作岗位的年轻教师提供了一套比较系统、完善的指导与操作方法，使用起来便捷、有效、明了。这是我们在编写过程中孜孜以求的目标。

本书共分四章：

第一章　聋校数学教学生活化概述；

第二章　聋校数学教学生活化的主要内容；

第三章　聋校数学教学生活化的实施过程；

第四章　聋校数学教学生活化的案例。

展望听障学生的教育未来，我们深感时代机遇之可贵、责任之重大。为了让更多的听障学生能够融入主流社会，做人、做事、做学问，谋生、谋职、谋幸福，我们愿和更多的特教战线上的同仁携手共进，以期我们聋教育能够健康、快速、和谐的发展。

本书副主编：祝红军、崔宁。

祝红军，中学高级教师，数学教研组长，担任的香港第二批试验校的《随班就读实践与探索》课题、市级课题《聋校数学教学生活化研究》的领题人、参与教育部“十五”特殊教育科研课题《中等职业技术学校职业能力培养》之“在聋校职专进行职业指导”的实验与研究，均已结题并获优秀成果奖。多篇论文在报刊杂志上发表。先后获得烟台市“教科研先进工作者”、“烟台市教学能手”，“烟台市师德标兵”和“山东省教学能手”等荣誉称号。

崔宁，中学一级教师。现任烟台市特殊教育学校教务副主任。多年来一直从事聋教育教学工作。曾主持烟台市“十一五”教育重点研究课题《聋校数学教学生活化研究》，并获得烟台市课题研究成果一等奖。参与编写了烟台特殊教育学校《生活中的数学》校本教材，并获省优秀教学资源一等奖。多篇论文在在《现代特殊教育》《山东教育导报》《烟台教育》上发表，曾获得烟台市优秀教师的荣誉称号。

因本书的作者均来自于教学一线，理论水平有限，研究问题的角度和高度都有一定的局限性。在今后的教学实践中，仍将对许多理论和实践进行孜孜探究。仅以此书作为和奋斗在聋教育一线的教师们进行对话和探讨的途径和平台，如有不足，敬请谅解。感谢烟台市特殊教育学校的孙言杰、孙晓宁、段晓伟、于桂华、江婧、任万林、孙兴梅等各位老师在课题研究及本书编写过程中付出的艰辛的努力。

编　者

2013 年 5 月

目　录

第一章　聋校数学教学生活化概述

第一节　聋校数学教学生活化简介

一、生活化

生活化是教学的一种倾向于生活的动态过程，是指将教材教学与学生实际联系起来，将学生从抽象、虚拟的课本堆中解脱出来，给学生感受自然、社会、事实、事件、人物、过程的机会，使学生在与实际世界的撞击、交流中产生对世界、对生活的爱，从而自觉地、主动地获取知识。它是一种现代教学理念，其主旨是：

1. 捕捉生活中的教学现象，改变和整合教学内容；

2. 联系生活中的实际问题，设计教学实践活动；

3. 挖掘知识的生活内涵，结合学生的认知特点和学习心理，积极实施生活化的教学策略。

二、数学生活化

数学生活化是指在数学教学中，从学生的生活经验和已有知识背景出发，联系生活讲数学，把生活问题数学化，数学问题生活化。体现“数学源于生活，寓于生活，为生活服务”的思想，以此来激发学生的学习兴趣，使学生学会运用数学的思维方式去观察、分析现实社会，解决日常生活中的问题，继而在数学教学中，让学生从熟悉的生活情景和感兴趣的事物出发，为学生提供可以观察和操作的机会，使他们有更多的机会从周围数学的事物中学习数学和理解数学，体会到数学就在我们身边，感受到数学的作用，体验到数学的魅力。

数学生活化的研究就是进行二者之间如何相互促进从而达到培养创新性的现代人才的研究。

三、数学教学生活化

数学教学生活化是指数学教学与社会生活、学生生活相结合，把数学知识转化为学生的实际生活情境，在实际生活情境中学习数学的一种教学方式。这里所指的学生实际生活并不单纯是学生生活情境在数学课堂教学中的完全再现，而是一种数学化的生活情境，它追求的是教师利用自我的教学智慧，有效地借助学生的知识背景、生活经验及生活环境等因素，通过语言描述、文字叙述、图画展示、媒体播放、动作演示等手段，再现生活情境，把数学问题与生活情境紧密地联系在一起，从而使学生借助生活经验，在生活中提出数学问题，探索问题的规律，解决数学问题，最终达到“数学世界生活化，生活世界数学化”的目的。

四、聋校数学教学生活化

聋校数学教学生活化是在新课改的大背景下，在总结与吸纳普校数学教学生活化的优秀教育教学经验的基础上，满足于特殊教育的特殊性，基于发展听障学生解决实际问题能力的一种新的教与学的方式。

教学资源：适合听障学生特点、突现聋校特色。

终极目标：培养学生的实践运用能力，发展、补偿听障学生的语言。

学习体系：来源于生活——提炼为数学模型——应用于实际。

学习方式：自主观察、自主探索、主动参与、实践操作、合作交流。

实施特点：教学资源生活化——课堂教学生活化——实践活动生活化——数学评价生活化。

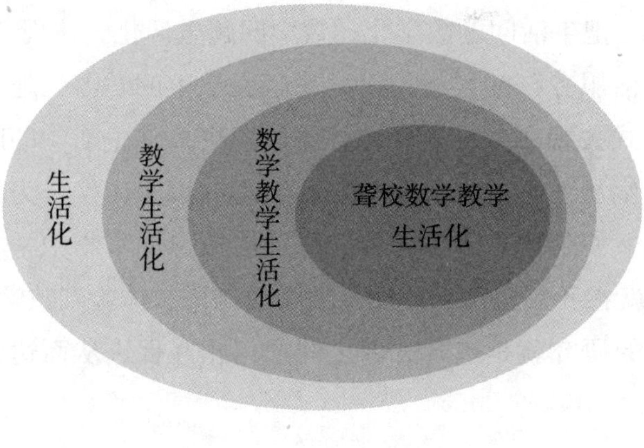

第二节　聋校数学教学生活化的总体目标

聋校数学教学生活化旨在拓宽聋校数学课堂教学领域，扩大聋校数学教学时空，为听障学生提供数学赖以存在的大背景，引领听障学生联系生活实际，体会数学与自然、社会的广泛联系，学会从日常生活中搜集、整理数学信息；学会运用数学的思维方式去观察、分析社会，解决日常生活中的数学问题，在学习与运用中不断提高数学实践能力；开阔听障学生的知识视野，打破课堂学习的局限性，促使他们创造性地获取知识；建立书本知识与现实间的联系，使听障学生充分认识到数学知识的价值，并通过社会化、生活化的方式使听障学生学到有用的数学。

一、聋校数学教学生活化总目标

遵循“教、学、做”合一的理论和方法，践行“生活—数学—生活”的操作过程。将现行教材中脱离学生生活实际的数学问题还原为取之于学生生活实际、具有一定现实意义的数学问题。把学生生活与数学教学有机地结合起来，将生活问题数学化，数学问题生活化，从而让学生真实地感受、理解、掌握数学思想、知识技能的形成过程，激发学生学习数学的兴趣，促进学生数学思维能力、生活能力的协同发展，培养学生数学地分析、解释、解决现实生活问题的能力及运筹优化的意识和创新精神。

二、具体目标

（一）教师发展目标

1. 转变教师教育理念，促使教师理论素养专业化。
2. 发展教师教育科研能力，促使教师教学实践专业化。
3. 提升教师教学技能，促使教师教学品质专业化。

（二）学生发展目标

1. 知识与技能目标

让学生经历生活实际问题抽象成数学问题以及用数字、符号、图形描述现实生活的过程，培养学生基本的数学思想和方法，理解和掌握基本的数学知识和技能，形成初步的数感、符号感、空间感和统计感。

2. 思维能力目标

引导学生在教学过程中主动参与，积极思考，通过观察、实验、归纳、类比等方法，发展合情推理能力和初步的演绎推理能力，培养学生发散思维与收敛思维、正向思维与逆向思维、直觉思维与逻辑思维、再现性思维与创造性思维等数学思维能力。

3. 情感态度目标

让学生体验数学活动充满着探索与创造，感受数学的严谨性以及数学结论的确定性。使学生自觉形成对数学的好奇心和求知欲，并能积极主动地参与到数学学习活动中去，在数学学习活动中获得成功的体验，锻炼克服困难的意志，建立自信心。形成实事求是的处事态度，培养交流合作的能力和独立质疑的习惯。

4. 应用能力目标

让学生成为数学思想和方法的明智使用者，学会在实践生活中用数学的眼光提出问题，用数学的思想、知识技能和方法，分析、解释并解决一些简单的现实问题。

5. 数学语言目标

通过设计形式多样的数学实践活动，营造良好的语言环境，使不同层次、不同类型的听障学生提高语言表达及运用能力，培养学生的听、说、读、写能力，发展、补偿听障学生的数学语言。

第三节　聋校数学教学生活化的理论依据

“聋校数学教学生活化”是以辩证唯物主义哲学方法论为基础，以教育学、心理学、相关教育、课程理论方面的专著为指导，着重依据以下几个理论。

一、《全日制数学课程标准》理论

《数学课程标准》(实验稿)指出，数学课程“不仅要考虑数学自身的特点，更应遵循学生学习数学的心理规律，强调从学生已有的生活经验出发，让学生亲身经历将实际问题抽象成数学模型并进行解释与应用的过程，进而使学生获得对数学理解的同时，在思维能力、情感态度与价值观等多方面得到进步和发展。”《数学课程标准》在阐述课程目标时，首次大量使用了“经历(感受)、体验(体会)、探索”等刻画数学活动水平的过程性目标动词，从而更好地体现了数学学习对学生在数学思考、解决问题以及情感与态度等方面的要求。具体而言，就是在数学学习的过程中，要让学生经历知识与技能形成与巩固的过程，经历数学思维的发展过程，经历应用数学能力解决问题的过程，从而形成积极的数学情感与态度。

二、活动教育理论

1. 美国教育思想家杜威立足于现代社会讨论教育，他认为：教育即生活，教育即生长，教育即经验、活动的改造。教师要引导学生直接从外界事物和周围事物环境中进行学习，同学生的生活实际相结合，从而使他们获得有用的知识。

2. 教育家卢梭认为:教学应让学生从生活中，从各种行为、活动中进行学习，通过与生活实际相联系，获得直接经验。学生应该主动地进行学习，反对让儿童被动地接受成人的说教或单纯地从书本上进行学习。他认为教师的职责不在于教给儿童各种知识和灌输各种观念，而在于引导学生直接从外界事物和周围事物环境中进行学习，与学生的生活实际相结合，从而使他们获得有用的知识。

3. 荷兰著名数学教育家弗赖登塔尔主张“现实的数学”，主张“数学源于现实、寓于现实、用于现实”。他从数学教育的特点出发，提出了“数学现实”“数学化”“再创造”等数学教学原则。

4. 中国的大教育家陶行知先生的大教育观“生活即教育”——在生活里找教育，为生活而教育;“社会即学校”——教育的材料，教育的方法，教育的工具，教育的环境，都可以大大增加；因教育源于生活，适应生活的需要，教学更不能脱离生活，脱离生活的教学就失去儿童主动学习的心理基础。所以在教学内容上应把学校与社会、教育与生活密切结合。

5. 著名数学家华罗庚精彩描述了数学在“宇宙之大、粒子之微、火箭之速、化工之巧、地球之变、生物之谜、日用之繁”等各方面无处不有的重要贡献。生活中的数学知识可以说无时不在，无处不在。

三、建构主义理论

皮亚杰的知识建构理论指出，学生是在自己的生活经验基础上，在主动的活动中建构自己的知识。也就是说，学习者并不是空着脑袋走进教室的，而是在以往的生活、学习和交往活动中，已经逐步形成了自己对各种现象的理解和看法，而且，他们具有利用现有知识经验进行推论的智力潜能；相应地，学习不简单是知识由外到内的转移和传递，而是学习者主动地建构自己的知识经验的过程，即通过新经验与原有生活知识经验的相互作用，来充实、丰富和改造自己的知识经验。原苏联心理学家提出的“活动内化的理论”和皮亚杰的“认识建构理论”都指出学生是在基本生活经验基础上主动地建构自己的集训结构的。

四、数学建模理论

现代数学界提出的数学建模理论为我们提供了将数学与生活实际相连的机会，数学建模的过程，就是将数学理论知识应用于实际问题的过程。

五、学科、教育学和心理学理论

1. 数学学科的特点

数学是一门探索模式的学科，数学的任务之一就是探索生活中的各种模式，只有把数学与生活实践紧密联系，学“生活数学”，过“数学生活”，才能使数学教育焕发出勃勃的生机，才能使学生的思维能力、实践能力和创新意识得到充分的发展。课堂教学学“生活数学”与课外过“数学生活”相互联系，相互促进，构成一个有机联系的整体。

2. 特殊教育的教学特点

特殊教育是对有“特殊需要”的孩子进行的教育，它除了具备和普通教育教学所具有的特性外，还有其特殊性。聋校的数学教学与普校也有许多相同的原则、规律。但听障学生与正常学生比起来，也有一些特殊的学习需要，这些需要尽管没有质的差异，却有量的不同。

3. 听障学生的心理特点

和正常孩子一样，听障学生同样对周围事物充满好奇，同样有一种与生俱来的、以自我为中心的探索精神。正如苏霍姆林斯基说的一样，学生希望自己是发现者、研究者、探索者，能发现生活中的数学问题，并解决问题。

六、创新教育理论

创新教育要求我们从现代社会发展变革和人自身发展的高度来审视学校教育。要求教者在实施教育过程中，确立以学生发展为本的思想，把培养和发展学生创新意识、创新态度、创新能力和创新型个性品质置于教育的核心地位，创新教育要求把课堂还给学生，给学生创新的空间。因而陈旧而僵化的课堂教学模式已不适应时代发展的要求，没有现实生活的课堂教学，对于师生双方无异于精神的劳役。

第四节　聋校数学教学生活化的实践依据

一、聋校数学教学生活化是聋校素质教育的需要

近年来，我国大力推行素质教育。素质教育的核心是培养学生的创造精神，促进学生全面发展、主动发展和终身发展。而进行生活化的数学教学是培养学生实践能力和创造精神的一个基础。就我国目前聋校数学教学的现状而言，在教学目标、内容、方法上仍受传统的教学观念的影响，还不完全适应素质教育的要求。在教学中，仍然存在着四重四轻的现象：即重“知识”轻“情感、能力”；重“结论”轻“体验过程”；重“书本”轻“实践活动”；重“技能”轻“综合运用”。因此，将数学问题生活化，培养学生的实践能力和创新精神，是素质教育的需要。

二、聋校数学教学生活化是课程改革的需要

课程改革的浪潮已经扑面而来。《小学数学课程标准》指出：数学是人类生

活的工具；对数学的认识不仅要从数学家关于数学本质的观点去领悟，更要从数学活动的亲身实践中去体验；数学发展的动力不仅要从历史的角度去考量，更要从数学与人和现实生活的联系中去寻找。因此，进行生活化数学教学研究也是课程改革的需要。

三、聋校数学教学生活化是数学教育教学的需要

荷兰数学教育家汉斯·弗赖登塔尔认为："数学来源于现实，存在于现实，并且应用于现实，数学过程应该是帮助学生把现实问题转化为数学问题的过程。"学习数学是为了更好地解决生活中存在的问题，更好地体现生活。

师生日常的现实生活经历和体验都会在学校教育活动中产生作用，不时会在教育教学活动中体现出来。如在教学内容的理解上、方法的应用上、事例的列举上，对教学内容的巩固、练习、运用中，都会体现出师生日常的生活痕迹。事实上，学校教育教学活动中师生的现实生活，它是联系其他社会生活的桥梁，是其他社会生活与学校生活的契合点。教学活动与师生日常现实生活相联系，对教学过程、教学效果及教学效率都会产生积极的影响。因此，生活化教学不只是学生掌握知识、巩固知识的手段，它还是教育活动的本身需要。

如何把数学问题生活化，化抽象的数学为有趣、生动、易于理解的事物，让学生感受到数学其实是源于生活且无处不在的，也是数学教学自身的问题。

四、聋校数学教学生活化是学生认知发展的需要

教育学和心理学的研究表明：当学习的材料与学生已有的知识和生活经验相联系时，学生对学习才会感兴趣。华裔诺贝尔物理学奖获得者崔琦先生说过："喜欢和好奇比什么都重要。"听障学生和健听学生一样好奇心强，求知欲旺盛，但学习目标不明确，生活化的数学教学能把情、形、境、理熔于一炉，易于唤起学生注意、产生共鸣，引发学生的好奇心、增强学习兴趣，培养学生的问题意识和应用意识，这样，才会有效促使学生主动探究，全面发展学生素质。

五、聋校数学教学生活化是时代发展的需要

21 世纪是知识、经济飞速发展的时代。数学教学只有适应不断发展变化的

形势，将所学知识与不断发展变化的现实生活相联系，与时俱进，不断充实、改进教学内容、教学方法和教学策略，为学生的终身发展奠定良好的基础，以达到普校《数学课程标准》中的总目标所提出的要求："通过数学学习，学生能够初步学会运用数学的思维方式去观察、去分析现实社会，去解决日常生活中的问题"，进而形成勇于探索、创新的科学精神。

第五节　聋校数学教学生活化的实施原则

一、主体性原则

学生是学习、生活的主人，在实施教学过程中，教师要尊重学生的个性，关注学生的情感，保护学生对数学的好奇心和求知欲，引导学生用数学的眼光去发现生活中的数学，让学生亲身体验、探索和感悟数学与生活的联系，在数学学习活动中不断获得成功的体验，提高其学习数学、应用数学的信心，掌握真正属于自己的东西。

二、实践性原则

教学中，坚持理论联系实际，让学生在实践中体会生活是数学的唯一源泉，在实践中构建自己的数学思想、数学方法和认知结构。让学生通过多种渠道，调动多种感官进行探究，在"做"中"学"数学，在"学"后"用"数学，通过加强与学生生活的联系和生活实践，沟通数学与生活的联系，提高学生生活实践的能力，培养和形成良好的个性品质和学习习惯。

三、创新性原则

以创新思想为指导，教给学生创造性的思维方法，树立每个学生都有创造欲望和创造潜力的观念，引导学生参与创造性活动，激发其创造热情，挖掘其创造潜能。

四、综合性原则

遵循听障学生的思维发展规律，以及他们的年龄和个性特点，面向全体，面向每一个学生，平等对待每一个学生，打破封闭的心态和狭窄的视野，以现有知识的综合运用为重点，深入研究更深层次的课题，在研究过程中，重视学生全面素质的提高，开发学生的各种潜能，实现各学科研究的沟通和融合，促进各单元知识的融合、巩固和提高。

五、鼓励性评价原则

教师要善于运用夸奖的言辞、友善的微笑和热情的鼓励来引导学生，教给学生学会尊重他人的学习成果，善于发现别人的闪光点，要注意保护那些稚嫩的、具有创新特点的思想火花，培养学生的自信心和成就感，养成学生积极探索、勇于创新的态度和习惯。

六、发展性原则

教师的教学不仅要关注学生的今天，更要着眼于学生的明天。在教学过程中，必须致力于教学内容的整合，学生学习兴趣的激发，学习方法的指导，学习习惯的训练，学习态度的养成，要为学生的持续发展打下良好基础。

第二章 聋校数学教学生活化的主要内容

第一节 教学资源生活化

一、教学资源的概念

数学教学资源是指在数学教学过程中为教学的有效开展而利用的一切资源。优质丰富的教学资源是进行有效的数学课堂教学和实现新课程目标的重要保证，教学资源的性质和现状直接影响着教与学的延拓。

从目前聋校教学现状来看，数学教学资源还存在总量不足、形式较为单一、缺乏活力等诸多问题。这些教学资源的缺陷和沉寂阻碍了数学课堂教学生活化的前进步伐，很难适应当今数学个性化的教学要求。在这种背景下，势必要求数学教学扩大内需，不断增加数学教学资源总量，以达到适应目前数学教学日益发展的需求。所以，教师应当充分地开发和利用生活中各个领域的教学资源，以达到教学资源的生活化。

二、教学资源生活化的概念

教学资源生活化即遵循“生活—数学—生活”的实践过程，以《数学课程标准》为依据，依托聋校正在使用的实验教材，开发和利用学生身边的既具有鲜明时代特征，又符合听障学生生活实际的教学素材，使学生学到更多的、更好的、更有意义的数学。

三、生活化的教学资源分类

《数学课程标准》强调“从学生已有的生活经验和知识背景出发，让学生亲身经历将实际问题抽象成数学模型并进行解释与应用，从而获得对数学的理解。”因此，在新课程的实施过程中，教师应把数学教学与学生的生活世界紧密联系，要充分挖掘学生生活中的教学资源，把数学教学延伸到生活的每一个角落，让数学教学真正成为学生充满快乐、激情、幻想与生命活力的生活世界。然而，学生的生活世界离不开学校、家庭以及社会，因此，笔者认为教学资源生活化可从学生的生活角度分为校园生活中的教学资源、家庭生活中的教学资源和社会生活中的教学资源。

1. 校园生活中的教学资源

校园生活是学生最熟悉、最感兴趣的内容，从学生的校园生活中提炼出教学资源也是学习内容生活化的有效载体。因此教师要特别关注学生的校园生活，善于发现校园生活中的数学素材，为实施新课程提供有利的课程环境。

校园生活中的教学资源丰富多彩，比如多媒体教室、图书馆、实验室等各种场所和设施；教室里的黑板、课桌，学生的文具、学具等；校园里的操场、草坪、树木、树叶等。

2. 家庭生活中的教学资源

学生的生活经历中处处充满着与数学相关的活动，不同的学生有着不同的生活经历，不同的家庭背景。教师可通过家访、交谈、聊天、观察等方式来了解和收集不同学生的生活背景，寻找其中的数学问题，为课堂服务。

家庭生活中的教学资源丰富多彩，比如家庭里的家具、日用品、电视、电脑等；家庭人口、职业等；家庭收入情况、水电费、储蓄等数学问题。

3. 社会生活中的教学资源

社会是学生跨出校园、家庭的一大重要场所，从学生的社会生活中提炼出的教学资源也是学习数学、运用数学的有效载体。学生在参与社会活动中，教师如果留心的话，也会发现许许多多的数学问题。因此，教师在用好校园、家庭生活中的教学资源的同时，还必须开发和利用社会生活中的教学资源，将社会生活资源提炼成数学问题，让数学课堂成为教师创造性的教、学生创造性地学的生活乐园。

社会生活中的教学资源丰富多彩，比如：图书馆、游乐城、动物园、海洋馆、超市等学生节假日经常光顾的社会场所。

三、教学资源生活化的价值

数学教学与学生的生活世界密不可分，生活化的教学资源在生活中无处不在，无时不有。教学资源生活化在数学教学过程中的充分利用有着重要的意义价值：

1. 教学资源的生活化，可以超越狭隘的教育内容，让学生的生活和经验进入教学过程，让教学“活”起来。

2. 教学资源的生活化，可以开阔教师的教育视野，提高教师专业素养，转变教师的教育观念，更好地激发教师的创造性智慧。

3. 教学资源的生活化，可以改变学生在教学中的主体地位，使学生从被动的知识接受者转变成为知识的共同建构者，从而激发他们的学习积极性和主动性。

4. 教学资源的生活化，可以为学生提供感悟数学与生活间联系的机会，增强数学学习的兴趣；提供向学生渗透数学应用价值的机会，增强数学应用的意识等。

第二节　课堂教学生活化

一、课堂教学生活化的概念

课堂教学生活化，是指教学时不过分拘泥于课本内容，将课堂教学与社会生活、学生生活紧密结合，使课堂教学方式变成学生积极参与、乐于参与的生活过程。

数学课堂教学生活化就是教师将学生的生活与数学学习结合起来，使数学知识“生活化”。并构建最适合听障学生数学学习和发展的、具有聋校特色的数学生活化的课堂教学模式。

二、课堂教学生活化的主要内容

数学课堂教学生活化主要包括教学目标生活化、教学内容生活化、教学过程生活化。

(一)教学目标的生活化

教学目标是教学过程的导航标，是教学评价的依据。在新课改的大背景下，数学不再仅仅是一种知识和技能，更是一种文化，所以在数学教学中不应只是单纯重视数学的知识技能性，把它当作一门工具学科，还应把它当作一种文化来对待，要重视渗透数学的观念。在教学过程中要重视推理能力的培养，遵循数学活动的规律，充分展开传授知识、发展能力、形成观念、陶冶情操的过程，从而促使学生数学素质的全面提高。

教学目标生活化正是基于对新的课程标准的再认识而产生的。即教学目标不仅是知识技能，更重要的是培养学生解决实际问题的能力和适应未来生活的基本素质。

例如：《数学二年级下册（青岛版）》主要的教学内容是：万以内数的认识；米、分米、毫米的认识；万以内数的加减法；图形与拼组；混合运算；统计；两、三位数乘一位数；时、分、秒的认识；图形的周长。教师在对教材进行分析时，除了要把握准教材知识与技能目标外，更重要的是科学确立学生的过程与方法目标，情感态度与价值观目标 。

1. 知识与技能目标

（1）数与代数

① 结合具体情境，理解万以内数的意义，能认、读、写万以内的数，能说出各数的名称，识别各数位上数字的意义。

② 结合具体情境，进一步理解运算的意义，会口算表内有余数除法、百以内加减法、能计算三位数的加减法及两步的加减法混合运算。结合现实素材进行估算，并解释估算的过程。

③ 能正确辨认钟面上指示的时刻，认识时、分、秒，了解它们之间的关系，并进行简单的换算。

（2）空间与图形

① 通过观察操作，能用自己的语言描述长方形、正方形的特征，初步认识五边形、六边形。

② 结合生活实际，体会千米，知道分米、毫米，能恰当地选择长度单位，并能进行简单的单位换算，会估测、测量一些物体的长度。

③ 结合实例，感知对称现象。

（3）统计与概率

① 能用合适的方法收集整理数据。

② 在具体的统计活动中，掌握分段统计的方法。

（4）实践与综合运用

① 加深对万以内数的认识及长度单位的认识。

② 加深对统计意义的理解，巩固分段统计的方法。

2. 过程与方法目标

（1）数学思考

① 在具体的情境中，探索有余数除法的计算方法。

② 经历从生活情境中认识较大数的过程，能用万以内数描述具体的事物，发展初步的观察、分析、抽象、概括能力，建立初步的数感和符号感。

③ 经历探索三位数加减法计算方法的过程，初步形成独立思考和探索的意识。在进行估算的过程中，初步形成估算意识。

④ 在解决简单的混合运算问题中，体会分析问题的基本思想方法，能进行简单的、有条理的思考。

⑤ 在对长方形及正方形特征的探索过程中，提高学生的观察、操作能力，发展初步的空间观念。

⑥ 经历对数据的搜集、整理、分析过程，体会统计的工具性，培养初步的统计意识和能力。

（2）解决问题

① 能用加减法的有关知识解决简单的实际问题。

② 能用加减混合运算的知识解决两步计算的简单的实际问题。

③ 能用统计知识解决日常生活中的有关问题。

④ 在解决问题的过程中，初步学会表达解决问题的大致过程和结果，体会解决问题策略的多样性，初步学会与同伴合作。

3. 情感态度与价值观目标

（1）在他人的鼓励和帮助下，对身边与数学有关的事物有好奇心和兴趣，能积极参与数学活动。

（2）了解可以用数和形来描述某些生活现象，感受数学与日常生活的密切联系，体验学习数学的作用。

（3）在他人的鼓励和帮助下，能克服在数学活动中遇到的一些困难，获得成功的体验，增强学好数学的信心。

（4）在他人的指导下，能发现错误并及时改正，逐步养成良好的学习习惯。

（二）教学内容生活化

教学内容生活化即课堂教学内容与社会生活、学生生活经验相结合。

1. 导入设计生活化

在导入阶段的教学中，教师要注意把“善教”体现在学生的“乐学”上。教学前，要善于捕捉学生身边的、学生熟知的事例，结合所要学的新知，设计生活化导入，让学生感到亲切自然，易于接受。

例如：讲授《数学二年级下册（青岛版）》中的“图形的周长”时，教师在对学情进行分析时发现学生对周长的认识都有一个模糊的概念，知道那是什么，却无法清晰的描述，所以首先要解决的是学生对“一周”的理解，教师借助了多媒体课件，创设了4幅学生熟悉的生活场景自然导入“一周”的概念。

创设情境，感受“一周”

播放4个动画：

小火车沿着轨道跑了一周；小朋友围着人工湖跑了一周；霓虹灯沿着牌匾闪亮了一周；老爷爷沿着菜地围了一圈的栅栏。

问：小火车和小朋友跑的路线、闪烁的霓虹灯、围好的栅栏他们有什么共同特点？

引出“一周”。

2. 例题设计生活化

著名的教育家苏霍姆林斯基曾说过：“如果教师不想方设法使学生进入情绪高昂和智力振奋的内心状态，就急于传授知识，那么，这种知识只能使人产生冷漠的态度，而不动感情的脑力劳动就会带来疲倦”。听障学生学习新的数学知识如果仅仅是照本宣科机械讲授，那么整个课堂将如一潭死水，死气沉沉，学生只是依葫芦画瓢，被动地接受知识。要调动学生的激情，使学生全身心地投入到探究活动中，教师在教学中应该转变“教教材”和“以教材为本”的旧观念，要充分利用学生的认知规律和已有的生活经验，灵活处理教材。在教学例题时，可以从学生的生活中提炼出学生感兴趣的数学素材，将它服务于教学新知，从学生的生活中找出探究新知的切入点，这样可以使得原本枯燥的教学内容通过生活化处理，更能吸引学生参与讨论、探究，能达到更良好的教学效果。

继续以《数学二年级下册（青岛版）》的“图形的周长”为例，在进行了生活化的导入之后，教师是这样讲授新知的。

案例

实践探索，感悟周长

（1）物体表面一周的长度

a. 生活中许多物体的表面都有一周，比如数学课本的封面，谁来指一指封面的一周，要求：仔细观察，它是从哪儿开始，到哪儿结束，怎样指的？

b. 师指封面一周的长度。

老师也来指一指它一周的长度，仔细看，你有什么想说的？为什么？

小结：从一点出发沿着边线再回到这一点，才是封面一周的长度。

c. 师生同指。

请你拿起课本我们一起来指一指，说一说。

d. 你看，老师手里的茶叶盒，你能指出这个面一周的长度吗？那这个面呢？

e. 请低头看看你的桌面上的物体，你任选一个指出它表面的一周的长度。谁来指一指？抬头看看你的周围，再选一个指出它表面一周的长度。

（2）荷叶一周的长度

a. 老师这儿有一片荷叶，你能指出它一周的长度吗？

b. 你能描出它一周的长度吗？现在把它贴在黑板上。

师问：仔细观察，他是怎样描的？

谁来说说这个同学是怎样描的？从哪儿开始？到哪一点结束？

（3）平面图形一周的长度

a. 这几个平面图形，你能描出它们一周的长度吗？拿出你的彩笔，沿边线描出它们一周的长度。

b. 刚才大家沿着边线描了它们的一周的长度，就是它的周长。

谁来说说什么是三角形的周长？长方形的周长呢？

（4）判断

下面的图形中，哪些图形能找到周长？

问：什么样的图形才有周长呢？

板书：封闭图形

揭示课题：图形的周长

在这一环节中，教师借助了大量学生熟悉的事物、图片，通过指一指、描一描的手段，让学生在充分感受物体表面一周的长度的基础上，自己想一想，试着说一说什么是“周长”，这一问题放手抛给了学生，在教师的逐步引导下，问题也就迎刃而解了。

3. 练习设计生活化

《数学课程标准》中明确指出：“教师应该充分利用学生已有的生活经验，引导学生把所学的数学知识应用到现实中去，以体会数学在现实生活中的应用价值”。因此，教师要注重设计生活化的练习让学生感受到数学的魅力，感悟到数学“源于生活，又用于生活”的道理。尤其是小学段数学知识，在生活中都能找到其原型。引导学生把所学知识运用于实际生活中，不仅可以促进学生的探索意识和创新意识的形成，而且有助于学生初步的实践能力的培养。

如“图形的周长”这一教学案例中教师设计的巩固练习拓展延伸，巩固新知：

（1）计算出同学们在特色活动课中绣的长方形的十字绣的周长。

（2）给教室门口的花坛装上栅栏，想办法，算一算需要多长的栅栏。

（3）周长在生活中有着广泛的应用，请同学们课后找一找周长在生活中的应用，并以此为题写一篇数学日记。

再如，学习“长方形面积的计算”一课后，教师布置学生回家测量家里客厅的长和宽，求出客厅的面积，再测量一下地砖的长和宽，并算出它的面积，最后估算一下客厅里铺这样的地砖需要多少块？如果一块地砖50元，一共需要多少钱？

生活化练习的设计，真正让数学走近学生，让数学走入生活，培养学生“用数学”的意识。

（三）教学过程生活化

1. 数学教学过程生活化的意义

数学是一门思维严密、逻辑性很强的学科。数学知识尽管表现为形式化的符号，但它可视为具体生活经验和常识的系统化，它可以在学生的生活背景中找到实体模型。而“教学生活化”是数学教学中常用的一种解决数学的高度抽象性和小学生思维的具体形象性之间的矛盾的有效手段。如果教师对所授内容平铺直叙，且仅仅停留在课本的层面上，势必会给学生的学习带来不便，使学生感到所学内容枯燥无味。但是，在学生学习数学知识的同时，若能结合学生的日常生活，创设学生熟悉与感兴趣的具体生活活动场景，就能引导学生通过联想、类比，了解从具体的感性实践到抽象概括的过程，加深对新知的理解。

在以往的数学教学中，教师往往过于重视数学知识的教学，而很少关注这些数学知识和学生的实际生活有哪些联系。学生学会了数学知识，却不会解决与之有关的实际问题，造成了知识学习和知识应用的脱节，感受不到学习数学的趣味和作用。这对学生实践能力、创新能力和解决问题能力的培养是很不利的。新大纲明确指出：“要重视从学生的生活实践经验和已有的知识中学习数学和理解数学。”这就要求我们教师要结合学生的生活经验和已有的知识来设计富有情趣和意义的活动，创设良好的教学情景，使教学生活化，让学生切实体验到身边有数学，用数学可以解决生活中的实际问题，从而对数学产生亲切感，增强了学生对数学知识的应用意识，培养学生的自主创新解决问题的能力。

因此，教师必须要研究如何将生活融入教学过程中，使课堂教学过程富于生活化，以启发诱导学生积极主动地学习数学、运用数学。

2. 数学教学过程生活化的主要策略

（1）创设生活情景，激发学生学习兴趣，让学生在体验中成长。

兴趣是最好的老师，它是影响学生学习自觉性、积极性和学习效果的最直接因素。正如我国古代教育家孔子所说：“知之者不如好之者，好之者不如乐之者。”因此，数学教学中面对枯燥抽象的数学知识，教师要创造性地把教材中的问题编成生动形象、富有情趣的故事，创设轻松愉悦、富有趣味性的问题情境，使学生感觉到学习数学是一件既有意思又有趣味的事情，从而有效地调动学生积极地参与到学习活动之中，去探索、去实践、去创新。

创设生活情境手段大致有四种方式：

a. 创设“故事情景”，让学生在身临其境中体验数学，激发学生的好奇心。

听障学生对新异事物充满兴趣，因此，把教材中的一幅幅画面所反映的问题情景编成生活中有趣的故事，再利用多媒体课件，让学生产生身临其境的感觉，就能够增加课堂教学的趣味性，有效的调动学生学习的积极性，使之全身心地投入到学习当中。

例如，教学“分数的基本性质”时，结合教学内容编创一个充满趣味的“猴妈妈分饼”的故事（多媒体呈现）：一天，猴妈妈把三块大小一样的饼分给小猴们吃，先把一块饼平均分成 4 份，给了大猴子 1 份。二猴子看见了，嚷着说：“1 份太少了，我要 2 份。”于是，猴妈妈把第二块饼平均分成 8 份，给了二猴子 2 份。三猴子一看，急着说：“我最小，我要 3 份。”猴妈妈听了，便把第三块饼平均分成 12 份，给了三猴子 3 份……

当学生们被生动的画面和有趣的故事深深吸引时，教师设问：“同学们，你知道哪只猴子分得多吗？猴妈妈这样分公平吗？聪明的猴妈妈是用什么办法来解决问题，满足小猴子们的要求的？如果四猴子要 4 块，猴妈妈该怎样分呢？”由此引导学生饶有兴趣地展开操作、观察、思考、交流、验证、探索，归纳出分数的基本性质。这样的问题情境中，学生精神愉悦，激发了强烈的求知欲，享受着学习数学知识的快乐。

b. 创设“活动情景”，让孩子在实际操作中体验数学，维持孩子学习兴趣。

自己动手做做看

新课程提倡：教学应从学生的现有生活经验，即“数学现实”出发，通过与教学内容发生交互作用，在教师的引导下由学生自己动手、动脑做数学，用观察、模仿、实验、猜想等手段收集材料，获得体验，将生活中的有关数学现象的经验进行类化、分析、归纳，加以总结与升华。如学习“角的和差”时，问学生用两块三角板，可以拼出哪些不同角度的角。在研究游戏的公平性时让学生抛掷硬币，实际统计，得出抛掷次数增多，出现正反面的机会基本均等。在学习四边形的学习过程中，让学生对任意的一个四边形通过剪拼，最后拼成三角形，特殊四边形，理解图形的平移、翻折变换。再如理解一元一次方程中的等式性质时，让学生动手操作，通过天平平衡实验来直观感知等。这样不仅很好地避免了传统课堂的“听中学”和“看中学”。即：学生听教师讲解，学生看教师提供的教具、图片，或在听与看的过程中思考与记忆，如此等等。由于学生是被动地学，又没有多感官地参与，效果低微。然而，新课程提倡的“做中学”，让学生在活动中、在操作中或实验中学习，利用活动为载体，激发学生积极主动地参与课堂，让学生动手做，直接参与教学活动，在动手操作中对抽象的数学概念、定理等获取感性认识，进而通过加工、整理上升为理性认识。

c. 创设“成功情景”，让孩子在成功的喜悦中体验数学，提高学习积极性。

创设“成功情景”，让每位学生在顺境中体验快乐，在逆境中探究，那么学习就会真正成为学生学习生活中重要的感情经历，使学生拥有通过主动参与而获得的丰富情感体验。应根据不同类型的学生情况给他们成功表现的机会。例如：一道难题，如果一位成绩不是十分突出的学生能准确快速地回答出来，那么教师应及时给予表扬和鼓励，并且让全班同学向他学习，从他的眼里我们可以看到成功的喜悦，充分调动了他的积极性。给每一个学生成功表现的机会，更应该体现在对数学学习自卑的学生身上，尽可能地让他们多表现自己，使他们在高兴之余更增加了对数学学习的信心和勇气，也让他们感受到老师的可亲可敬，使师生关系更加融洽，使学生由衷地喜欢老师、喜欢这门学科。

在教师的鼓励引导下，学生踊跃发言

d. 创设“交流情景”，让学生在合作探索中体验数学。

学习的过程既要独立思考，自主学习，更需要合作交流，学习不能孤军奋战。让学生在小组交流，合作探索的情景中体验，所体验到的不仅仅是对知识的感知和更新的认识，更是同学之间的情感交流，

“你说我记”

思维火花的碰撞。只有通过互相探讨，取长补短，才能在学习的过程中既学到了知识，又能养成与人沟通合作的品格和态度，通过各成员之间的相互交流，相互尊重，每个人都有机会发表自己的观点和看法，也更容易倾听并接受他人的见解，无形中拉近了同学之间的距离，使他们相互间更了解，充满了温情和友爱，同时学生在合作学习的过程中学会了沟通、互助、分享；由于合作交流，促使学生在协商会话前主动探索、思考，形成自己的观点，而在合作交流过程中，又因为观点的比较、碰撞，使自己的思维不断地趋于清晰，认识不断地深化，同时使学生运用数学语言进行表达的能力得到经常性的训练，这又有助于数学思维能力的进一步提高。

例如，在学习“三角形的分类”这部分内容时，教师创设了这样的交流情境：

师：掌握了三角形的稳定性，我们再来研究一下三角形三条边之间有什么关系。

师：老师这里设计了一张表格，请同学们以小组为单位来完成下列任务：

① 量一量、比一比、拼一拼，看三根小棒能不能拼成一个三角形。

② 试着找出三角形三条边之间的关系。

讨论：① 什么情况下能拼成三角形？

② 什么情况下不能拼成三角形？

在这样的情境中，带着如此感兴趣的问题，学生们开始操作并讨论。

生 1：我们小组发现有的三根小棒能围成三角形，有的不能围成三角形。

生 2：当两根小棒之和小于第三根的长度时，不能围成三角形。

生 3：当两根小棒之和等于第三根的长度时，不能围成三角形。

生 4：当两根小棒之和大于第三根的长度时，能围成三角形。

小棒组别		小棒长度（cm）	能否拼成三角形	任意两边长度之和○第三边的长度（在○里填“>”“<”或“=”）
第一组	小棒1			（ ）+（ ）○（ ）
	小棒2			（ ）+（ ）○（ ）
	小棒3			（ ）+（ ）○（ ）
第二组	小棒1			（ ）+（ ）○（ ）
	小棒2			（ ）+（ ）○（ ）
	小棒3			（ ）+（ ）○（ ）

续表

第三组	小棒1			(　)+(　)○(　)
	小棒2			(　)+(　)○(　)
	小棒3			(　)+(　)○(　)

情境创设应注意的问题：

① 数学生活情境创设要贴近学生的认知水平，紧扣学生的已有经验；

② 数学生活情境的创设要以问题为核心，以问导学；

③ 数学生活情境的创设要以一定的数学知识点为依托，有利于学生对相关数学知识和思想方法的掌握；

④ 数学生活情境的创设要引发学生的思考和探索的兴趣，引起认知上的冲突、语言的交流、情感上的共鸣，使学生经历知识形成的过程。

（2）挖掘生活素材，合理利用资源。

课程标准明确指出："要重视从学生的生活实践经验和已有的知识中学习数学和理解数学。"这就要求我们教师要结合学生的生活经验和已有的知识来设计富有情趣和意义的活动,创设良好的教学情景。即:运用生活素材,开发教学资源,使学生切实体验到身边有数学，用数学可以解决生活中的实际问题，从而对数学产生亲切感，增强学生对数学知识的应用意识，培养学生的自主创新解决问题的能力。

a. 数学知识技能的生活化。

数学知识技能训练"生活化"要求训练着眼于学以致用，而非学以致考，训练材料应尽可能来自生活。

例如，在教学"分数的初步认识"时，就可以安排这样一个游戏：请学生用手指表示每人分到的月饼个数。并仔细听老师要求,然后做。如果有4个月饼，平均分给小明和小红，请用手指个数表示每人分到的月饼个数，学生很快伸出2个手指。教师接着说现在有一块月饼，要平均分给小明和小红，请用手指表示每人分到的月饼个数。这时，许多同学被难住，有的同学伸出弯着的一个手指，问他表示什么意思，回答说，因为每人分到半个月饼。教师进一步问：你能用一个数来表示"半个"吗？学生被问住了。此时，一种新的数（分数）的学习，成了学生自身的欲望，创设了一个较好的教学情景，激发了学生学习的兴趣，激起了学生解决问题的欲望。

b. 数学思维能力训练的生活化。

数学思维能力的训练尽量与实际生活紧密相连，在课堂教学中的教学内容要面对生活实践，为学生营造一种宽松平等而又充满智力活动的氛围，使学生自然而然地受到创新性思维的训练。由于学生思维的创造性是一种心智技能活动，是内在的隐性活动，因此，必须借助外在的动作技能、显性活动作基础。在教学中，要结合学生的生活经验，引导学生通过“再创造”来学习知识，以培养学生的思维能力为目的，达到能力的创新。

例如，教学“接近整百整十数加减法的简便算法”时，有这样一题“165 － 97 ＝ 165 － 100 ＋ 3”，学生对减 100 时要加上 3，难以理解，可以让学生联系买东西找零的生活实际想：妈妈带了 165 元钱去医药商店买了一盒 97 元的西洋参，准备给爷爷补身体。她付给营业员一张百元钞票（应把 165 元减去 100 元），营业员找回 3 元（应加上 3 元）。所以，多减去的要加上。

这样教学，抽象的运算获得了经验的支持，具体的经验也经过一番梳理和提炼，上升为理论上的简便运算，从而又总结出“多减要加上，多加要减去，少加要再加，少减要再减”的速算规律，达到良好的教学效果。

c. 应用题教学紧密联系学生的实际生活。

应用题训练“生活化”是指把应用题与生活中的问题联系起来，懂得生活中的一般道理，再去理解数量关系，理解了数量关系再运用到生活中去解决实际问题。

例如，在学习了有关“折扣”的百分数应用题时，教师设计了这样教学内容：

师：国庆节放假期间，同学们一定都去逛过商场了，商场里给你印象最深的是什么？（商品打折。）打折是什么意思？商家为争得客源会采取各种打折促销的手段，我们最常见的促销手段有那些？（打九折、买一百送二十五、买四送一……）请你用我们学过的“折扣”知识解释一下这些促销手段。

生：打九折：原价是现价的 90%。

买四送一：4 ÷ 5 ＝ 80%，打八折。

买 100 送 25：100 ÷ 125 ＝ 80%，打八折。

这节课，老师邀请同学们一起去超市购物，做我的“购物高参”。用你学过的数学知识帮我解决几个购物中的分数、百分数问题。

场景展示：

老师先来到服装部。前不久我在这儿看上一件大衣，原价800元，嫌贵没舍得买。现在正巧赶上大减价，打七折，可真便宜不少。请同学们帮我算一算，可以少花多少钱？

那件羊毛衫款式也不错。原价200元，现价160元，请你帮我算一算，便宜了百分之几？

生：大衣 $800-800\times70\%=240$（元）（方法1）

$800\times(1-70\%)=240$（元）（方法2）

羊毛衫 $(200-160)\div200=20\%$（方法1）

$1-160\div200=20\%$（方法2）

师：这件羊毛衫便宜了百分之二十，能不能说原价比现价贵百分之二十？为什么？

通过这样的教学，学生不但掌握了知识点，更重要的是通过它让学生展开了想象的翅膀，使他们体验到学习知识的快乐，掌握了技能，激发了他们的自主创新意识。

（3）联系生活实际，培养应用意识

作为一名数学教师我们应该有意识的把日常生活中的问题数学化，使学生在我们的引导下，逐步具备在日常生活和社会生活中运用数学的“本领”，使他们认识到“数学是生活的组成部分，生活处处离不开数学”，养成事事、时时、处处吸收运用数学知识的习惯，调动他们主动学习数学、创新性运用数学的积极性。

例如，在一、二年级的教学中，笔者就提出这样的问题：你今年几岁啦？多高呀？身体有多重？比一比你和你的同桌谁重……

这些都是小学生经常遇到的问题，而要准确地说出结果，就需要我们量一量、称一称、算一算，这些都离不开数学。

再如，生活中常用的各种知识，像按比例分配水电费、计算储蓄利息、日常购物问题等。我们买东西、做衣服、外出旅游，都离不开数学。在教学四年级的“求平均数的问题”这一内容时，笔者课前布置了这样一个预习题：请同学们回家后到超市去进行一项社会调查，调查同一类商品的5种不同价格，看一看哪种牌子的最贵，哪种牌子的最便宜，算一算它们的平均价是多少？

像这样让学生用学过的知识来解决日常生活中的问题，不仅激发了学习兴趣，而且能提高学生用所学知识解决实际问题的能力，让数学走向生活。这是因为在学生学习数学知识的同时，如果能结合学生的日常生活，创设学生熟悉与感兴趣的具体生活活动场景，就能引导学生通过联想、类比，了解从具体的感性实践到抽象概括的过程，加深对新知的理解。数学来源于实践，又服务于实践，为此在数学教学中，我们要创设运用数学知识的条件给学生以实际活动的机会，使学生有更多的机会接触生活和生产实践中的数学问题，认识现实和数学问题之间的联系与区别，使学生在实践活动中加深对新学知识的巩固。这样有助于培养学生留心周围事物，有意识地用数学观点去认识周围事物，并自觉地把所学知识与现实中的事物相联系。数学来源于生活，生活中充满着数学，尤其是小学数学阶段，在生活中都能找到其原形，因此我们必须开放小教室，把社会生活这个广阔天地作为学习数学的大课堂，使学生发现生活数学，喜欢数学。

第三节　实践活动生活化

一、实践活动生活化的概念

数学实践活动，是教师基于学生的直接经验、密切联系学生自身生活和社会生活、引导学生以自主探索与合作交流的方式开展的形式多样、丰富多彩的学习活动，体现了对数学知识的综合运用。数学实践活动，具有操作性、主体性、开放性、挑战性、互动性、灵活性、新颖性等特点。

让实践活动“生活”化，让学生在生活化的教育中主动思考、大胆探究、革新体验并接受人文素养的自然熏陶，是数学实践活动最根本的目的。

二、开展实践活动生活化的原则

1. 学科性原则

数学实践活动必须紧紧围绕运用数学知识这个中心，紧扣数学教材的内容。

2. 实践性原则

数学实践活动必须以学生的实践活动为主。

3. 全员参与的原则

数学实践活动应是全体学生参与的活动。

4. 知识的应用性原则

数学实践活动要使学生学以致用，让学生运用数学的思维方式观察社会，解决日常生活中的实际问题。

5. 探索创新性原则

教师要让学生自主地实践，充分开动脑筋，大胆地进行尝试，创造性地完成任务。

6. 活动多样性原则

活动场地多样性（如课内外、校内外）、活动方法多样性（如参观、访问、思考、制作、观察、实验、调查、讨论、阅读、操作）、组织形式多样性（如个人、小组、全班活动）等。

三、实践活动生活化的目的

1.《数学课程标准》指出："实践与综合应用活动将帮助学生运用已有的知识和经验，经过自主探索和合作交流，解决与生活经验密切联系的、具有一定挑战性和综合性的问题，以发展他们解决问题的能力，加深对'数与代数''空间与图形''统计与概率'内容的理解，体会各部分的联系。"

2. 数学实践活动使学生认识到数学学习和生活的联系，切实体验到身边有数学，学会运用数学的思维方式解决日常生活中的实际问题，从而对数学产生亲切感，增强学生对数学知识的应用意识，增进学生对数学的理解，培养学生勇于探索、勇于创新的精神。

四、实践活动生活化的主要内容

生活中处处有数学，学生喜闻乐见的数学实践活动的素材蕴含于学生的生活中，蕴含于课本中，蕴含于灵动的社会生活中，教师要用敏锐的触觉来开发、挖掘、重组、设计……将活动设计在课本和生活的结合点上，将活动设计在学生兴趣与思维的兴奋区内，让活动拓宽学生的视野，让活动激活学生的潜能。

如果把学生带进社会这个大课堂，那就把学生带入了丰富多彩的世界中去，这样数学实践活动才会有不竭的源泉。丰富、变化的社会生活就是一部永远读不完的鲜活教材。

（一）开展教材中安排的数学实践活动，鼓励学生参与到社会中去

英国教育学家萨德勒认为："学校以外的事情，甚至比学校以内的事情更重要。"新课标实验教材中每册都专门设置了一至两次的实践活动，尤其是现行青岛出版社小学一年级数学教材安排了更多的实践内容。这些内容都注意贯彻提高学生综合素质，能让学生动脑思考、动手操作，不同程度的体现了开放性和灵活性，使学生通过主体参与、合作交流来进行自主学习。如"数学乐园""我们的校园""小商店""参观果园"等，教师可以根据学生特点，合理地支配教材，也可以结合教材特点和学校背景，改造教学内容，灵活安排实践活动。比如，在进行低年级"统计"教学时，教材中安排了学生统计花的朵数，大部分学生对花的感觉远远不如对动物的牵挂，对玩具的钟爱，那么在教学中，教师就可以从统计动物园里的动物、统计学生喜欢的玩具切题，调动学生的积极性，促使学生积极参与。比如，在进行中年级"可怕的白色污染"教学时，根据"简单的统计"知识和我校白色垃圾造成的危害情况（在校师生 300 人左右，每天早饭用塑料兜太多，又因处理不当，塑料兜被风刮得四处都是，影响周围环境，群众极力反对）进行以"简单的统计"为主题的数学实践活动——"可怕的白色污染"，让学生进行社会调查，运用所学的统计知识对所调查的数据进行简单的统计，并试写调研报告，向有关部门提出减少白色垃圾的合理化建议。目前，学校的白色垃圾已明显得到了遏制，校长在大会上还特别表扬了我班同学的做法，赠予我班学生"环保小卫士"的光荣称号。此项活动的开展，使学生体验到数学与生活的密切联系，享受到了成功的乐趣。

（二）结合教材内容，开展数学实践活动，鼓励学生积极参与实践活动

叶圣陶说得好："学习一定要跟实践结合起来，实践越多就知道得越多。"一方面，学生对"数与代数""统计与概率""空间与图形"数学内容的学习都必须通过实践活动，才能达到课程标准的要求；另一方面，这些学习内容与学生的生活有着密切的联系，学生感兴趣，极易于实践活动的开展。

1. 教师要结合当时当地实际，结合本班学生的具体情况，善于挖掘教材中的实践活动素材，选择适当的时间内容和学生喜爱的活动形式，为学生创设更好的数学实践活动。

例如，在小学数学第二学段教学“数的认识”时，有一道例题：某学校为每个学生编号，设定末尾用1表示男生，用2表示女生；9713321表示“1997年入学的一年级的32号同学，该同学是男生”。那么，9532012表示的学生是哪一年入学的？几年级几班？学号是多少？是男生还是女生？学生学会该题后，教师就让学生尝试为我们班的同学安排期终考试编号。然后又安排学生搜集不同省、市、区、乡的几个人的身份证号码。这样做让学生进一步体会数在日常生活中的作用，学会用数表示事物，并能进行交流。

2. 在实践活动中，有意识地指导学生参与社会，培养学生创造性地解决实际问题的能力。

例如，学习了面积计算，让学生实际测量计算操场、花圃、圆形水池的面积；学习了圆柱、圆柱体积，让学生测量计算大树的直径与横截面积、沙堆、麦堆的体积和重量；学习了比例，让学生测出旗杆、教学楼的高度；学习了统计图表，让学生进行社会调查，搜集数据，制作各种统计图表。

（三）结合教学内容本身，在课堂上渗透实践活动

在华盛顿儿童博物馆的墙上有一幅醒目的格言：“我听见了就忘记了，我看见了就记住了，我做了就理解了。”做，即实践。数学实践的中心是实践，学生是实践的主体。要让学生有充分的实践活动的时间和广阔的空间，让学生在实践中操作、体验，充分发挥主动性和创造性，在实践活动中进一步提高主体性。现行数学教材与学生的生活有密切的联系。在课堂教学中教师要挖掘数学知识中蕴涵的实践活动因素，成为主动的实践活动的开发者。

例如：“长方形面积的计算”在后续的教学中又开展了“设计你的卧室”数学活动，在这个活动中，要求学生先做好地面的设计，包括家具摆放的位置，还要选择适合室内空间的地板、家具、粉刷墙壁和天花板的涂料、电器等。设计好图纸后，再做市场调查，通过各种途径调查建材规格、型号、价格等一系列信息。

在这些活动中，学生既能将已学知识应用到实际中去，又考虑了实际生活中的各种问题，这就大大提高了学生解决实际问题的能力和创造力，使学生兴趣盎然，亲近数学，真正让数学走近学生，让数学走入生活，培养学生“用数学”的意识。

再如：教学根据教材圆柱、圆锥、球这一部分知识，进行以“我的小巧手”为主题的数学实践活动时，教师可引导学生运用所学的立体几何知识，学做正方体、长方体、圆柱体、圆锥体，并用合适的几何体制一个自己喜欢的机器人等玩具。教学“立方分米”与“单位间的换算”时，教师给每个小组一个1~2升的量杯和体积为1立方分米的正方体，学生通过动手操作，很容易就发现了他们之间的关系。真所谓“我做了就理解了”，并无半点夸张。平时，要经常有意识地布置学生去社会上搜集一些相关信息：如钱币的兑换和计算，长度、面积、体积、容量与重量的估计与测定，买卖物品时的单价、件数、总价等与教学内容密切相关的数据和数量关系，然后组织整理，相互交流，让学生在交流的过程中取长补短、学习他人思考问题的方法，提高自己收集和整理数据的能力。在他们的亲身经历中获取的知识，更能启迪学生的思维，发展他们解决问题的能力。因此，课堂教学中应给学生提供充分展示自己的机会，把实践活动贯穿教学的始终。

总之，实践活动是课本知识的延续和扩展，社会是学生学习的大课堂，让学生从小课堂走向社会生活这个大课堂。学生通过查阅资料、参观、调查、体验生活，增加了许多课本中学不到的知识，提高了判断能力与推理能力，扩大了自由探索的空间，开阔了视野，为将来步入社会打下坚实的基础。

第四节　教学评价生活化

一、教学评价生活化的概念

教学评价：《数学课程标准》提出“评价的主要目的是为了全面了解学生数学学习的过程和结果，激励学生学习和改进教师教学。

教学评价生活化：数学评价生活化即以生活化的内容作为评价的主要内容，遵循评价目标多元化、评价内容多维度、评价方法多样化、评价主体多元化的原则，着眼于学生的全面发展的一种评价形式。

评价过程教师要重视对学生学习过程的评价，充分发挥评价的激励和导向作用，要让学生在评价中感受学习的快乐，发现自己的潜能，激励自己，做到在生活化教学过程中既要评价学生对知识的理解和掌握，又要评价学生从生活中收集、处理信息的能力，思维特点，解题策略以及运用所学知识解决实际问题的能力，还要评价他们在数学活动中表现出来的兴趣、意志等非智力心理因素，以培养学生对生活的积极态度。在评价生活化中享受数学的乐趣。

二、教学评价生活化的主要原则

（一）评价目标多元化

评价的改革首先是评价功能的改变，以往的评价更多地关注学生的学业成就，以知识技能评价为主要内容，以书面评价为主要方式。评价更多地强调甄别和选拔的功能，忽视其他方面的功能。这种评价取向在很大程度上限制了学生的全面发展，也限制了教师在课程开发和促进学生发展方面的能动性。数学教育的目的是促进学生数学素养的提高，数学课程与教学评价在很大程度上又具有导向作用，如果只是将评价的目标限定在对学生知识技能掌握情况的考查上，只限制在学生学业成就的评估上，就会使教师和学生在教学过程中只关注这些目标，忽视其他方面的目标，特别是那些不能简单地用一张考卷和一个分数来确定的目标。比如，学生情感和态度方面的目标，学生学习过程的目标以及教师与学生之间的互动等。

要实现评价目标多元化必须改变评价者的观念，需要探索与课改目标相契合的评价方式与方法。在恰当地评价学生基础知识和基本技能掌握情况的同时必须注重对学生学习过程的评价，重视对学生发现问题和解决问题能力的评价，尝试对学生情感、态度、价值观的评价。这些都要体现在评价工具（考试题目）的设计上。

案例

第一组问题

A. 五年级种杨树 56 棵，比松树的 2 倍还多 6 棵。五年级种松树多少棵？

B. 一个圆柱形无盖铁皮水桶，底面直径 4 分米，高 4 分米。做这个水桶至少需要多少铁皮？如果 1 立方分米水重 1 千克，这个水桶可盛水多少千克？

第二组问题

A. 你知道鞋子的码数与厘米数怎么互化吗？有这样一个公式：“鞋子的码数 = 厘米数 ×2−10”，你的鞋子是多少码的，你能算出是多少厘米吗？

B. 某学习小组为了弄清一块鹅卵石的体积，进行了如下操作与测量：

① 小华量出它的长1.2分米，称出它的重量是1250克；

② 小明准备了一个长方形玻璃缸，测量出玻璃缸长3分米，宽和高都是2分米；

③ 小兰往玻璃缸中倒入1分米深的水；

④ 小红把鹅卵石放入玻璃缸中，发现水正好能淹没它；

⑤ 小强测出现在水深1.2分米。

请你根据他们的测量结果，算出这块石头的体积。

第一组问题中的两道题和第二组中的两道题在考查内容与难度上都非常的相似，然而第一组问题面孔冷淡，形象单薄，侧重于对学生知识与技能目标的考查，而第二组问题则为学生精心设计了鲜活的生活情境，立体感特别强，使学生感觉到在考试中充满了生活情趣。学生在接受考核的同时，像是阅读了可读性非常强的一页页教材，主动地学会了其他的一些东西。在第二组的 A 题中，学生学会了如何在生活中进行必要的换算；在第二组的 B 题中，则“教学”了怎样测量数据、分析数据，怎样进行小组合作，试题实现了额外的价值。在这样的试题中，学生被放在了主体的地位，不但考查了学生的知识与技能目标，还重视了对学生探索能力、创造性的评价，确立了多元化的评价目标。

当然，考试仅仅是课程评价的一种方式，在实践过程中应采用多样化的评价方式，实行教师、学生、伙伴、家长的多元化评价主体，注意将适时评价、形成性评价与终结性评价相结合，评价结果以定性评价和定量评价相结合的方式，全面、真实地评价学生，促进学生的发展。

（二）评价内容多维度

《数学课程标准》确定了数学课程的总体目标，对义务教育阶段学生的数学素养提出四个方面的具体要求，包括知识与技能、数学思考、解决问题、情感与态度。《数学课程标准》确定中小学数学教学内容的四个领域，即数与代数、图形与几何、统计与概率、综合与实践。小学阶段数学的评价内容应该围绕这四个维度从多个角度展开，形成多维度、全面性的评价体系，同时要考虑不同学段对学生发展的不同层次的要求。

在新课程理念下，对知识技能的理解也将发生变化。除概念、法则、定理、定律等一般意义下的知识与技能外，也包括认识数学的过程、计算方法的多样化、在现实情境中知识与技能的运用等。具体要求应以《数学课程标准》规定的学段目标为依据。

例如：对于数与代数方面的知识与技能，第一学段要求学生“经历从日常生活中抽象出数的过程，理解万以内数的意义，初步认识分数和小数；理解常见的量；体会四则运算的意义，能准确进行运算；在具体情境中，能选择适当的单位进行简单的估算”。第二学段要求学生“体验从具体情境中抽象出数的过程，认识万以上的数；理解分数、小数、百分数的意义，了解负数；掌握必要地运算技能;理解估算的意义;能用方程表示简单的数量关系，能解简单的方程”。

数学思考的评价包括对抽象思维能力、形象思维能力、数感与空间感、统计观念和推理能力等方面的评价。数学思考与四个领域的内容是密不可分的，是学生数学素养的重要组成部分，不同学段有相应的要求。

例如：第一学段要求学生“能对调查过程中获得的简单数据进行归类，体验数据中蕴含着的信息。在观察、操作等活动中，能提出一些简单的猜想。会独立思考问题，表达自己的想法”。第二学段要求学生“经历数据的收集、整理和分析的过程，掌握一些简单的数据处理技能；体验随机事件和事件发生的可能性；能借助计算器解决简单的应用问题。”

解决问题的评价包括对提出问题的意识和能力、解决问题的策略、创新和实践能力以及合作与交流方法等的评价。解决问题的能力强调在具体的情境中提出问题，探索解决问题的途径与方法，一、二学段有不同层次的要求。

例如：第一学段要求“了解分析问题和解决问题的一些基本方法，知道同一个问题可以有不同的解决方法。体验与他人合作交流解决问题的过程”。第二学段要求“能探索分析解决简单问题的有效方法，了解解决问题方法的多样性，经历与他人合作解决问题的过程，尝试解释自己的思考过程。”

情感与态度的评价包括对学生参与学习活动情况，学习的习惯与态度以及学习兴趣与自信心等方面的评价。情感态度的评价更关注学生在学习过程中的参与、体验与交流。

例如：了解数学可以描述生活中的一些现象，感受数学与生活有密切联系（第一学段）；在运用数学知识和方法解决问题的过程中，认识数学的价值（第二学段）。

不同维度、不同内容的评价需要运用不同的评价方法和设计不同的评价情境与问题。知识与技能的掌握情况需要在学生解决具体问题的过程与结果中进行评价。学生在解决综合的问题情境的过程中，对知识的理解与运用，解决实际问题的能力以及参与投入的态度等方面的表现都可以加以评价，而情境与态度的评价更多地要通过对学生平时学习情况的考查来进行。

（三）评价方法的多样化

评价中应当针对不同学段学生的特点和具体内容选择恰当有效的方法。除传统的评价方式外，应尝试使用有助于全面评价学生和教师表现的多种评价方式。如表现性评价就是一种值得重视和探索的评价方式。表现性评价是通过学生完成实际任务来展现学习成就的评价方式。这种基于实际任务的评价，是通过向学生提供一个具有一定任务性的、具体的问题情境，在学生完成这一任务的过程中考查学生各方面的表现。对学生表现的考查可以是多方面的，包括相关的知识与技能，对实际问题的理解水平，在完成任务时所采取的策略，表现出来的态度与信心以及广泛利用各种知识解决问题的能力等。采用表现性评价的问题多是学生比较熟悉的问题，并且一般不是唯一的答案。从下面的例子中可以体会表现性评价的一些特征。

案例

一袋苹果

请完成以下几个问题：

1. 这里有一袋苹果，很想知道它大约有多重，怎么办？

2. 如你需要称的话，这里有一个一次最多能称 2 千克的台秤。

3. 你还愿意估计什么的质量？试一试。

这项任务要求学生说明他们的想法，用描述估算的句子来展示和告诉别人他的工作。完成这个任务需要学生会用称，而且每次最多只能称 2 千克。有的学生可能一次次的称；有的学生可能只称1千克的苹果看有多少个，然后用数个数的方法去算；还有的学生可能只称一个苹果的质量去算；也可以掂一掂……

评价者可以从学生完成这个任务的不同表现了解学生所达到的不同水平，从不同的角度评价学生对数学知识的理解和数学方法的掌握情况。

这个例子也只是评价的一种尝试，除了试题评价外，还可以采用作业分析、综合能力测试、成长记录袋、课堂观察、合作学习评价、二次评价等评价方法来全面地评价学生。

（四）评价主体的多元化

评价主体多元化，是指评价主体应实行教师、自我、伙伴、家长等评价主体从不同视角全面地进行评价。

1. 教师评价

教师评价，是指教师根据指标体系，客观、公正、实事求是地对学生的学习做出价值判断。教师在对学生的学习进行评价时必须建立明确、科学的评价观，建构合理的评价体系和评价计划，采用合适的评价方式，激励学生的成长。

2. 学生自我评价

自我评价，是指被评价者按照一定评价目的和要求，在个人内部就其自身的状态进行纵横比较所作的价值判断。自我评价是重要的评价方法之一，特别是那些无法用定量表现的内容，如思考问题的方法、解决问题的途径、对问题解决的心态（包括情感、态度、兴趣等），都是外在不易显露的心理倾向，只有通过自我评价才能得到真实的材料。在学生自我评价的过程中，教师要发挥组织者、引导者、参与者的作用，比如组织学生写数学日记，指导他们如何在日记中进行自我评价。引导学生进行自我评价时必须考虑学生的年龄特点，采用合适的形式。下面是一位老师引导一年级学生进行自我评价时设计的一个表格：

表1　自我反思评价表

学习内容：＿＿＿＿＿＿　　学习日期：＿＿＿＿＿＿

	我觉得很有趣	我学会了	我的解法多	我的作业	我还想知道的
☺					
☹					
😐					

3. 小组评价

小组评价，是指完成某一项任务活动后，在同学之间进行的交流和相互评价，有利于共同提高。小组评价是从伙伴的视角来评价学生，有时可能比教师的评价更为真实，可以有效地防止学生存在的人格的两面性而导致教师评价的片面性。由于学生认识水平的局限，小组评价也容易造成评价的偏见，甚至是错误的评价，因此教师应该设计适合于学生的这个评价主体的年龄特征的评价内容和评价方式。比如，口算，基于数学学习表现的情感态度等可以让小组进行评价。

下面是一个班级采用的小组评价。

评价形式：小组长组织，组内同学共同参与，对全组内每位同学进行评价，每张评价表后留有小组同学的签名。教师培养组长，先辅导进行互评，然后逐渐引导学生小组独立完成。

评价等级：直接在分项指标后涂星，得星的数量分别代表 A、B、C 三等。

表2　小组评价表

大家评评我	
内容	评价
他爱动脑筋思考问题吗？	☆ ☆ ☆
他经常举手发言吗？	☆ ☆ ☆
他能仔细听老师讲课，听同学发言吗？	☆ ☆ ☆
他回答问题声音响亮吗？	☆ ☆ ☆
他能积极参加小组活动，能与同学友好相处吗？	☆ ☆ ☆
他总是能想出与别人不一样的方法吗？	☆ ☆ ☆
他在辨认方向、认识物体时反应快吗？	☆ ☆ ☆

4. 家长评价

家长评价能架起学生与学校沟通的桥梁。家长评价的内容应该针对家长的角色特点，设计操作性较强的评价内容。一般来说让家长评价学生在家数学学习的情况，对学生的情感态度，在生活中运用数学的能力等较为合适。比如，以“家长心中的我”为题，设计评价。

评价内容：对孩子一段时间来学习情况的评价（实事求是），包括学习习惯，学习态度、基础知识和基本能力、解决实际问题的能力、一些成长表现等作一次较全面的回顾、思考和反映。

评价形式：采用调查问卷的形式。只需家长直接在分项指标后面画钩，或也可简单附上自己的心腹之言、对孩子的期望、建议等。为此，家长可对学生进行观察或面谈。

评价等级：家长根据所了解学生的学习习惯、学习态度、基础知识和基本能力、学习进步的情况，进行评价，分三颗星。

表3　家长评价表

家长心中的我	评价
你的孩子经常主动跟你谈数学课的学习吗？ 你的孩子和你谈数学学习时，你认为他的表达清楚吗？ 你的孩子能不能有条理地整理家中的物品？ 你的孩子能正确说出生活中一些物品的形状吗？ 你的孩子能解决生活中简单的数学问题吗？	
建议： 跟孩子一起做辨认方位训练孩子快速反应和手脑协调运动的游戏。 用积木或牙膏盒、肥皂盒、球等物品和孩子一起拼拼摆摆。	
家长的话： ________________ ________________	我可以得几颗星？ ☆☆☆

多元主体参与评价可能会带来一些问题，比如：负担加重，评价主体对评价标准的把握可能出现不统一的现象，根据经验，教师和小组的评价最接近真实，而自我和家长的评价，有的太高，有的太低，这就要求教师通过培训、沟通等方式引导他们作出相对恰当的评价，另外教师可以对这些多元主体的评价进行统整，以服务于促进学生发展为核心的目标。

（五）学生数学学习评价要注意的问题

1. 营造氛围，激发兴趣，引导评价

美国心理学家班杜拉认为："多让学生获得成功的体验，提高自我效能感，是学生乐于评价的关键。"

2. 定性与定量评价相结合，重视定性评价

现代学习评价更加关注学生的情感态度和价值观在学习中的作用，而这些都需要用定性的方法来评价，定性评价更能突出学生的主体地位，突出促进学生发展的目的。很难用几分或十几分之差去区别两个学生，特别是在小学段，我们要以定性评价为主。

3. 形成性评价与终结性评价相结合，重视形成性评价

正如 Catherine A. Palomba 和 Turdy W. banta 所说，“对结果进行评价意味着终结性；而对过程进行评价则暗示着还有改进的时间和机会”，重视形成性评价已经成为现代教育评价的发展趋势。

4. 自我评价应该与他人评价相结合，加强自我评价

个人的成长很大程度上取决于自我的认识、感受和内在需要，要通过自评发挥作用，因此，我们要培养学生对自己的学习结果和学习过程作出自我评价的能力。

5. 倡导综合定性的评价

在评价实践中，教师既要重视“知识与技能”的评价，又要关注“过程与方法”“情感与态度”的评价。情感与态度的评价应渗透在学生平时的学习过程以及学习方法的运用、对知识和技能的掌握之中，评价过程应该与学习过程相融合。

6. 评价主体要多元化

学生评价是管理者、教师、学生、家长共同积极参与的相互活动。但在具体实施时，必须注意避免教条地理解和落实主体多元化。

7. 考虑差异，切忌面面俱到

评价应该在尊重学生差异的基础上，用积极的眼光，从多个角度去看学生，发现学生的优点和长处，让每个学生在自尊、自信中快乐地成长。要试图构建“全面而丰富”的评价体系和方案，把各种智能或素质通通包括在内（实际上是不可能的），防止评价体系成为束缚学生发展的新桎梏。强调评价内容多元性，要考虑到学生与学生之间的个体差异，这种个别差异正是人才多样化的真正起点。

8. 正确理解考试，慎用考试

在考试内容上，要加强与社会实际和学生生活经验的联系，重视对学生分析问题、解决问题能力的考查。在考试方式上鼓励尝试各种改革。可以进行开

卷考试，一个小组共同完成一个考试任务，非纸笔的表现性任务等新形式。还可以尝试让学生出题考自己、学生出题考同伴等方式，给学生多次考试机会。

9. 对评价结果的处理要恰当

现代学习的评价将强调全面解释评价结果，以“诊断问题，发掘优势，激励学习，促进发展”为目标。必须指出，让多元主体参与小学生数学学习评价目的不是为了标新立异，而志在真正促进学生的发展。一个学习评价体系的好坏应该看它能否保证有效地反映学生实现学习目标的程度，有没有真正实现评价的诊断与发展价值。好的学习评价体系还应该能在调动学生积极参与，减轻评价者负担与确保评价可行性和有效性上找到合适的平衡点。

第三章 聋校数学教学生活化的实施过程

第一节 活用教材，追求实效

教材是实现一定教育目标的重要工具，是师生课内外教与学的主要材料，是学生获取知识的主要来源之一。

在社会变革较快的今天，教师的教学方式、学生的学习方式及学习内容都已发生变革，新一轮的基础教育改革用课程标准来取代教学大纲，实际上就隐含着教师要“用”教材而非“教”教材，这就要求教师既要潜心“走进教材”，又要善于“走出教材”。而要充分发挥教材的作用，就必须在正确理解教材、准确把握教材的基础上，对教材进行个性化地处理和创造性地加工，使教学教材本土化、生活化、活动化。

我国聋校现用数学教材是1995年由全日制聋校教科书委员会编写的，该套教材包括聋校一至九年级上下册课本和相关的教学参考书，该套教材存在以下问题：

1. 没有相配套的图片、习题、课件等辅助材料以及高中教科书。

2. 教材更新缓慢，教学内容陈旧、老化；脱离学生已有的经验，脱离学生生活。

3. 知识面窄，在知识的呈现形式上主要以“例题、规律、习题”或“公式、例题、习题”这样的形式揭示教学内容，不利于创造学生生动活泼、主动发展的教育环境，不利于引领教学观念的创新和新的学习方式的变革。

4. 教材过分强调知识结构，忽视了非智力因素的培养，不利于学生终身学习能力的培养。

5. 教材结构单一、版面设计呆板、画面颜色单调、不能吸引学生。

6. 教材过分强调数学的工具价值，忽视了其人文价值。

随着特殊教育事业的迅速发展，更多的聋人进入高等院校就读，而且社会对聋人的要求也越来越高。在新课程理念的引领下，沿用十几年前版本的聋校的教材体系，大大阻碍听障各种潜能的挖掘和发挥，已经不适应当前的形势。为此，本着“特殊需要教育”的教育理念以及“全纳教育”的思想，我国的部分聋校，已经开始在全校或者部分班级使用普校教材，使用普校数学教材已经成为我国聋校发展过程中的一个比较普遍的现象，也成为聋教育必须要面对的一个问题。

笔者所在的学校，一、二年级、三年级上学期使用的是全日制聋校实验教材，三年级下学期至九年级目前使用的是青岛版的数学教材。青岛版的数学教材具备以下优势：

1. 由“情境串”引出“问题串”。选取密切联系学生生活、生动有趣的素材，构成情境串，引发出一系列的问题，形成问题串，将整个单元的内容串联在一起，使学生在解决一连串现实的、有挑战性问题的过程中，融入数学课程。

2. 把解决问题与数学基础知识与基本技能的学习融为一个过程。以解决问题为基本框架，在解决问题的过程中学习数学，实现解决问题能力与知识、技能的同步发展。

3. 构建开放的、具有一定思维跨度的“板块式”编排结构，突出基本的数学思想方法，帮助学生形成解决问题的策略。

4. 注重培养建模意识。让学生自己发现问题——提出问题——分析问题——解决问题，体现数学建模过程。

5. 倡导独立思考、自主探索、合作交流的学习方式。本教材在编写思路、栏目设计及呈现方式等方面都努力倡导学生用这些学习方式解决问题，学习数学。

普校教材虽具备一定的优势，但是，在实际运用中，却存在一定的难度。由于听障学生的听力缺陷，导致他们在认知、注意、记忆、语言、思维等方面与正常学生相比有自己的特殊性，在教学目标、教学重难点、教学方法的确立等方面有着相当大的差异，教材在健听孩子身上所表现出来的优势对于听障孩子来说却困难重重。因此就要求特教教师在使用普校教材的过程中，一要从实际出发对普校教材进行科学、合理、有效、适当的处理；二要在教学方法、教学理念等方面需要进行有选择的吸收；三要对特殊教育的教育教学手段与普通学校的教育教学手段进行有机的融合。其中，第一条是聋教育教学中最基本的，也是最关键的。

一、理清教师、教材、学生三者之间关系

新课改背景下的教师、教材、学生三者发生了质的飞跃，三者相互制约，相互依存。

（一）教师与教材的关系

教师要利用教材组织教学，而教材只有借助教师的加工才完美。教材的编写是考虑到学生的认知规律的，是符合学生的认知规律的，利于学生健康、持续、和谐地全面发展，有它自身的编排体系。教师在组织教学时，教材是较好的“凭据”。但是，教材只不过是知识的载体、媒介，是知识的“提纲”，是供学习参考的“范例”，它并没有考虑到学生的个体差异，学生所处的地域差异，学校的个体差异，这就需要教师在不违背原教材“初衷”的前提下，对教材进行“因地制宜”“因人制宜”的加工、处理、开发、挖掘，这样的“新教材”才完美，才有魅力。

有的教师认为既然教材是个例子，不需要认真钻研教材了，主要是转变教学方式，所以上课时师生忙于互动和表演，而对教材的理解和掌握很肤浅。其实，不管课程改革怎样改，钻研教材和把握教材是教师永远的基本功。一个教师只有把教材吃透了，才能灵活变通教学方式，才能用最少的时间给学生最大的收获，才能提高课堂教学效率。把握教材是教师永远的基本功，在当前课程改革中，教师不要忽视对教材的钻研。

（二）教师与学生的关系

教师组织学习、研究的“伙伴”是学生，学生的成长离不开教师的引领，教师健康、持续、和谐地成长也离不开学生的参与、合作、支持，教师要充分研究学生的个性、爱好、特长、为人处事等，才能有效地研究、开发教材，才能有效地组织教学，才可能取得良好效果。学生如果不配合教师，不动脑、不动手、不动口，长期“沉默”，效果肯定不佳。这就要求教师精心研究、反思、开发这“可怕的沉默”，以此调整自己的教学方案，力求达到最佳效果。

（三）学生与教材的关系

学生是学习的主体，具有主体性——自主性、能动性、创造性。学生是凭借教材进行学习，而不能迷信教材的权威；教材是学生学习的立体性“提纲”，

引领、指导学生学习。学生有权向教材质疑，有利用、开发、挖掘、整合教材的权利和义务，而教材也只有得到学生的有效利用，有效开发，有效拓展，有效整合，才能发挥出它应有的价值。

教材为师生的学习、研究、智力的开发、知识的拓展、学科的整合提供了科学的、符合认知规律的、利于师生身心和谐发展的“框架”，指明了前进的方向。但是，还需要教师认真研究、认真反思、认真实践，激发学生的参与意识，充分调动学生的主体性，有效组织学生学习，“重组”教材，拓展教材，教材也才会绽放出异样的光彩。“新课改”背景下教师只有认识到教师、教材、学生是三位一体的，才不至于在“新课改”面前扑朔迷离。

二、立足实际、解读教材

教材是教学内容的载体，是教师进行课堂教学的重要依据。“解读教材”是教师的一项重要基本功，解读教材是否到位直接关系到教学目标及教学重难点的确立，关系到教学设计、教学效果等。

解读教材的主要方法有：

（一）读懂教材总体教学目标以及各单元目标

数学课程目标是数学课程标准的核心，是课堂教学的灵魂。在教学过程中，教学目标具有统率全局的作用，具有导向作用和调控作用。因此，实现数学课堂教学高效化的首要任务是全面、细致、科学地解读课程目标，并将目标付诸于整个教学活动，贯穿于课堂教学的始终。

以青岛版三年级上册为例：

全册教材分析

本册教学总目标要求	
教学内容概要	本册教材共八个单元（其中包括总复习），主要学习以下内容： 数与代数：“富饶的大海”是学习两、三位数乘一位数，“风筝厂见闻”是学习两、三位数除以一位数。“奇妙的变化”是初步认识分数。 空间和图形：在“动物趣闻”中认识克、千克和吨。在“走进新农村”中学习位置与变换。在“美化校园”中学习图形的周长。 统计知识：通过“摸名片”活动学习统计与可能性。 实践活动：通过“变化的影子”“变废为宝”的实践活动，培养学生探规律与方法，学习应用数学知识解决实际问题的能力。

续表

教学总体目标	知识与技能	1. 使学生掌握一位数乘、除二、三、四位数（积在10 000以内的笔算法则，并比较熟练地笔算；会口算一位数乘整十、整百、整千的数，一位数乘两位数和几百几十及相应的除法；自觉验算的习惯；会用短除法计算一位数除两位数。 2. 认识质量单位克、千克和吨，知道1吨=1 000千克、1千克=1 000克；并进行有关的简单换算。 3. 初步掌握长方形、正方形等图形周长的含义，会计算长方形、正方形的周长。 4. 知道几分之一和几分之几的初步含义，简单的同分母分数加、减法。让学生结合具体的情景初步理解分数的意义，能读、写分数，在具体的材料支持下能比较两个几分之一或两个同分母分数的大小。能正确计算同分母分数的加、减法。 5. 结合实际情境，解决出现的实际问题。 6. 结合实例，感知位置与变换。 7. 能用合适的方法收集整理数据，在具体的统计活动中，掌握统计与可能性知识。
	过程与方法	1. 经历探索两、三位数乘除一位数的计算方法的过程，初步形成独立思考和探索的意识。在进行估算的过程中，初步形成估算意识。 2. 在对长方形、正方形特征及周长公式的探索过程中，提高学生的观察与操作能力，发展初步的空间观念。 3. 在具体的情境中，探索分数的意义。 4. 在解决简单的混合运算问题中，体会分析问题的基本思想方法，能进行简单的、有条理的思考。 5. 在对位置与变换的探索过程中，提高学生的观察、操作能力，发展初步的空间观念。 6. 经历对数据的搜集、整理、分析的过程，体会统计的工具性，培养初步的统计意识和能力。
	情感态度与价值观	1. 在教师的指导下，对身边与数学有关的事物有好奇心和兴趣，能积极参与数学活动。 2. 了解可以用数和形来描述某些生活现象，感受数学与日常生活的密切联系，体验学习数学的作用。 3. 在他人的鼓励与帮助下，能克服在数学活动中遇到的某些困难，获得成功的体验，增强学好数学的信心。 4. 在他人的指导下，能发现错误并及时改正，逐步养成良好的学习习惯。

在对教材有了一个整体把握后，教师再根据总体目标选择相应的教学措施和方法。

（二）读懂教材编排意图，搞清文中插图和旁注文字、提示语

现行数学教材中有大量插图，包括实物图、示意图、表格图、线段图、几何图等，在插图旁还标注文字、提示语，这些有机的编排成分能配合数学学科的特点进行思想教育，能增强数学与社会、自然的联系，能增强数学与生活的联系，能发展、积累学生的数学语言。

例如,《数学一年级上册(青岛版)》"找周围的数",教材设计了四个活动环节。第一个环节"想一想"，旨在培养学生做规划的意识与能力。画面上呈现了老师与学生一起商讨活动计划的场景，引导学生讨论"可以在哪里找到数"，明确找数的活动范围，找数的途径与方法等，让学生体会活动实施前的规划对增强活动的目的性、提高活动效率的重要性。第二个环节"找一找"，旨在让学生亲历实践。画面上呈现的是班级门牌号、公交站牌、电话按键、钟表盘等，目的是引导学生学会用数学的眼睛去观察生活，到生活中去找数，落实计划；第三个环节"说一说"，旨在让学生进行交流与分享。说说找到哪些数、在哪里找的、这些数表示的实际意义等，交流活动过程与方法，积累数学活动经验；第四个环节"议一议"，旨在让学生总结反思，养成"回头看"的习惯。体会生活中离不开数，如果没有数，人们将无法知道乘车路线、作息时间、商品价格等。这样的综合与实践编排思路，从规划到反思回顾，有头有尾，让学生经历了一个完整的实践活动过程，有助于学生积累数学活动经验。

另外，教材中常出现解题指导思想、方法等的旁注文字、提示语，它能帮助教师正确分析难点，突出重点、指导教法，启发学生深入分析思考，指导学生学法，掌握知识要领，例如：《数学三年级上册（青岛版）》中"可能性"例1插图的旁注文字：①哪个盒子里肯定能摸出红棋子？②哪个盒子里不可能摸出绿棋子？③哪个盒子里可能摸出绿棋子？这三方面的旁注文字、提示语就指出了教学的新授知识点、重点与难点，它可让学生在比较中不断猜想、把握知识要领、启发学生深入分析思考，指导教师设计比如摸彩球活动，让学生在活动中：猜测——实践——验证，通过实践活动中的体验，能用"一定""可能""不可能"对生活中可能性事件作出描述。

（三）读懂例题的地位作用，弄清例题与习题的关系，疏理新授知识点

例题是数学教材的核心内容，它具有典型性、规范性。它能让学生由例及理、由例及法、由例及类，举一反三、触类旁通，能让教师疏理出新授的知识点，能让教师在教学设计中始终把握教学重难点，根据教学重难点，确立教学目标，构思教学设想。习题的作用及难易，教师要做到心中有数，弄清习题与例题相配合的基本题、变化题、探索实践题、提高题等的分布情况，正确解读习题不是例题的简单重复，而是必要的补充、发展和延伸。

例如,《数学三年级（青岛版)》“统计中简单的数据分析”中例 1 的主题图：一家超市上周四种品牌矿泉水的销售情况，要知道下周该进些什么品牌的矿泉水。根据该例题教师不难疏理出本节课授新知识点：会看横向、纵向条形统计图,初步学会制作横向条形统计图,会根据统计图及数据进行简单的数据分析等，这样有利于教师确定教学重难点、教学设计。例如，练习十中的习题除了让学生根据统计图进行简单的数据分析以外，还注意加强对学生进行提出问题，解决问题的能力的培养。这样，也就有必要在设计教学流程中始终围绕“学生获得哪些信息？你能根据获得的数学信息提出些数学问题吗”来展开创造性的教学构思。

（四）读懂教材整体结构与新旧知识联系

数学学科特点之一是知识的系统性和新旧知识的连贯性，新知总是在旧知的某一连接点上生长起来的。因此，激活旧知就是要求教师深入研究教材，设法在学生原有的知识基础上架起通向新知的桥梁，运用制造冲突、寻找异同点、解剖典型、分析迁移方法来达到知识的同化与顺应，充分调动学生的学习积极性，发挥和发展学生的智力，从而形成良好的数学认知结构。有个比方打得好，如果把整个教学过程比作是建构一幢大厦的话，那么对学生原有经验与要学习的材料进行的比较研究，就好比先期的勘探，是整堂课的基石。正如《数学课程标准》所说的，数学课程“不仅要考虑数学自身的特点，更应遵循学生学习数学的心理规律，强调从学生已有的生活经验出发……数学教学活动必须建立在学生的认知发展水平和已有的生活、知识经验基础之上”。由此可见，新旧知识之间的联系在数学教学中起着至关重要的作用。

解读教材整体结构与新旧知识联系，即要把握“通读全册，理解单元教学

内容，理清整体与部分的关系，处理好各年级之间数学知识的衔接；细读单元，理清知识点，弄清新旧知识联系点，分析数学新旧知识结合点，分析学生学习新知的思维过程。

第一，找出新旧知识的连接点，采用多种方法为学习新知作好铺垫。

（1）创设情境引发认知冲突，经历认知过程体验学习。

数学教学要注重从学生已有的生活、知识经验出发，让学生亲身经历数学建构的过程，从而使学生获得对数学理解的同时，在认识、能力等多方面得到发展。新旧知识间的矛盾冲突设计得越巧妙，就越能激发学生的学习兴趣，越能诱发学生的探索欲望。

例如，在《数学一年级下册（青岛版）》“第五单元两位数加减一位数口算”时，教师必须把教学活动建立在学生认识发展水平和已有知识经验的基础上。在探究新知时，创设情境：妈妈买了7个苹果，6个梨，苹果和梨一共多少个？因为学生在一年级上学期和下学期已经构建了20以内的加减法模型——凑十法和破十法模式，所以学生很快运用凑十法算出了7+6=13（个），教师顺势再给出信息：爸爸回家又买回来20个苹果，现在苹果和梨一共有多少个？这时，新旧知识产生冲突，和新知识相关的旧知被激活，学生带着这种冲突和探索的欲望很容易就探究出了27+6=33（个）的口算方法。

（2）寻找（比较）异同，经历探索学习的乐趣。

新旧知识之间既有相互贯通的地方，也有不同之处。而这种不同点往往正是旧知识的发展与提高，所以教师要抓住新旧知识的连接点，通过新旧知识的比较引导学生主动探索新知识，从而获取新知识，体验独立发现的愉悦。例如：学习完《数学三年级下册（青岛版）》第五单元“三位数乘两位数的笔算”时，让学生比较新旧知识的异同，自己经历探索阶段总结出一般的整数乘法的法则。这样的教学远比完全由老师指出法则，分析法则的来龙去脉要好得多。

第二，注重新旧知识的同化和顺应，采用多种手段培养迁移能力。

（1）解剖典型，揭示旧知中的规律求得新知。

在讲解教学中，教师直接将知识间的种种关系告诉学生，并不能保证学生理解了新知识的意义。要使学生对新知识获得心理意义则必须启发学生用原有的经验、自己的逻辑去解释新问题，这就是新旧知识的相互作用，而这种相互作用的过程有两种相辅相成的方式。在新知识与原有认知结构相一致的情况下，新知识就被纳入原有认识结构之中，从而扩大它的内涵，这种过程叫做同化。当新知识同原有认知结构不一致时，就要对原有的认知结构进行部分改组，以适应新的学习需要，这种过程叫顺应。在课堂教学中要十分注意知识的同化和顺应，解剖典型，揭示旧知中的规律从而求得新知。

例如,《数学三年级下册（青岛版）》“第一单元亿以内数的读（写）法”时，先复习万以内数的读（写）法，出示其中几个典型例子：8005，30750进行解剖，与学生共同分析其读（写）法，特别是“0”在不同位置上的读（写）法，找出其中的规律进而掌握亿以内数的读（写）法。又如，由于整数可以看作分母是1的分数，也可以看成小数部分是0的小数，小数与分数可以通过互化来实现形式上的转换，所以当学生掌握了分数知识后，可以把整数和小数的运算定律，运算性质以及四则混合运算的运算顺序，迁移到分数运算中去。

（2）掌握方法，放手让学生运用方法获取新知。

新旧知识不仅在内容上有必然的逻辑联系，而且方法上也有雷同之处，教师只要正确引导学生试探着运用方法得出新知，学生掌握了方法就可放手让学生自己运用这一方法去获取知识，达到知识的迁移。

例如，在教学《数学四年级上册（青岛版）》“面积和面积单位”时，先复习长度单位，用手势比一比：1厘米大约就是大拇指指甲的宽，1分米大约就是一柞（大拇指和中指张开后两端的距离），1米大约就是伸开手臂那么宽。学生对这个方法掌握熟了,在理解了面积含义后,认识常见面积单位“平方厘米”、“平方分米”、“平方米”就没有那么抽象了：1平方厘米大约就是指甲的面那么大，1平方分米大约就是边长一柞的正方形那么大，1平方米也可以让学生用手臂比一比。通过手势比一比的方法迁移，学生不仅区分了长度单位与面积单位，而且对面积单位的认识也更加具体了。在学习中这种迁移能力越强，对新知识的理解和掌握也就越快。

三、融合生活，活用教材

活用教材是指教师在进行教学设计和教学过程中，以教材为蓝本，以课程标准为准则，以师生的实际为突破口，创造性地使用好教材，使教材更具生活化、情趣化、活动化。以此来激发学生的学习兴趣，让学生在解决身边具体问题的过程中感受数学的价值，真切体会到数学与生活有着紧密联系，从而促进学生积极主动投入学习。

教师在解读教材之后，要根据解读教材中获得的自己所需数学教学资源，疏理新授知识点，真正确立起“教什么”，确立教学目标及教学重、难点，着手进行构思具体的教学设计,确定教学流程,牢牢把握“怎么教”。设计出简单、实效、生活化的可行的教学流程，真正体现活用教材，也就是说不是直接照本宣科把教材转化为教案，而是在对教材有深刻的解读的基础上创新设计、大胆取舍、整合转化、使复杂问题简单化，精读活用，设计合作流程。

（一）补充教材

教材作为重要的教学资源，是编写者经过深思熟虑、精心编排出来的，是众多专家、学者反复审定通过的。教学实践中，许多教师都认为教材已经给了我们一幅“锦绣作品”，教学时只需要“照本宣科”就行了，从而极少去思考教材呈现的知识是否全面、是否合理。其实，教材只是一个例子，是教学的一个起点，而不是教学的终极目标；教学内容的范围也是灵活的，可以是课内，也可以是课外的。只要是适合听障学生的认知规律，能从听障学生的实际出发的任何方面的材料都可以作为学习内容。因此，教师在使用教材时，要凭借自己的智慧、灵感、经验，在尊重教材的基础上对教材进行完善或加工，必要时还需作适度补充，努力挖掘教材的内在价值，让它更好地为教学服务，为学生发展服务。使教材的内容更加符合学生的需要和贴近学生的实际生活。在对教材进行适当补充时还可以根据实际情况对教材的内容进行适当的取舍。同时，要充分考虑学生数学语言积累的目标，教师对教材进行补充或取舍时，不应该影响教材的完整性和系统性。

例如，校园生活是学生们最熟悉、最感兴趣的内容，因此教师在授课时特别关注他们的校园生活，在运用教材中给出的素材的同时，要增补校园内的数学素材，把校园中的数学问题搬进课堂，使学生感到真实有趣，感到数学就在身边。在教学计算问题时，我们根据班级数，男、女生人数等提出问题进行计算；几何方面：教室里可以找到哪些图形？这些图形有什么特征，亲手去摸一摸，比画比画，并给它们归类。其他还有像空间位置、统计方面均可找到合适的数学素材。通过一系列数学活动及问题解决，让学生在活动中自主探索，合作学习，自己体会与感受从不同的方向看同一物体可能看到不同的结果，发展了学生的空间观念，体会现实生活中处处有图形，处处有数学。

（二）删减教材

新课程强调，教师不是教科书的执行者，而是教学方案的开发者；教材是学生学习活动的载体和资源，而不是教学活动的“圣经”。目前，我们采用的普校教材，里面涉及了太多的知识点和信息量。听障学生因为感受不到来自外界的声音信息的刺激，认识事物以简单、直观、具体的方式为主，教材中难免会有一些知识点比较陌生，学起来存在一定的困难。普通学校规定许多数学课要一课时完成的教学计划，在聋校要用三到四节课才能完成。主要的原因就是在文字和内容的理解上，需要花费很多的时间。教师需要根据实际需要，灵活地对教材中一些学生学起来有难度的、应用价值不大的、远离学生生活实际的、易于干扰学生思维的学习素材进行大胆删减，实现教材、教学、生活的有机整合。在这种删减学习素材的过程中，教材可以更加符合学生的学习需要，更加贴近学生的生活实际，更加符合学生的学习规律。同时，教师对教材进行加工时，不应该影响教材的完整性和系统性。

（三）重组教材

教材的结构不仅要符合学科的知识结构，也要符合学生的认知结构。总体来说，现行教材在内容编排上有它的科学性、系统性、严密性和思维性，但有时并不满足这些要求。这就需要教师在进行教学安排时，结合自身的教学经验与学生已有的知识储备对教材的结构进行适当地重组。

例如，教学《数学一年级下册（青岛版）》“100以内的数的认识”一课前，教师对班上的学生进行了一番调查，结果发现很多学生已经会读、会写100以内的数了。而最大的难点在于读到几十九之后读整十数时，存在着一些困难。根据这一情况，教师把“认识几十几”“整理100以内的数”和“比较100以内的数的大小”这三节课的教学内容组合成一节课。这样重组教材，有两个方面的好处：一是可以节省教学时间，这样可以把多出的2课时的教学时间用在突破教学难点上；二是在学生们认识了几十几后，“顺水推舟”地进入到比较数的大小的学习环节中。这种“跨越式”的整体性教学思路，既省时又高效。

（四）调整教学顺序

根据学生的实际情况对教材内容的顺序进行适当的调整有利于提高教学效果。比如，现实生活中发生了某件重要的事情，教材中有一个内容相关的单元，如果在延续性和难度等方面没有太大的问题，就可以提前学习这个单元。把教材内容与现实生活联系起来，有利于激发学生的学习动机，也有利于提高学生的学习效果。另外，对教材内容进行取舍后，原有顺序也可能需要作相应的调整。或者有的课程安排不利于学生的学习，也可以做相应的调整。

从“教教材”到“用教材”，不仅仅是教学观念的更新，更重要的是教学行为的改进。我们倡导创造性地使用教材，并非随意超越教材。只有深入地钻研教材，才能精确地把握教材，才能高效地使用教材。这样，我们的数学课堂才是高效的课堂，学生的素养才能得到发展与提高。

第二节　改革教学模式，打造高效课堂

一、教学模式和高效课堂简介

（一）教学模式

1. 教学模式的定义

教学模式一词最初是由美国学者乔伊斯和韦尔等人提出的。他们认为，“教学模式”是构成课程、选择教材、提高教师活动的一种范型或设计。在我国，到20世纪80年代中期才开始介绍国外教学模式的理论，并进行研究和实践。我们认为：“教学模式”是在一定教学思想指导下建立起来的较为稳固的教学程序及其方法的策略体系，包括教学过程中诸要素的组合方式，教学程序及相应的策略。

2. 教学模式的结构（要素）一般包括以下一些因素

① 教学思想。它是教学模式所赖以形成的基础，为教学模式提供理论渊源。

② 教学目标。是教学模式中的核心要素，对其他因素起制约作用。

③ 教学程序。实质在于处理好师生针对教学内容在时间序列上的实施。

④ 师生组合。目前各种教学模式在师生地位、作用和关系方面，可分为三种：以教师讲授为主；教师启发，引导学生动脑、动口、动手去获取知识；以学生自学，自己活动为主，教师提供一些帮助和辅导。

⑤ 教学评价。

3. 教学模式的类型

① 社会模式，着眼于人的社会发展能力。

② 个性模式，着眼于人的潜能和整个人格的发展。

③ 信息加工模式（认识模式），着眼于信息的获得、传播和发展。

④ 行为模式，着眼于学生学习习惯的控制和培养。

传统教学模式	信息时代教学模式
教师讲授为主	启发学生探究为主
说教式教学	交互式学习
分学科定时教学	真实的多学科交叉的问题解决式学习
集体化、无个性的个体学习行为	多样化、个性化的合作式学习
教师作为知识的垄断者和传授者	教师作为学习的指导者和帮助者
按年龄和成绩分组	可以混合编
对学科知识与分类技能的评价（考知识点和熟练程度）	以行为为基础的综合性评价（考能力和整体素质）

4. 传统教学模式和信息时代的教学模式的区别

不难看出，传统教学模式注重文化的继承，信息时代的教学模式在文化继承的同时更注重培养人的创造性，由此实现对文化的不断超越，这正是信息时代对每一个社会成员素质的基本要求。

（二）高效课堂

1. 高效课堂的定义

高效课堂，是高效型课堂或高效性课堂的简称，顾名思义是指教育教学效率或效果能够有相当高的目标达成的课堂，具体而言是指在有效课堂的基础上，完成教学任务和达成教学目标的效率较高、效果较好并且取得教育教学的较高影响力和社会效益的课堂。高效课堂是有效课堂的最高境界，高效课堂基于高效教学。

2. 高效课堂的特点

（1）三高：高效率、高效益、高效果。

（2）三动：身动、心动、神动。

（3）三量：思维量、信息量、训练量。

（4）三特点：立体式、快节奏、大容量。

（5）三学：肯学、想学、会学。

（6）减负：轻负担、高质量；低耗时、高效益。

3. 高效课堂的一个中心

一切以学生为中心、以快乐为根本。

4. 高效课堂的五项策略

（1）预习先行，先学后教，实现两个前置：学习前置和问题前置。

（2）教学从“学情”调查开始，根据“学情”作出决策，设置环节。

（3）注重对抗质疑，落实小组评价。

（4）注重当堂纠错，及时矫正反馈。

（5）课后尽可能实现“零作业”，如需布置，只布置发展学生思维、引导学生探究、提升学生能力的拓展作业。

5. 高效课堂的终极目标

致力于学习能力的培养。

二、聋校的高效课堂

（一）聋校数学课堂教学常见问题

1. 听障学生个体之间听力水平相差较大

听障学生和普通学生之间存在一个很大差别，这个差别是客观存在的。那就是在一个班级中不同听障学生的听力损失情况有很大不同，比如在笔者所教的班级中，有11个学生：1个有残余听力，佩戴助听器后能正常交流，这个学生的数学接受能力要强些。5个听障学生佩戴助听器后，能利用手口与人交流，他们的口语语序混乱，很难听懂在讲什么。还有5个学生，他们的听力几乎完全丧失，只能依靠手语与别人交流。

2. 听障学生抽象思维能力较弱

由于听障学生听力的损失，使得他们在抽象思维能力方面，受到很大限制，听障学生的思维方式与普通人有很大区别。例如缺乏普通人的正常语序，以至于对学习中的语言不太习惯，尤其是数学中的学术语言，从而导致学生对概念不易理解，推理论证更是不易掌握。数学是一种高度抽象的人工符号系统，这使得学生对数学的学习难上加难。

3. 听障学生课堂注意力难以集中

听障学生在缺乏声音的刺激下，面对枯燥的数学符号，注意力很难集中，更易被外界干扰。

（二）改革聋校课堂教学模式，打造高效课堂

伴随着新课程的实施，聋校课堂教学改革也面临着新的机遇和挑战，怎样构建一个开放、高效的聋校“好课堂”，已经成为当前聋校教学改革的中心话题。

1. 聋校高效课堂标准

在聋校，高效课堂可用八个字加以衡量，即：真、实、新、活、情、特、通、效。

真：真实、真诚、真为。真实即教师要尊重事实、讲究实际；真诚即用“心”去上课，用真诚感染学生；真为即教师要真正的关注学生，做到因班施教、因材施教。

实：教学目标实、教学内容实、方法手段实、学习指导实。

新：观念新、设计新、评价新。

活：问题提出活以激起学生兴趣和思考；学生活动活以使学生主动参与且积极探究；教师调控活，以使课堂动静结合，活而不乱。

情：教学激情，教师教学要有感染力；教材情感，教师对教材的体悟要深刻；人情，即教师要有亲合力。

特：鲜明的教学特色。

通：教师与学生、学生与学生之间能进行无障碍的沟通与交流。

效：教学效果及效率要高。

实现高效课堂，在理解了八要素的内涵后，还应把握“三讲”“三不讲”原则。

三讲原则：易错、易漏的知识讲；重难点讲；有扩展性内容的知识讲。

三不讲原则：学生会的知识不讲；通过自学能学会的知识不讲；讲了学生也不会的知识不讲。

只有把握好以上的“八字原则”“三讲原则”“三不讲原则”，才能落实“当堂教、当堂会、轻负担、保落实”的高效教学目标。

（三）构建聋校数学教学生活化课堂教学模式

遵循“八字原则”“三讲原则”“三不讲原则”以及聋校课堂教学所面临的问题，笔者所在的学校便选择了大量有利于听障学生开展观察、操作、实验、推理等活动的内容和听障学生所喜爱的活动形式，创设了“精彩链接——问题超市——探究长廊——快乐行动——收获驿站——生活实践”六步走的数学课堂教学模式，支撑起数学教学的坚实阵地。真正实现了“现实题材——数学问题——数学模型——数学知识与方法——应用知识解决问题”的数学学习过程。

精彩链接
生活化的
情景导入 ▶ 问题超市
从生活中发现问题、提出问题 ▶ 探究长廊
探究生活化的数学问题 ▶ 快乐行动
用本课学到的数学知识解决实际问题 ▶ 收获驿站
回顾总结所学知识
形成系统性知识 ▶ 生活实践
你说我讲、书写数学日记
提升能力，发展学生语言

第一步：精彩链接

“精彩链接”即联系生活经验，引出数学问题。

我们都知道，教学的艺术不在于传授本领，更重要的在于激励、唤醒、鼓舞。教学中，教师根据听障学生的认知规律和生活经验，抓住听障学生活动的兴奋点，按听障学生认知的“最近发展区”，为他们提供了丰富的背景材料。从听障学生喜欢看的实情、实物、实事入手，采用讲故事、做游戏、动手操作等形式创设生动、有趣的情境，激发听障学生学习的兴趣以及自主探索的欲望，从而发现问题，自主学习。

例如：在学习“圆的认识”时，先让听障学生说说生活中哪些物体的面是圆的，听障学生会举出很多例子：下水道井盖、车轮、水桶底等。那么，为什么要把它们设计成圆形的呢？听障学生们根据自己的生活经验讲了很多的理由：“下水道井盖做成圆的就不会掉下去，车轮做成圆的跑得快”。这时，教师引出学习内容：这些好处都和圆的特点有关，等学完了圆的知识后，你们就会明白这其中的道理了。由于创设了这样一种联系生活的导入，听障学生学习圆的知识就不再感到枯燥乏味，学习的目的性强了，兴趣也就油然而生。

第二步：问题超市

“问题超市”即创设生活情境，感受数学问题。

经历了生活化情境的导入后，利用校本教材为听障学生提供的丰富的学习素材，为听障学生提供恰当的时间和空间，创造机会让听障学生自主发现数学问题、生成数学问题，让问题成为课堂天然的主线。

例如，在学习“加减混合运算”时，教师和听障学生一起模拟乘坐公共汽车上车和下车的情景，使听障学生乐于感知接受，易于理解内化，接着指导听障学生讨论，该怎样列算式？为什么？从而引出加减混合运算，并理解加减混合运算的意义。

又如，学习“按比例分配”时，教师创设了下面的生活片段：小明家和小华家共用一个水表，小明家 3 口人，小华家 4 口人，这个月要交水费 34.8 元，请你帮他们想一想该怎样帮他们分摊水费？

听障学生们围绕“合理与不合理”自己发现数学问题，提出数学问题。可以说，用听障学生比较熟悉的身边的事情呈现教学内容，不仅增加了数学的趣味性、现实性，更重要的是让听障学生体验到了数学知识与生活实际的紧密联系，培养了听障学生喜爱数学、学好数学的情感。

第三步：探究长廊

“探究长廊”即参与实践活动，探究数学问题。

在探究数学问题的过程中，教师把学习的主动权放给听障学生，重视听障学生个体的有效参与，使他们能够把操作和思考结合起来。在指导听障学生讲题说理，教给听障学生表达的方法，培养说的习惯的同时，努力让听障学生自觉地、能动地体验与寻找必要的数量关系，通过观察、实验、猜测等活动经历“经验——模型——符号”的数学化过程，使听障学生头脑中形成较清晰的探究思路，从而促进听障学生语言发展与思维发展的同步性，逐步形成他们对数学知识的理解和有效的学习策略，培养听障学生的问题意识和自主探索的精神。

例如，学习“梯形面积公式的推导”时，我们就可以采用转化的思想，在操作发现阶段引导听障学生分组活动，集中大家的智慧对梯形进行改造，把它剪拼成我们熟知的几何图形，然后再间接求出它的面积，进而推导出梯形的面积计算公式。在具体操作的过程中听障学生发现了好几种成功而可行的办法：（1）用两个相同的梯形拼成一个平行四边形；（2）把梯形剪成一个平行四边形和一个三角形；（3）把梯形剪成两个三角形（两个三角形的高就是梯形的高）；（4）把梯形剪成一个长方形和两个三角形（如果是直角梯形就是一个三角形）……

在这一教学过程中，听障学生通过剪拼操作，自己发现并总结出了梯形的面积计算公式。与教师直接讲授使听障学生接受梯形面积公式相比，不仅加深了他们对公式的理解，而且增强了他们自主探究的信心。

第四步：快乐行动

“快乐行动”即用本堂课学到的数学知识解决实际问题。

课堂上，充分利用与实际生活经验相结合的、形式多样、趣味性的练习，为听障学生创设应用相关知识、方法的机会，使听障学生了解这些知识、方法的实际应用价值。引导听障学生在自我评价、他人评价中认识自我，建立自信，发展自我。

例如，学习“两步计算应用题”时用下面“主题情景图”题组来开展训练。

每个45元

每个92元

每个24元

每个12元

每件35元

每条30元

每双80元

根据上面的信息，你能解决下面的问题吗？你还能提出哪些问题？

张叔叔拿了200元钱，买了一个排球，一双运动鞋，还剩多少元？

学校买3个篮球，5个足球，一共用去多少元？

学校买了8套衣服，上衣的钱比裤子要多多少元？

我们运用列表式的题组进行练习：

家家悦超市食品柜的食品单价如下表

面包（袋）	饮料（听）	糖（千克）
切片面包3元	可乐5元6角	花生糖20元
椰蓉面包3元2角	果汁3元5角	水果糖16元
果酱面包2元8角	椰汁3元	巧克力25元

想一想：（1）从上表中，你知道哪些数学信息？

（2）如果三类食品各买一份，最多要花多少钱？最少呢？

填一填：用 50 元钱选购以上食品，根据自己的想法，把购物方案填入下表。

类别 方案	面包（袋）		饮料（听）		糖（千克）		合计（元）	
	单价	数量	单价	数量	单价	数量		
（1）								
（2）								
（3）								
（4）								

第五步：收获驿站

“收获驿站”即回顾所学知识，形成系统知识。

总结是对本节课学习的内容进行归纳和概括的过程，是帮助听障学生将零碎的、分散的知识整理成有条理的、系统的知识的过程，也是听障学生将所学的新知识内化，与原有知识融合形成新的知识结构的过程。听障学生在讨论交流的基础上，进一步明确知识重点、难点、关键点，学会反思和知识梳理，学会自我评价和自我总结，提高听障学生的学习能力。如：本节课你有什么收获？还有哪些不懂的地方？解决这样的问题该怎样入手？你能把今天的数学活动用数学日记的形式表述出来吗？

要注意的是，不是教师总结，而是教师引导、组织全班学生自己进行总结概括。

第六步：生活实践

“生活实践”即引导听障学生进行课后验证、观察应用、培养听障学生思维能力和解决实际问题的能力。

数学知识起源于生活，并最终服务于生活。教师在教学中，力求让听障学生带着数学问题接触实际，让听障学生明白：数学就在实际生活中。

例如，学生认识三角形的特征后，可以在教学中展现一把摇动的椅子，让听障学生讨论怎样应用三角形的稳定性来修理椅子。又如，教学“面积单位”后，要求听障学生用测量的方法测出自己家的厨房大约有多大。从而培养听障学生自觉地把所学的知识用于实际生活的意识，将数学知识与现实生活紧密地联系起来。在学习了求平均数应用题后，可以让听障学生计算全班同学各科考试的平均成绩；学习统计图表知识后，可以让听障学生收集有关学校各班人数情况的数据，制作简单的统计图表；学习几何知识后，可以让听障学生测量并计算树木的直径，花坛的周长和面积，教室的粉刷面积，装修房间地面所需地砖数及价钱等等。

这样就能使听障学生体会到生活中处处有数学，既激发了听障学生的兴趣，又帮助听障学生适应了社会生活，培养了听障学生的应用意识和实践能力。

依据以上阐述，笔者在八年级的教学实践中，针对听障学生好奇、好动、好玩、好钻及求知欲、成就感非常强的心理特点，结合教材特色，在备学生、备自己、备教材、备教法、备语言的基础上，尝试了六步高效课堂模式。

案例

《下水道的井盖为什么是圆的》教学案例

设计思路

《下水道的井盖为什么是圆的》结合“圆的认识”单元教学内容安排的一次实践与综合应用，本节课把学生身边的问题数学化，并以“问题”为主线，通过“猜想——验证”“探索——发现”来展开学生探索知识的发生发展过程，促使学生主动探索，从而发现知识的一些规律和方法，并努力为学生提供解决实际问题的机会，在实际运用中培养学生的创新意识。通过一系列的活动将新的数学思想纳入到学生原有的认知结构之中，从而完成新知的建构过程。

重要环节

第一步：精彩链接

从生活入手，使学生感知圆在生活中的运用，引入新课，激发学生的兴趣。

第二步：问题超市

借助直观的图形来诱发学生的猜想，引起学生对问题的探究兴趣。

第三步：探究长廊

鼓励学生大胆推想，把研究的对象扩展到正方形、三角形和圆，深入探究

1. 圆形井盖安全，长方形、正方形的下水道井盖，很容易落入井中，不安全。

2. 圆形井盖面积小，正方形要比圆形的面积大，圆形的省料。

3. 各式井盖各有好处，长方形、正方形井盖面积大，下雨天利于排水。

第四步：快乐行动

引导学生应用发现的规律解决实际问题，要求学生从身边做起发现问题，给了学生主动探索的机会，激发学生的创新意识，使学生进一步体验解决问题的乐趣，提高解决问题的策略水平。

第五步：收获驿站

引导学生回顾所学知识，并进行适当拓展，让学生将所学的知识表达出来，形成系统的知识结构。

第六步：生活实践

结合学生生活实际，由易到难，层层深入，让学生在解决问题的过程中掌握知识，形成技能，发展思维，培养数学意识。

总之，本节课的教学设计，极大地调动了学生学习的积极性，并为后面学生今后解决一些实际问题，培养学生的创新意识埋下伏笔。

教学目的

通过本节教学，使学生掌握：

1. 下水道的井盖是圆形的优点：

① 圆形下水道比其他形状的安全（圆形能更方便让人进去）。

② 在空间适当的情况下，圆形下水道比其他形状的省料。

③ 同样质地的物品，圆形的物品比其他形状的物品受损轻（平时我们所说的碰掉角了）。

④ 由于力学原理、受力面积均匀，对路面减少损伤。

2. 通过生动有趣的“数学实践”活动，使学生懂得生活中常见的现象，充满数学问题，充分感受数学与日常生活的密切联系。使学生在理解和掌握知识的同时，感受到学习数学的乐趣，提高学习数学的兴趣。

教学课程

一、精彩链接

如今马路上的井盖越来越多，无论在哪个城市的道路上，都会看到形形色色的井盖。

二、问题超市

提问：

1. 生活中，我们看到的下水道井盖是什么形状的？

——大多数是圆形的（或有正方形、长方形）。

2. 下水道的井盖为什么是圆的呢？

导入：

我们今天就来探讨这个问题。

三、探究长廊

（一）我们看到了（圆形、正方形、长方形）这么多形状的井盖。

首先让我们回忆下学过的这些平面图形。

1. 这是一个圆形：

a. 通过图示，你们知道它是圆的什么？——直径。

b. 什么是圆的直径？——通过圆心并且两端都在圆周上的线段叫直径。

c. 通过演示，我们可以看出圆的直径有什么特点？——同圆内，直径有无数条，长度都相等。

2. 探究正方形的对角线与边长的关系：

a. 这是一个正方形，正方形的边长有什么特点？——正方形的边长都相等。

b. 通过演示，我们可以看出：正方形的对角线与边长有什么关系？——正方形的对角线比它的边长长。

3. 探究长方形的对角线与长、宽的关系：

a. 这是一个长方形，我们知道：长方形的长和宽不相等，长比宽长。

b. 通过演示，我们可以看出：长方形的对角线与长、宽有什么关系？——长方形的对角线比它的长和宽都长。

（二）数学游戏。

刚才我们重温了圆形、正方形、长方形的这些特点。

1. 那么，现在老师手里有很多圆形、正方形、长方形盖子的物品，如：长方形的饭盒盖、正方形的药盒盖、圆形杯盖等，请同学试想一下：

在不使物品变形，受损的情况下，它们的盖子能否落入下面的物体中？

①老师把物品发给各组同学，请同学试试好吗？看哪组同学能做到？（巡视学生的操作，并请同学展示）

②老师看到有的小组的盖子落下去了，有的小组的盖子没落入物品中，请同学操作演示一下，并说说你们的发现与理由：

哪个掉落得最快？

——长方形盖子。

哪个不容易掉落？

——圆形。

人们也发现长方形的盖子最不安全，今天我们不再来探讨长方形。

2. 盖子没有落下的小组，是他们的双手不灵巧、脑子不聪明吗？

——不是。

那是为什么？

——学生各自说出理由。

盖子落下的小组，举起你们手中的物品，让同学看看它的盖子是什么形状？

——正方形和长方形。

正方形和长方形的对角线都比它们的边长，所以能从对角线处把盖子落入。

盖子没落下的，再把你们手中的物品举起，让同学们看看它的盖子是什么形状？

——圆形。

同圆中，直径有无数条，且长度都相等，所以盖子无法落入。

3. 人们从日常生活中也体验到这个问题，如果是长方形、正方形的下水道井盖，很容易落入井中，给路面上过往的行人、车辆等造成危害，也给有时在井中工作的工人造成人身伤害。

怎样排除这个隐患，保障安全呢？

圆形是最好的选择，这就是下水道的井盖为什么是圆的优点之一——安全性（板书安全性）。

（三）探究比较圆形、正方形、长方形等面积大小。

1. ① 这是一个直径是 4 cm 的圆形，这是一个边长是 4 cm 的正方形，你们猜猜，它们谁的面积大？

——学生根据观察或经验各自表达意思。

② 到底谁的正确，让我们用圆的面积公式和正方形的面积公式来计算一下好吗？

——（学生板演）

$3.14\times\left(\frac{4}{2}\right)^2=3.14\times2^2=12.56\ (cm^2)$

$4\times4=16\ (cm^2)$

哪个面积大？

——正方形。

2. 我们再看一下两图的实际比较（大屏幕演示）：正方形要比圆形的面积大。

通过以上的面积计算与图形演示，我们可以得到："在圆的直径与正方形的边长相等的情况下，圆的面积较小，正方形的面积较大。"

由此我们可以看出：两物的纵横长度相同，圆形比较省料。

这就是下水道的井盖为什么是圆的第二个优点：省料。

（四）探究圆形井盖的性能。

1. 我们探讨了这么多，请同学们回想一下：日常生活中，是圆形的物体掉在地上易摔坏，还是长方形、正方形这样有棱角的物体易摔坏？（量角器、直尺）（圆饭盒、方饭盒）

2. 这也是下水道的井盖为什么是圆的第三个优点：结实（受损少）。

3. 这里还包含着一个力学问题：圆形受力均匀，也是减少井盖受损的原因之一。我们将在物理课中学到这个知识。

（五）探究圆形井盖的其他好处。

我们了解井盖是圆形的这么多好处，难道长方形、正方形就一点好处没有了吗？

昨夜下了一场大雨，如果下雨时漏水井盖的面积小，它的漏洞小，雨水漏得慢，地面就容易积水。而正方形、长方形面积大，正好能解决这一问题，所以我们学校的操场上、食堂门前等都采用了长方形水漏。这也是今天早上校园很干爽的原因。

四、快乐行动

1. 生活不是十全十美的。去年的一个晚上，老师领弟弟去学习，走在马路上差一点掉进水井，为什么呢？因为现在的街道上常常出现"黑洞"现象：也就是下水道的井盖不翼而飞，这都是一些不法分子，把它们偷走卖掉或移作他用。

报纸上这样的报道屡见不鲜。

2. 下水道井盖如何防盗？是摆在人们面前的一个重大问题，各个厂家纷纷研制。

3. 老师希望同学们好好学习，运用聪慧的大脑、灵巧的双手，研制出更适合我们生活实际的防盗井盖。造福国家与社会，为我们的社会环境增添一份平安和谐。

五、收获驿站

这节数学课，你学到哪些新知识？你的收获是什么？

——学生把老师写在黑板上的词语，圆形井盖的优点，圆形、正方形、长方形的特点叙说出来。

教师根据学生的回答进行总结性发言。

六、生活实践

1. 试着自己说说生活中有关井盖的故事。

2. 同学间相互交流，看看谁说得好。

3. 我的数学日记：快把学习感受收获问题写下来。让老师、同学一起解决问题、分享快乐，共同求知、实践、创新。

教学反思

1. 本节课以学生生活中的亲身经历为线索，创设具有浓郁的生活色彩的教学情境。因为教学素材来自生活，学生的注意力能迅速被吸引到多姿多彩的现实生活中，学生感觉亲切自然、兴趣浓厚；探究的问题源于学生自己，其主动探究精神被充分激发，自主解决问题的动机强烈；解决问题的决策由学生在独立思考的基础上小组研讨交流得出，学生的主体作用得以充分发挥；最后让学生帮老师解决实际问题，在颇富挑战性的情境中，既巩固了新知，又培养了学生运用知识解决实际问题的能力，向现实生活做了适当的延伸。自始至终，气氛和谐生动自然，学生在生活化情境中积极主动地提出问题、解答问题、展示自我，整个课堂呈现出情知交融、知行统一、个性张扬的气象，课堂上流淌着积极参与、主动创新的欢声笑语。

2. 关注学生整体的生命活动状况。数学教学不应该是个只重求知的过程、只注意引导学生学数学知识，只强调练数学技能。我们要冲破传统数学课堂的局限，积极引导学生用数学的眼光打量世界、认识世界，培养学生多方面的才能。

数学从来就不是书本上的枯燥学问，它的身影在生活的每个角落，它的价值就来自你我的生活！

3. 导放结合，培养学生的能力。教学中，我注意留给学生充分思考的时间和空间，努力做到：凡是学生能解决的问题，教师决不代替，让学生自己思考的问题，整体感知；鼓励学生有不同的见解、不同的解题思路，培养学生的创新能力。

4. 教学中还有欠缺，如：学生的动手操作不灵巧，观察问题比较被动；语言表达过于简单，参与双边活动回答问题言不达意，即使心里明白也不知如何表达。

在数学实践活动教学中教师遵循“教师为主导、学生为主体、训练为主线、思维为核心”的原则，让学生积极主动地参与教学的全过程。利用游戏、活动，让学生在玩中学，学得轻松，学得愉快，学生的主体作用就能得到充分的表现，真正成为学习的主人，各方面能力都能得到提高。

（烟台市特殊教育学校　祝红军）

第三节　实施生活化评价，促进学生成长

在“做人做事做学问，谋生谋职谋发展”的具有特殊教育特色的素质教育实施过程中，实施符合素质教育要求、符合听障学生发展的生活化教育评价体系，成为促进聋校数学教学实施的核心。

构建科学的聋校数学评价体系，要在新课程标准的指导下，以促进每个学生的可持续发展为出发点，构建新型的教学评价模式，使评价与学生发展同步，充分体现评价指标多元化、评价主体多样化、评价方式多样性、评价内容全面性、评价过程动态性等特点。淡化评价的甄别、选拔功能，突出评价的导向、改进、形成、激励功能，形成一套科学有效的聋校数学教学评价体系，以促进学生的成长、教师的发展、学校内涵发展与素质教育的进步。

一、大胆尝试“以学生的发展为本”的立体生活化评价体系，促进学生的全面发展

数学课程标准指出：“评价的目的是全面了解学生的学习状况，激励学生的学习热情,促进学生的全面发展。”在评价中,教师要努力实现“知识与技能”“过程与方法”“情感态度与价值观”三个目标的整合，力求凸现评价指标多维度、评价形式多样化与评价主体多元化，进而做到使之有效地引导教师改进教学设计，完善教学过程，提高评价质量，促进学生全面发展与个性发展。

设定立体的评价体系，多维的评价指标、多样的评价方式、多元的评价主体相互渗透、融为一体，构建出一个良性循环体系。

1. 多维的评价指标基本实现了“知识与技能”“过程与方法”“情感态度价值观”三个目标的整合，体现了“以人为本”的思想，有助于促进学生的全面发展。

2. 多样的评价方式，整合了定性评价与定量评价，整合了形成性评价与终结性评价，体现了评价的个体化，关注了学生在学习过程中的变化与发展，有效地保护了学生的自尊心与自信心。

3. 多元的评价主体，增强了评价的客观性与全面性，培养了学生的独立性、自主性和自我发展、自我成长的能力，也整合了多方面的力量共同促进学生的发展。

4. 重过程的评价体系较好地发挥了评价的诊断作用和激励作用，学生对数学学习充满兴趣，充满自信。

案例

《数学实践课》探究性学习过程评价量规

组别：	姓名：				时间：		
评价指标	评价等级及分值				得分：		
	20	15	10	5	自评	组内互评	教师评价

续表

情感度20分	能积极参与学习，探究问题的兴趣浓厚并持久，遇到困难能积极想办法解决。	能较积极参与学习活动，对探究的问题有一定的兴趣，能尽力克服学习活动过程中遇到的困难。	基本上能参与学习活动，但不是很努力，对探究的问题兴趣不大，遇到困难，没有想办法解决。	被动地参与学习过程，对学习探究的问题没什么兴趣，遇到困难就轻易放弃。		
学习能力20分	能够自主学习，很好地完成学习任务，勇于猜想和探究，能通过探究问题获取新的知识和技能，学习科学研究的方法。	能够自觉学习，较好地完成学习任务，能够在学习活动过程中，通过探究获得一定的知识，并掌握一些研究的方法。	能够在教师的引导下基本完成相应的学习任务；探究的过程中，获得较少的知识，不能很好掌握研究方法。	被动接受，缺乏自主学习的方法和能力，不能完成相应的学习任，没有掌握探究性学习的方法。		
搜集整理信息能力20分	收集了大量的信息，都与主题有关，能够对收集的信息进行很好的分类整理。	收集较多的信息，大部分与主题有关，能够对收集的信息进行较好的分类整理。	收集较少的信息，少有与主题有关，对收集的信息进行大概分类整理。	只收集很少的信息且极少与主题相关，也不懂得对信息进行分类整理。		
研究成果20分	能够根据活动中收集信息，进行分析、归纳，发现问题，解决题，并把这些收获做成精美手抄报等成果。活动成果能紧扣主题，制作精美，反映整个活动，是对活动的很好的归纳和总结。	能够根据活动中收集信息，进行分析、归纳，发现问题，解决题，并把这些收获做成较精美手抄报等成果。活动成果能紧扣主题，制作较美，能较好地反映整个活动，是对活动进行简单的归纳和总结。	能够根据活动中收集信息，进行分析、归纳，能发现其中一些问题并解决，并把这些收获做成手抄报等成果。制作一般，能基本地反映活动的过程，是对活动的简单总结。	能够根据活动中收集信息，进行分析、归纳，能发现其中一些问题，但不能很好地解决，制作比较差，不能很好地反映活动的收获。		
小计						

（此为笔者上完一堂数学实践课《还贷款》后，对学生进行了探究性学习过程的评价）

二、突出对学生发现与探究、解决与创新、实践与运用能力的评价，促进学生的发展

评定学生的学习成绩只是一种手段，主要目的是帮助学生查找学习成败的原因，激励学生努力学习，并通过反馈，改进教师的教学工作。为了使学生的数学学习成为“知识再发现，再创造”的过程，评价的重点应放在学生的创新精神与实践能力上。评价中看学生能否从现实生活中发现和提出数学问题；能否探索出解决问题的有效方法，并试图寻找其他方法；能否与他人合作交流；能否表达解决问题的过程，并尝试解释所得结果；是否具有回顾与分析解决问题的意识是考查重点。

具体的做法：教师每节课都会尽量将学生所学的数学问题与现实生活的问题联系起来，经常设计一些生活化小课题，在小课题探究中，进行学生自评、小组互评、教师点评，以此激励学生，发展能力。

例如，在教学“求不规则物体体积”时，教师可先设计“求橡皮泥（形状不规则）和萝卜（形状不规则）的体积”这样一个小课题。教师首先出示一块橡皮泥（形状不规则）。师：你们能求出它的体积吗？（小组交流、组内评价互助，激发学生的发现问题、探究问题的能力。）

汇报（小组推选交流、组间评价得出最佳旧知解决新知的方法。）

组1——将它捏成长方体，然后根据长方体的体积公式求出它的体积。

师：这个方法不错，利用长方体的体积求问题，你们还有不同的方法吗？大胆说一下。

组2——将它捏成正方体，然后根据正方体的体积公式求出它的体积。

师：触类旁通，方法也不错。还有其他方法吗？开动脑筋，展开想象。

组3——将它搓成圆柱体，然后根据圆柱体的体积公式求出它的体积。

师：那么这个长方体、正方体和圆柱体的体积相等吗？（小组交流从而得出它们体积是相等的，因为它们表示的是同一个物体的体积，并使学生初步认识转化思想。）

师：出示一块萝卜（形状不规则），怎么求出它的体积？能不能和橡皮泥那样把它捏成规则物体呢？（使学生产生认识冲突：认识到要将它变成一个规则的物体很麻烦。）

师：如果不规则物体是一块石头怎么办呢？

师：我们有没有一种好的方法可以帮助我们很快的求出一个不规则物体的体积呢？（教师启发性评价，激起兴趣。）

师：你们听说过乌鸦喝水的故事吗？（播放乌鸦喝水的视频。）

师：你从中受到什么启发？为什么瓶中的水会升高？水面上升那部分水的体积是什么的体积？（小组交流。）

汇报交流：水面上升的那部分水的体积是石头的体积。

师：乌鸦都这么聪明，可以通过想办法喝到水，我相信同学们一定比它更聪明：能从乌鸦喝水的故事中得到启发，想出一种很好的办法求出不规则物体的体积。（教师激励性评价。）

教师出示课前准备的量筒、水、萝卜。（分组交流。）

点名上台边汇报边演示：先在量筒中倒入水，水量大概能将萝卜浸注即可，将萝卜放入，水面上升那部分水的体积为萝卜的体积。

师：那么我们如何求出水面上升那部分水的体积呢？（小组交流。）

汇报：用放入萝卜后测量的体积减去放入萝卜前测量的体积。

师生共同总结：不规则物体的体积=水面上升那部分水的体积（前、后两次水的体积之差。）

新课程标准强调：有效的学习活动不能单纯地依赖模仿与记忆，动手实践、自主探索与合作交流是学生学习数学的重要方式。在教学过程中，学生间、师生间的合理评价有利于学生不受教师思维局限，鼓励学生创新的能力。通过这样的评价形式能加强学生的以下能力：合作交流、分析和解决问题、安排筹划、尝试错误以及从错误中学习。

科学、合理、鼓励、创新的评价，有利于保证教育质量，有利于促进创新精神和实践能力的培养。不科学、不合理、束缚学生思想的评价，则会抑制学生兴趣爱好和个性特点等方面的发展，使创新能力的培养受到束缚。

又如，教师为了评价学生是否具有创造性发散思维能力，是否具备了把生活问题数学化的实践能力，是否具备了应用数学的意识和能力等，教师可以让学生设计一份报告单，内容可以做如下要求：

（1）设计或选择出一道数学题，使这道数学题能有三种以上的解法。

（2）能把某个生活中的问题抽象成数学模型。

（3）能说出生活中、社会生产中、科技发展中应用数学的例子。

通过采用合理、科学的评价，有利于学生个性的张扬，实现对学生探究、创新和实践能力的培养。

三、从多角度、多方面进行评价，促进学生全面发展

“应试教育”对学业成绩的考核，主要是进行课内知识一维评价，虽然发挥了量化评价的作用，重视了评价的选拔功能，但对评价的发展功能重视不够，评价的方式比较简单，这种评价完全是在极其狭窄的范围内进行的。教师评价学生的主要目的应该是为了促进学生的全面发展，了解学生的数学学习历程，激励学生的学习和改进教师的教学。同时，诊断学生在学习中存在的困难，帮助学生认识到自己在解题策略、思维或学习上的长处和不足，帮助学生认识自我，树立信心。因此，评价内容要综合化，既要重视基础知识方面的评价，更要重视基础知识以外的综合素质的发展。

教师对学生进行考查时要注重考查基础知识、基本技能，同时要考查学生应用知识解决实际问题的能力，考查灵活运用基础知识解决问题的能力，考查学生的学习过程，考查学生的操作实践、归纳分析、合作交流、探究创新等能力，让学生的个性和创新能力得到张扬，让各类学生在考查中展示自己的潜能与才华。

例如：教师对平行四边形这一个单元的考查可以分成以下五个方面：

第一个考查内容是关注基础知识和基本的掌握情况，让学生画出四边形这一章的知识图。

第二个考查内容是知识的迁移能力，让学生举出在生活中应用平行四边形、矩形、菱形、正方形、梯形、直角梯形、等腰梯形的例子。

第三个考查内容是创造性想象能力，让学生举出梯形辅助线的引法。

第四个考查内容是动手实践能力，可以要求学生根据已知条件和要求作出基本图形。例如：已知线段 a、b、c、d，求作梯形 $ABCD$，使 $AD \parallel BC$，$AB=a$，$AD=b$，$AC=c$，$BD=d$。

第五个考查内容是学习能力，让学生说说在这一章学习中你认为最好的学习方法。

另外，教师在课堂上的即兴评价可以随时调动学生的积极性，教师对学生的回答作出的具体分析、必要的解释，可以提升学生发言的品质。

问题情境：在学生认识了射线的特征后，教师要求学生举生活中的例子。

师：我们可以把手电筒和太阳等射出来的光线都看作射线，你还能举出一些射线的例子吗?

生：我认为手电筒和太阳射出来的光线不是射线，而是线段，因为它在发射的过程中被东西挡住了。我认为头发是射线。（全班同学发出轰然的笑声。）

师：同学们怎么看的？（大多数同学表示疑惑。）

师：如果我们大胆地假设一下，假如你的每一根头发都是朝着一端笔直地生长，再假如你长生不老，而且永远不剪头发，那么你的头发就是射线。

（发言同学的脸上露出了微笑，听课同学若有所思地点头。）在上例中教师用了几个“假如”的即兴评价保护了学生质疑的积极性，同时又让学生认识到自己所举例子的生活片面性，可谓一举两得。

再是激励要以事实说话。这就要求教师充分掌握学生的可比性材料：学生过去的有关情况（纵向可比）和学生在班级或更广范围内所处位置情况（横向可比），并艺术性地加以运用，进行有效的激励。

例如，教学“整数除以分数”时，讲解题目“小朋友用$\frac{3}{4}$张纸做了6朵花，1张纸可以做多少朵纸花？”在教学中，一位学生对题目的推算方法不赞同：“这样推算太麻烦了，我也搞不懂，如果运用商不变的性质，那就太简单了。也就是$6\div\frac{3}{4}=\left(6\times\frac{4}{3}\right)\div\left(\frac{3}{4}\times\frac{4}{3}\right)=6\times\frac{4}{3}=8$（朵）。”（大部分学生自主的鼓掌，为这位学生喝彩！）然后老师予以这样的评价：“你真会动脑筋，能运用所学知识解决新问题，而且方法既比课本中的要简练得多，又好理解。老师一定会建议编课本的专家用你的方法替代课本中的方法。”然后还用这位学生的名字命名了此推算方法。

这样的评价不仅使这位学生体验到动脑筋思考、运用所学知识解决问题的乐趣，而且使全体学生感悟到“不唯师、不唯书”的科学的求实精神。

四、过程性评价与终结性评价相结合，促进学生全面发展

现在有些学校仍然采用的是以期中、期末闭卷考试的成绩来评价学生学习

水平的做法，是最原始、最简单的办法。貌似公平、客观，实际上不能全面反映学生的学科素养，是挫伤学生学习情感的重要因素之一。这种评价是关注结果的终结性评价，是面向“过去”的评价。这种评价只要求学生提供问题的答案，而对于学生是如何获得这些答案的，在获得答案过程中的情感体验却漠不关心。

我们面对的是身患残疾的聋孩子，我们最终的教育目标就是要培养他们热爱生活，热爱学习，使他们能健康活泼地成长，积极主动地发展，长大后能适应社会。为客观评价学生的学业成绩，扎实学生平时基础知识和基本技能的掌握情况，我们采取过程性评价与终结性评价相结合的方法，教师对于考试在关注结果的同时，更要关注结果形成的过程，并加大过程性评价的力度，帮助学生形成积极的学习态度、科学的研究精神和不同的情感体验，从而形成正确的价值观，实现学生和谐、全面的发展。其中过程性评价包括学生平时表现与单项过关测试两个内容。平时表现由学生完成作业情况、课堂表现情况、调查实践活动、教师组织的小测验成绩四部分构成。

单项过关测试的具体做法是：

1. 把数学学科按照知识的构成，将内容分为几类，如“数与计算”“空间与图形”“解决问题”“量与计量”……

2. 按月或按阶段设立考核内容，统一组织单项过关测试。

3. 测试完毕后认真分析、总结考试得失，发现问题，及时补救。这样的分项考核，不仅重视知识、技能的掌握，更重视学习态度和学习能力的培养。

调查实践活动是一种表现性评价形式。让学生进行调查实践操作，有助于培养学生的动手实践能力，有助于学生对数学内部的整体把握，有助于加强数学与外部世界的联系。

例如，给一个家庭有 2 个成人和 1 个 13 岁的男孩，请为他们设计营养均衡的一周食谱。使用食品广告，估算你所提供的一周营养食谱的费用。这样的调查实践操作任务，为教师考查学生提出假设、分析和综合数据，以及推断能力提供了依据。同时，这些任务还有助于学生发挥主动性、创造性以及在一个长期任务中坚持不懈的精神，从而也为教师评价学生这些方面的发展提供了依据。

“终结性评价”是指期末对学生学科学业成绩的评价。这个成绩的认定要根据平时表现、单项过关成绩（单元测试成绩）、期末考试成绩按一定权重进行测算。如数学成绩评价平时成绩占 30%，分项考核占 30%，期末综合试卷占 40%。

这样几项综合得出学生的期末总评分和发展状况，期末总评分在90分以上者均为优秀，80～89分者为良好，60～79分者为合格，60分以下者为不合格。这种综合评定记分的方法，淡化了期末考试，侧重于知识形成过程，注意到了学生的能力，避免了传统百分制下教师、学生、家长往往为毫无意义的一两分之差而进行的无效劳动。

例如，在教学过程中对试卷的评价通常不给出成绩，而是注重与学生一道分析自己试卷的结果来关注试卷形成的过程。

（1）师生共同研究考试前的复习应该怎么做更好？目的是通过考试让学生学会如何复习，通过师生之间评价复习方法，让学生在交流中体会如何复习效果更好。

（2）让学生谈谈考试中有什么感受？目的是解决学生在考试答卷中的技能和技巧问题，学生通过谈感受，让学生相互启发、相互引导，摆正考试的心态。

（3）让学生谈谈考试后有什么收获和教训？目的是引导学生对考试的反思，通过反思找出可发扬的优长，同时找出自己的不足。

（4）让学生谈谈对于不足之处应该如何补救，采取相应的策略。

教师对学生的评价应更多关注学生求知的过程、探究的过程和努力的过程，关注学生在各个时期的进步状况。只有关注过程，评价才可能深入学生发展的进程，及时了解学生在发展中遇到的问题、所作出的努力以及获得的进步，这样才有可能对学生的持续发展和提高进行有效的指导，评价促进发展的功能才能真正发挥作用。与此同时，也只有在关注过程中，才能有效地帮助学生形成积极的学习态度、科学的探究精神，才能注重学生在学习过程中的情感体验、价值观的形成，实现“知识与技能”“过程与方法”以及“情感态度与价值观”的全面发展。因此，面对初中学校的学生学习水平之间差距越来越大的实际情况，为了促进全体学生的全面发展，教师对学生的评价要将过程性评价与终结性评价相结合。

五、评价要体现差异性，促进学生全面发展

在数学教学中，很多教师用同一个目标要求全班每一个学生，这样不利于学生的全面发展。教师对学生进行评价时，要考虑到评价对象的不同需求，对

学习能力不同的学生评价的侧重点应有所不同。

对尖子生，多给予启迪。这部分学生已经形成良好的学习习惯，学会课本上知识对于他们是轻而易举的事，他们所需要的是超越课本难度的新知，要体会学识上超越同龄人的快感，他们要享受获得更高水平知识的乐趣。因此，教师的评价，不能停留在简单肯定所学课本知识的层次上，而要选择独特视角，开阔学生视野，激发深入思考、探究的欲望，使他们的学习进入更深层次。

对中等生，诚挚地欣赏。这部分学生在班内占多数。他们有向尖子生靠近的愿望，但学习积极性不持久，学习的潜力还没有最大限度发挥。课堂评价就应侧重对他们学习态度的鼓励与欣赏，对知识正误及学习方法的点评，等待时机在他们表现好的时候给予最大限度的表扬。通过激励性的语言，让学生充满信心，从而自信愉快地投入到课堂学习中，这样，学生的创造力就会得到最大限度的挖掘。学生听到了切合自己实际情况的评价，感到比较满意时，自然会产生积极向上的愿望。有良好的学习愿望，是提高学习成绩的前提。随着学生学习能力的提高，教师的评价层次也会相应改变。伴随评价层次的变化，学生的学习习惯、学习品质、学习能力也会发生巨大的变化。

对学困生，适时地激励。这部分学生通常理解能力、记忆能力及主动学习意识等方面存在着明显差异。在评价中对他们的评价是最难的。批评了，会伤害学生的自尊心；热切了，无法起到评价的作用。他们共同特点是缺少自信心，最需要的是鼓励。因此，教师在评价时更应该小心谨慎，切不可敷衍了事，要从他们身上去发现让他们自己认同的优点，进行准确的评价，发现闪光点，使他们打消自卑心理，树立自信心，激发努力学习的愿望。可侧重在学习态度方面，如："虽然你没有把问题答对，但你能举手发言就很了不起，勇气可嘉！"可为他设置下失败台阶："你可能因为紧张答错了，平静一下心绪，你一定能回答得非常好。"

如在作业评价体现上，我校教师在班上开展了这样一种评价方法：实行"流动作业本"制度。"流动作业本"不是一人做的，每次由不同的人来做，只要这节课认真听讲，或者是上次作业认真清楚、全对的学生或者学困生有明显进步的、作业有特色、形式上有创新、表现有个性的都有资格做"流动作业本"上的作业，学生积极性很高，都希望自己做"流动作业本"上的作业，都希望作业独具一格，因为只要做一次"流动作业本"就能得到相应的积分奖励。这样的形式，能够激发学生的学习积极性，成为他们学习的动力，体现了评价主体的多样，营造了一个生生互学的氛围。

如在对个性思维的评价上，聋校的小班化教育提倡根据不同的孩子进行不同的评价，做到“量体裁衣”，而且数学新课程也提出不同孩子在数学上有不同的发展，所以从一年级就有意识地鼓励他们不人云亦云，有自己个性化的想法、做法。在生活化数学课堂上，越是独到的见解，得到的奖励越多。举例来说，通过除法验算的学习，对 $150\div6=25$ 进行验算，按照一般思维孩子们都直接是笔算 $25\times6=150$，可就有同学站起来说：“老师，我不是这样做的，我看到 25，就想到 $25\times4=100$，再用 $25\times2=50$，最后合起来是 150。”最让我惊喜的是孩子还说了一句：“我们在生活中不可能用笔算验算，还是口算更加实际一些。”还有解决生活问题“参加残运会安排房间”一课，学生们对自己即将出发去参加残运会，进行房间分配预设。多数同学通常都是拿起笔来进行了几种方案的设计，可是班里就有一对学习中等的同学是对男运动员和教练房间的几种情况、女运动员和教练房间的几种情况进行统计比较。教师对他们进行评价时，就考虑到评价学生的不同层次，对学生进行侧重点不同的评价，以培养学生多角度思考解决问题的能力。

例如，在学习“一元一次不等式”中，可让学生讨论这样一道题，“手语协会准备组团到浙江杭州观光旅游，人数在 10 ~ 25 人之间，甲、乙两旅行社的服务质量相同，且组织到杭州观光旅游的总费都是每人 500 元，该团联系时，甲说：可给予每位旅客七五折优惠；乙说：可先免去一位游客的总费用，其余旅客均为八折优惠。问该团应怎样选择，使其支付的旅游总费用的钱最省？”

在这样的背景下，第一个层面上渗透市场经济、爱家乡、环境保护、数学价值的教学；第二个层面上渗透数学分类思想与方法及解题能力的教学与培养；第三层面上更为学生创设解问题的时空，极大的唤醒学生在复杂问题中如何抓关键问题。（解答此题评价分数为 4 分）于是有的同学说：要选择支付的甲或乙，就必须按甲、乙给出的优惠条件分别计算出到杭州旅游的总费用的表达式，然后根据情况进行比较后，再确定。

会分析的，积极思考的学生给 1 分。

解：设该团到杭州观光旅游的人数为 x，则：

支付甲旅行社所需的总费用为 $500\times0.75x=375x$

支付乙旅行社所需的总费用为 $500\times 0.8(x-1)=400x-400$

能找到关系式的加 2 分。

比较：

（1）若 $375x=400x-400$，解得 $x=16$。

（2）若 $375x<400x-400$，解得 $x>16$。

（3）若 $375x>400x-400$，解得 $x<16$。

回答完整的可得 1 分。

∴当人数为 16 人时，选择甲或乙所支付的总费用一样多。

当人数在 17 ~ 25 人时，应选择甲较合算。

当人数在 10 ~ 15 人时，应选择乙较合算。

这种留心“问题——实验——探究”的教学过程，让学生用敏锐的眼睛和富有想象力的智慧去识别，解决问题，极大地张扬学生的个性，促进学生回归自然，生活和社会综合实践中探索奥妙的潜能的形成。教师根据学生的回答情况加 1 ~ 4 分。

总之，只要教师树立正确的学生观、差异评价观，关注每一个学生的发展，心怀每一个学生，把爱心、耐心、信心贯穿于教学中，适时而又贴切的个性评价，就一定能够唤起所有学生的学习热情，就一定能促进学生全面发展。

六、评价过程中实现评价主体和方式多样化，促进学生全面发展

评价过程中，在试卷呈现形式上，力求体现人文性和趣味性。遵循课标的精神，在试卷内容上，我们也尽可能地联系学生的生活经验和社会实际，体现生活性和实践性，让学生感受数学与日常生活的密切联系。如“珍惜时间的好孩子”，通过让学生在熟悉的日常学习、生活情境中辨认整时、半时，激发学生要做个珍惜时间，能合理安排时间的好孩子；“搭积木游戏”也是让学生在具体的游戏情境中测查他们对图形认识、数数以及比多少的掌握情况；“解决问题我能行”创设了学生喜闻乐见的糖果图、金鱼图、停车场图和跳绳图，体现数学来源于生活又应用于生活的理念，旨在让学生感知在具体的数学情境中提出问题，并考查了学生分析问题、解决问题的能力。另外，我们在题型上还设计了

少量的开放性试题，如“巧分饼干”，学生可以依据饼干的形状分类，也可以依据饼干上的圆点个数分类。根据学生年龄特征和知识基础，结合现实生活中的实际素材设定不同的“应用数学”测评内容。(能力评价系列)

评价过程中，评分、等级与评语相结合的方法。在考试和每次平时作业中对学生的评价不能只是简单的一个分数和等级，可采用评分、等级与评语相结合的方法，用评语把分数和等级反映不出来的问题提出来，评语以鼓励为主。

其次，允许学生补考。考试不是为了难倒学生，而是为了激发学生的学习动机。对于考得不好的学生，采用不计分的方法，教师要鼓励学生提出申请，并允许他们重新解答。当学生再通过努力，改正原答卷中的错误后，教师就以学生的补考答卷给予评价，给出鼓励性的评语。对于基础特差的学生，鼓励他们经过第三次，甚至更多次的努力，最后取得好成绩。

还有对学生学业的评价过程中采用学生自评、家长评价和老师评价相结合的方式，重点突出学生自评，培养学生的反思能力。在评价学生学业的过程中，教师要让学生开展自评而不仅仅局限教师对学生的评价。要求每个学生准备一本错题与思考本，针对自已在作业、试卷中出现错误进行分析，找出发生错误的原因。

如有一位同学在求一组偶数数据中位数时，由于没有先将这组数据按大小顺序排列，而是直接将中间两个数的平均数作为中位数而发生了错误。他在错题与思考本上写到：“求中位数时一定要先将这组数据按大小顺序排好，这是求中位数最关键的一步，下次碰到这种题型时我一定要注意。聪明的人将错误作为正确的开始，而愚蠢的人则一错再错。我相信我是一个聪明的人。”

荷兰著名数学家和数学教育家费赖登塔尔教授指出：“反思是数学思维活动的核心和动力。”目前我们在大力提倡加强教师的反思能力，但同时别忘了对学生反思能力的培养。人的思维是需要优化的，只要学会了反思就可以优化自已的思维方式。让学生学会反思可以培养学生自主学习的能力，起到“磨刀不误砍柴工”的作用。通过这种形式不仅能培养学生的反思能力，还能增强他们的自我意识和独立性，促进学生在学习中的我调控能力。

由于聋校学生住校生居多，每当节假日放假，设计作业互馈信息表及生活实践性问题，要求家长协助进行，并对学生解决生活性问题过程进行评价，对于学生的反思本写好评语、提出要求与希望。

例如，中秋节数学实践活动作业如下：

一年级：统计亲戚朋友家庭人数，完成统计图表，并回答相关问题。

二年级：（1）判定生活中的旋转与平移现象；（2）根据提供的商场电器销售情况完成统计图表，并提出对商家的建议。

三年级：制定自己的节日作息时间表。

四年级：绘制自己家庭一周的开支记录表。

五年级：（1）根据提供的统计图回答问题，并提出合理化建议；（2）一个正方体水槽，棱长 2 分米，向水槽中倒入 5 升水后，再把一个鹅卵石放入水中，这时量得水深 15 厘米，求鹅卵石的体积是多少立方厘米？

六年级：（1）动手测量、记录、计算粉刷教室的面积；（2）调查学校各班人数的原始数据，进行整理，制作成条形统计图和复式统计表；（3）评语式定性评价必须突出学生个性，并富有激励作用。

学校教育在学生的成长和发展中起到主要和决定性的作用，但是学校教育与家庭联系程度如何，也会直接影响到学生的发展和教学效果，所以教师只有保持与学生家长的联系，依靠教师、家长两方面的力量对学生共同施加良好的影响，才能对学生的学习、身心发展起到更好的促进作用。

七、采取“四个有利”“六个注重”进行教学评价，促进学生的个性发展

只要多一把衡量的尺子，就会多一批好学生。正确认识评价的功能效用，建构科学、合理、有效的生活化评价体系，让每一个孩子身上都有闪光点。

“四个有利”

1. 有利于提高学生的自我认识能力，培养积极健康向上的学习情感，增强自信心，激发求知欲，保护好奇心。

2. 有利于课程标准的全面落实，促进学生学业进步和潜能开发。

3. 有利于课内与课外相结合，学习与生活实践相联系，促进学生对生活经验、信息资料的积累与整合。

4. 有利于调动学校、家庭、社会以及老师、学生、家长共同参与评价的积极性和创造性。

“六个注重”

1. 注重激励性，把评价作为推动学生进步的动力，而不仅在于衡量学习成绩的好坏。

2. 注重自主性，把学生当作评价的主人，让孩子对自己的学习和表现负责，使他们更多地看到自己的能力和闪光点，在“自赏”和“自责”中得到真正的教育。

3. 注重综合性，使评价成为展示学生多方面才能的舞台，而不是单纯地追求书本知识。评价还应充分考虑学科之间的融合，考虑到学习与生活的联系，考虑到非智力因素等方面，体现综合性。

4. 注重实践性，评价要更好地为学生动口、动手、动脑提供机会，鼓励学生在操作、实验、观察、收集处理信息、参与社会事务，以此获得真知，明白道理。

5. 注重全程性，评价要贯穿整个教育教学的过程，注意形成性评价与终结性评价的结合。

6. 注重开放性，包括评价内容的开放性和评价主体的开放性，要使评价内容从课内向课外延伸，评价主体从教师向学生、向家长、向社会延伸。

总之，在实施生活化的评价过程中，种种数学教学评价的措施，目的都是为了挖掘学生的潜能，尊重个性，力倡学生自主学习，主动参与，主动探索，主动建构，鼓励学生创造，着眼于学生群体的、长远的发展要求，从而强化教学评价的导向作用，建立一个较为完整、较为科学的教学评价体系，给学生一个完整性、全面性、持续发展性的评价。作为教师，要立足于学生的成长，关注他们的成长过程，让他们从评价中获得多方面的满足，并能全身心地投入到数学学习中去，使学生越学越想学、越学越爱学，在宽松、和谐的气氛中，利用学生学习过程中的闪光因素激励每一位学生成长，更好地促进每一位学生的成长和发展。

第四节　走出数学课堂，开展实践活动

一、数学实践活动课的概述

（一）数学实践活动课的含义

数学实践活动课是根据学生已有的数学知识和生活经验，以生活中数学信息的收集、整理、分析处理等为内容，以培养和提高学生运用数学思想方法发现问题、解决问题、培养实践应用能力为目标的一种新型课程形态。它包括学生体验数学知识的形成、数学概念的建立、数学知识的运用过程中所亲自进行的动手、动脑、动口等一切操作活动。其核心就是由学生本人把数学知识发现和“再创造”出来，并能灵活的实践应用。

（二）数学实践活动课与数学课的联系与区别

数学实践活动课是在教师指导下，通过学生的主动活动，以获得直接经验和实践特长为主的课程。

1. 数学实践活动课和数学课的区别：（1）从课程设置地位看，数学课处于主导地位，数学实践活动课则处于辅助地位。（2）从教学目标看，数学课有教学大纲的统一要求，其具体教学目标统一且稳定，要求绝大多数学生达标。而数学实践活动课不对学生个体作统一的要求，一般不要求人人都懂，个个都会，只要求积极参与，尽情投入。因而，数学实践活动课的考核评定不像数学课那样严密和定量化，主要是让学生的自我和相互评价，引导学生关注和认识自己及他人在学习过程中的发展和变化。（3）从教学内容看，数学课有较稳定的教学内容，教材有严密的、科学的编排体系。而数学实践活动课的教学内容、知识体系要求不很严密，活动内容主要是以学生所学的数学知识为基础，使学生在实践活动中，在现实生活中理解数学、应用数学、发展数学、掌握数学。（4）从活动的空间来看，数学课主要采用班级授课制，以课堂教学为主，以教师传授知识为主，教师居于主导地位。实践活动一般不受课堂限制，可以灵活选择，既可以选择在课堂内或课堂外进行，也可以在社区或大自然中进行。（5）从学生所处的状态和地位来看，实践活动表现为学生的亲身实践，动手操作，手脑并用，学生始终处于动态的活动之中，居于主体地位。

2. 数学实践活动课和数学课的联系：数学实践活动课是数学学科教学的一个重要组成部分，是对数学学科教学的延伸和发展，是对学生理解、运用数学基础知识和基本技能的升华过程。在这个过程中始终贯穿着发挥学生主体性这一思想，包含尊重学生的兴趣、爱好和需要来设计活动，同时要保证教师的指导地位，忌放任自流。它具有强烈的实践性、综合性、创造性、研究性、自主性、参与性、生活性和开放性等特点。数学实践活动课和数学课的内容相辅相成。数学课为数学实践活动课提供了必要的数学知识、技能基础和一定的内容来源；反过来，数学实践活动课的内容又会受到数学课内容和教学进程的制约。在育人功能上相互补充，使学生个性在全面发展的同时，又有特色发展。它作为一种新型的教学内容，在教学目标上着力培养学生的应用意识和探索精神，发展学生的创新意识和实践能力。因此，我们在数学实践活动课教学中要注意处理好与数学课两者之间的关系，发挥各自的优势，互相紧密配合，相辅相成，相得益彰。

（三）数学实践活动课的内容与形式

数学实践活动课具有兴趣性、自主性、实践性、综合性、创造性等特点。

小学阶段的数学实践活动课是发挥学生主体意识，培养学生主动探究精神的自由天地，它是以直接经验和综合信息为主要内容，以具有教育性、创造性、实践性、操作性的学生主体活动为主要形式，以鼓励学生主动参与、主动探索、主动思考、主动实践为基本特征，以促进学生思维发展和整体素质全面提高的一种教学形式。实践活动的内容概括起来有以下几种：

1. 实践操作型。配合教材有关内容，进行实际测量与操作活动。

实践操作型课堂

例如，学习了“比例”知识后，可以组织学生测量学校旗杆、大树的高度；学习了多边形的面积后，可组织学生到操场去实际测量并计算，解决实际问题；低年级学生在初步认识了长方体、正方体、圆等几何图形之后，安排“拼出美丽的图画”实践活动，通过让学生“折折、剪剪、拼拼、画画”拼出了多种图画，鼓励学生求异、求新，培养了他们的创新意识和审美情趣。

“实践操作”让数学课堂更精彩

2. 知识拓宽型。结合教材中某些内容，适当加深和拓宽数学知识，并引导学生运用它们解答一些有趣的数学问题，训练学生思维灵活性和综合运用所学知识解决实际问题的能力。

例如，学习了“规则物体体积”这部分知识以后，在数学活动课上组织学生探讨测不规则物体的体积的方法。

3. 渗透数学思想方法型。通过让学生动手、动口、动脑活动渗透数学思想和方法。

数学实践课——测量不规则物体的体积

例如，低年级教师可以在组织学生排队的过程中，让学生观察男、女生两排中哪一排长，哪排的人数就多，生动地渗透了“统计”的概念；通过投掷硬币 50 次，记录正面和反面的次数，并算出占总投掷次数的几分之几，渗透“概率”思想。

这种渗透虽然没有什么深奥的概念，但形式却灵活生动，使在课堂教学中不易做到的都能够充分反映出来，使数学思想得以体现。

4. 社会调查型。通过调查了解数学知识在实际生活中的运用，使学生真正体会到“生活中处处有数学”。

例如，学习了“统计图表”后，可让学生收集同学们各自的爱好，参加兴趣小组的情况，制成“兴趣小组统计表”。

生活中学统计

通过这样的实践活动，培养儿童从周围的情境中发现数学问题，使学生在实践中运用数学知识解决实际问题的能力得以提高。

上述几种类型的活动也都适合听障学生开展，除了不能动口，其他的实践操作、动手、动脑，听障学生一样也不示弱。

二、聋校开展数学实践活动课的必要性

数学实践活动课，顾名思义为：数学 + 实践活动。活动是形式，是数学内容的载体和实现目标的手段。数学实践活动课应激发学生学习数学的兴趣，引导学生学会应用所学的数学思想和方法去观察、分析、研究问题，从而明确学习数学的根本目的在于应用，对于听障学生也不例外。因此数学实践活动课有着深远的意义：它有利于培养听障学生的学习能力；有利于培养听障学生的实践能力；有利于培养听障学生的创新能力。

（一）实践活动有利于激发听障学生学习的兴趣，发掘听障学生的潜能，培养听障学生的学习能力。

“学习的最好刺激乃是对所学的内容的兴趣。”兴趣是最好的老师，让学生动手操作是提高数学学习和获取知识的有效途径之一。学生好奇心强，求知欲旺盛，对新事物有着天生的亲切感，抓住这一特征，充分让他们动手拼、摆、折、分、数、画等一系列活动，亲自参与知识发现和探索过程，对大量的感性材料进行整理、分析、找出规律，使抽象的数学知识转化为形象的直观感受，提高

学生学习数学的兴趣。

例如，三年级上册认识了“长方形和正方形”后，教科书设计了“周长是多少”的数学实践活动，让学生动手操作围一围、摆一摆、拼一拼，进一步巩固长方形和正方形的知识，这总比反复练习计算周长要强百倍，听障学生在操作的过程中印象更深。（注：我们聋校用的是普通学校的教材，但和外面的普通学校相差一年，四年级的学生用三年级的教材。）

（二）实践活动有利于发展听障学生的思维，培养听障学生的实践能力，提高听障学生参与热情。

苏霍姆林斯基说过：“手和脑之间有着千丝万缕的联系，手使脑筋得到发展，使它更加明智；脑使手得到发展，使它变成思维的工具和镜子。”手与脑的这种联系，就要求教师在指导学生实践操作时，以“动”促“思”，将操作与思维活动联系起来，发展学生的思维。“思维就是操作，思维是内化的动作——在头脑中进行。”（皮亚杰论）思维的发展必须通过有效的训练和实践操作，才能树立清晰明确的具体思维形象，使思维由形象思维向抽象思维逐步发展。值得注意的是，训练学生的思维，既要重视抽象思维的发展，更要重视形象思维的发展和深化，形象思维是基础，它直接与创造性思维联系。因此，低年级听障学生尤其要重视形象思维的训练。

例如，在学习了“长方形、正方形、三角形、圆的认识”后，设计一节“数图形”的实践活动课，让学生在教室中、校园里、操场上找一找、数一数，在这基础上，给出一些混合在一起的图形，让学生数一数，训练学生思维的有序性。

这样让学生在操作中发现、思索、领悟、概括，促使学生主动参与学习，既提高学生的参与热情，又促进了思维的发展。

（三）实践活动有利于培养听障学生的创新能力

随着我国数学教学大纲的修订，教学中展示知识的形成过程对于学生接受新知识、掌握新知识尤为重要。它可以让其通过观察、操作、分析、比较、归纳，发现其本质的内在联系，从而获得知识并有所发展。从世界各国教育改革发展趋势看，也强调对教育教学过程的探讨和研究。课堂上，探索知识形成过程的教学成为主流。

例如，在教学“长方形、正方形的认识”时，教师不直接告诉听障学生长方形、正方形的特征，而是把全班分为若干小组，然后提出问题：数一数长方形、正方形各有几条边、几个角？量一量：用尺子量一量长方形、正方形每一条边的长度，分别记在长方形、正方形的每一条边上。比一比：用三角板的直角跟正方形、长方形的每一个角比一比，你发现了什么？

通过听障学生自主地操作及进行小组讨论的形式，让听障学生去发现问题，得出结论，得出长方形、正方形的边的特点，这样就给了听障学生创新的机会。这样的开放性提问，对指明思维方向，激发听障学生的创造情感，培养听障学生的创造性思维起着十分重要的作用。它既有利于听障学生更好地理解和掌握长方形和正方形的特征，又有利于听障学生创造性思维的培养。

总之，开展数学实践活动课，目的是为了将数学与现实生活实际联系起来，让学生在实践活动中学数学，在现实生活中学数学，把学习的主动权交给学生，为学生提供动手操作的机会，让学生主动参与学习，主动探索，真正成为学习活动的主体。

三、如何开展聋校数学实践活动课

（一）数学实践活动课的教学原则

1. 自主性原则

以学生为主体，在教师的指导下，让学生有充分的自主权利，每个学生自主参与，积极活动。

2. 实践性原则

根据小学生的认识规律和年龄特点，充分体现探索的过程、尝试的过程和创造的过程。让他们在活动中多动手实践，多动脑思考和多动口表达。在实践的基础上培养学生的动手能力，开发学生的智力潜能。

3. 趣味性原则

兴趣是最好的老师，趣味性原则是数学实践活动课的灵魂。以激发儿童的学习、钻研的兴趣为着眼点，目标设计、题目拟定、内容安排、形式选择、情境创设、效果评价等都应体现趣味性，使学生乐意参与，达到寓教于乐、启智于动的目的，让学生享受成功的喜悦。

4. 异步性原则

允许学生在起步上不同，效果有异，在发展上不受限制，做到由浅入深，由简到繁，因材施教，个别指导，要在不加重学生负担前提下，适量适度地开展，要让学生在活动中各显其长，各尽所能。

5. 开放性原则

在数学实践活动课教学中，学生的思想和行为可以充分自由，有广阔的活动空间和灵活的活动时间。解决问题的思路、完成任务的方法和活动成果的呈现，教师基本不加限制，学生可以充分自主、自由开动脑筋，大胆想象，积极创新。

（二）如何开展聋校数学实践活动课

开展小学数学实践活动课要时刻体现以“教师为主导，以学生为主体”的教学原则。

1. 发挥学生的主体作用，开展数学实践活动课

在实际生活中存在许多数学问题，将数学知识应用于实践，发挥学生的数学思维，培养学生的实践能力，使学生感到数学就在身边，而产生浓厚的学习兴趣。所以应从学生生活经验和知识经验出发，使学生在认识、使用和学习数学知识的过程中,初步体验和感受数学与现实生活的密切联系。学生知识的获得、智力因素的发展和非智力因素的培养，要通过学生自身的积极思考和实际活动去实现。因此，教师要把学习的主动权交给学生，调动全体学生参与和思考的积极性，让学生在教师的指导下，自己去掌握知识与技能，发展智力，培养能力，受到教育。所以在活动课中，教师对每一层次的学生都要创造一些让他们发言、锻炼的机会，使每个层次的学生得到不同程度的提高，个性得到发展。学生将获得研究问题的方法和经验，加深理解相关的数学知识，提高应用数学知识解决问题的意识和能力。

（1）从生活经验出发，让学生掌握“生活中的数学”。

例如，学习完了三年级下册“编码”一节后，让学生给每个班的运动员编号码，营造了一个培养学生创新思维的空间。在“再实践”活动中，让学生通过上网查找探究邮政编码，再度体验编码的实用价值，这种创造性的活动，符合学生爱动脑、喜发明的特征，达到了提高兴趣的目的。这种学生应用现实生活学习数学，再将数学知识应用到自己的生活中去，使学生真正体验到数学来源于生活又应用于生活的乐趣。

（2）从知识经验出发，让学生体会“有价值的数学”。教学过程中，可结合教材的内容安排相应的实践活动内容。如学习了面积、周长的计算，可安排学生在室内进行实地测量，让他们自己想办法得到课桌面、黑板面、教室墙面粉刷的大小等数据。这种为学生提供具体的现实生活情境，立足于将学生的生活世界恰当选择为活动的内容，把学科知识加以融合并与日常生活密切联系，让学生利用已有的知识水平和生活经验自行发表议论，使学生满怀兴趣积极主动地投入到各种实践中去的教学设计正是新课程改革的精髓。

9月下旬，学生在家长的陪同下亲自到银行参加存款体验活动，同时了解有关存款的相关知识。

走进商场，享受打折促销的优惠

走进银行，体验存款

11月下旬，学生个人或小组在家长的陪同下以小组或个人的形式到社会进行营销策略的调整。

生活中学数学

我来动手测量

（3）活动课要体现“动”的特点，就是让学生动眼、动手、动脑……多种感官参与活动，让学生掌握基础知识和基本技能，发展思维能力，让学生在生动具体的情境中获得数学知识。首先要多操作，巩固所学知识。“眼看百遍不如手过一遍”，动手操作过程是知识学习的一种循序渐进的探究过程，特别是低年级学生的思维是以具体形象思维为主，动手操作便是一种以“动”促“思”，发展思维行之有效的办法。因此，要有目的地适当安排学生动手操作，让学生在实践中自己去理解、掌握数学知识。例如，学过“厘米和米”后，可以引导学生认识各种测量工具，去测量身边物体的长度。通过动手操作，既加深了学生对知识的理解，又培养了学生运用知识解决实际问题的能力。其次多动脑，发展思维能力。思维使学生的外部操作活动得到内化，使具体形象思维化为抽象的逻辑思维，学生的认知由感性上升为理性。所以，在活动的过程中应设置一些具有挑战性的问题让学生思考，使学生经过自身的努力，求得问题的答案。这可以培养学生勤于动脑的良好习惯，发展他们的思维能力。

2. 体现教师的主导作用，开展数学实践活动课

《数学课程标准》明确指出："学生是学习的主人，教师是数学教学活动的组织者、引导者和合作者。"教师角色的转变，使学生真正成为学习的主人，体现了数学课程改革的基本理念。在实践活动课中，教师要根据《数学课程标准》的要求，根据学生的心理特点，确定教学和具体目标，选择活动方式，积极组织学生参与活动。由于数学活动课的活动方式较"活"，因此对课堂调控有一定的难度。强调发挥教师主导作用，并不是牵着学生走，不让学生越过"雷池"半步；强调让学生主动学习，并不是学生一提出问题就修改教学计划，教师也不大胆进行调控，以致于原订的教学计划无法完成。为了发挥教师的主导作用，教师课前要充分备课，对有可能出现的情况作出估计，根据信息双向性的情况，发挥教师的主导作用，随机地对课堂进行调控。活动课中，教师要掌握好怎样"导"，要导在问题上，导在知识关键处，要导得学生有所思、有兴趣、有所得。

数学实践活动课

（1）教师是教学活动的组织者、引导者和合作者。教师的"数学教学活动必须建立在适合学生的认知发展水平"基础上，创设"建立在学生的主观愿望和知识经验的基础之上"的生活情境，激发学生的学习积极性，让学生主动参与到学习活动之中，使人人体验成功的喜悦，感悟学习数学的乐趣。

（2）教师在实践活动课中转变了学生的学习方式。传统的"讲数学""听数学""练数学"的学习方式，使学生缺乏创新精神和实践能力。"有效的数学学习活动不能单纯地依赖模仿与记忆，动手实践、自主探索与合作交流才是学生学习数学的重要方式。"鼓励学生在实践活动中用眼观察、动手操作、动脑思考、发现并掌握数学知识。

（3）教师在实践活动课中转变了教学的评价标准。"评价要关注学生的个性差异，保护学生自尊心和自信心"。不同学生不同的需要应采用不同的评价方式。

（4）教师对于数学实践活动课的把握，活动课要体现"活"的特点：选材

内容要“活”，活动方式要“活”，思想教育要“活”。

（三）聋校开展数学实践活动课应注意的问题

1. 数学实践活动课不同于一般的课堂教学，它要求教师教学方式生动、活泼、多样化。

2. 教师要做好课前的一切准备工作。如：教学课件、实物、模型、教师演示、学生操作的学具等。

3. 加强教学互动，注重听障学生在学习过程中的活动频率与效果。

4. 增加课堂练习与课后练习，及时检查听障学生完成练习的情况与质量。

5. 从听障学生的实际情况出发，因材施教。

6. 加强对听障学生学习的评价，让听障学生了解学习的成绩和进步，提高学习的兴趣。

总而言之，数学实践活动课重在培养学生对数学的兴趣、爱好，发展个性特长。因此，活动内容对每个学生来说不是绝对划一的，而是会存在明显的弹性，聋校的数学实践活动更是如此，所以一节成功的数学实践活动课应着眼于给学生创设探索、表现和创造的机会，愉悦身心，激发潜能，更要从听障学生的实际情况出发，允许他们在活动中取得不同的收获，获得不同的发展。同时，也对教师的教学理念、课堂组织能力、知识的储备提出了更高的要求。

第五节　开发校本课程，彰显聋教育特色

校本课程是实践以人为本的新课程理念的一个崭新阵地。进入21世纪以来，为适应时代发展的需要，国家先后出台了《国务院关于基础教育改革与发展的决定》和《基础教育课程改革纲要》等纲领性的文件，对教育特别是课程改革提出了明确方向：为保障和促进课程适应不同地区、学校和学生的要求，实行国家、地方和学校三级课程管理。并进一步指出：学校在执行国家课程和地方课程的同时，应视当地社会、经济发展的具体情况，结合本校的传统和优势、学生的兴趣和需要，开发或者选用适合本校的课程。

由此可见，学校和教师肩负着课程开发的责任。毋庸置疑，校本课程的开

发研究将是今后我国课程改革的焦点，它对学校的办学宗旨和办学特色，具有鲜明的价值导向。在此前提下，开发适合学校实际与学生需要的校本课程及校本教材，既是新课程改革的需要，更是学校发展的必由之路。

基础教育的新一轮课改逐步展开和推广，也影响和带动着特殊教育课程的改革步伐，为满足教学的需要，满足听障学生的自身特点和他们终身发展的需要，聋校教师要积极地根据当地的实际情况，依托国家课程，进行聋校校本课程开发与实践。

笔者所在学校是一所有着120多年历史的老校。近几年，学校在国家课程计划留给学校的空间内，有效利用各种教育资源，在保证基础的前提下对校本课程进行自主开发，开发与听障学生生活相联系的、全新的课程单元和课程模块，让听障学生在生活中体验，在快乐中学习，既实现了社会对个体的要求，又兼顾了每一个体的积极发展，达到了社会与个体的和谐统一，促进学生个性特长的发展和素质的全面提高，充分体现学校的办学特色。

下面，笔者就以本校校本课程《生活中的数学》为例来具体阐述校本课程的开发与实践。

一、《生活中的数学》校本课程开发的理念

《生活中的数学》以“体现新课程理念，紧密联系听障学生的生活实际，从听障学生的生活经验和已有知识背景出发，注重与教材的同步性，趣味性与提高性的统一，实践性与理论性的统一”为宗旨，本着“原形再现，激发学生思考；活动体验，引导学生探究；综合呈现，促进学生建构”的原则，根据听障学生不同年龄，不同发展水平的语言表达、理解能力、认知特点和生活经验，精心设计内容，整编教育资源。教材具有贴近时代发展、贴近学生生活实际的特点。

二、《生活中的数学》校本课程开发的意义

校本课程是以校为本的课程，是以学校的内外资源为依托，以教师为建设的主体，以发展学生为出发点，在具体实施国家课程的前提下，由学校教师编制、实施和评价的多样性、可供学生选择的课程。校本课程的开发适应了听障学生主动发展的需要，提升了教师专业能力的发展，是形成和体现学校的办学特色

之一，也是决定学校办学长久生命力的关键所在。

1. 适应听障学生的多元需要

教育的根本目的是促进听障学生的发展，校本课程的开发也是为了更好地满足听障学生的需要。教师要对听障学生的兴趣、爱好、需求、特点等方面进行全面分析，关注听障学生原有的生活经验和学习经验，尽量使校本课程的教学内容和教学方式符合学生的需要，使每个听障学生得到充分的发展，培养其应用数学知识解决生活中实际问题的能力。

2. 促进教师的专业成长

校本课程的开发需要教师的专业发展作为支撑，教师在参与校本课程开发的过程中，对知识的不断构建和重组，对教学实践的不断反思和探究，促使其专业素养不断得到提升。因此，提高教师的课程开发意识与开发能力是校本课程开发的关键。课程改革给教师专业能力提出了挑战，要求教师具备课程意识，具备课程开发的能力。课程改革也给教师专业发展提供了机遇，教师拥有了课程开发、选择的权利，成为了课程的主人、课程开发的主体。

3. 追求学校的特色发展

以特色为引领，走品牌学校发展之路，学校都有着自己独特的文化历史背景、内外部条件，校本课程开发强调学校作为开发基地和主体，充分发挥了学校的优势与特长，使学校拥有了自我开发和完善的空间。

三、《生活中的数学》校本课程开发的原则

《生活中的数学》校本课程与其他课程一样，都是由听障生全员参加的学校教育教学活动。因此，校本课程的开发必须从学校的实际出发，坚持可行性、科学性与实用性的原则，满足聋生兴趣和发展的需要，促进学校特色的形成。

1. 可行性原则

每所聋校的地理位置、文化氛围、场地设施、周边环境与家长构成都不相同，校本课程建设必须坚持从实际出发，努力挖掘学校可利用的教育资源，充分研讨学校的培养目标，使校本课程能够使学校资源得到最大限度的利用，实现学校的办学理念，体现学校的办学特色。

2. 科学性原则

校本课程的开发要充分考虑教师队伍的整体实力、科研水平，根据科学与

人的发展需要和聋校学生的认知规律，对精选出来的课程内容采取循序渐进、螺旋上升、科学编排，使其形成一个有利于师生教与学的科学合理地教材结构。

3. 实用性原则

校本课程开发要坚持“以人为本”的理念，以学生潜能的充分发展为终极追求。校本课程的目标确定后，应从学校本身的办学特色出发，从教师的特点出发，从听障学生的兴趣、爱好、特长出发，精选的课程内容必须能体现学校的办学特色，满足学生个性发展的需求，充分体现对国家课程的有益补充。

四、《生活中的数学》校本课程的实施目标

（一）开设周六数学素质活动大课堂，丰富学生课余生活

为丰富学生的课余生活，引领学生走进神奇的数学世界，感受数学之美，对1 ~ 9年级学生按年龄、认知、兴趣进行分类，组成数学兴趣小组，通过周六素质活动大课堂，从“神奇的数字，数学故事，数字诗文，数学乐园，数字科普，启智游戏”等方面进行校本课外拓展引导，促使学生“思、言、行、评”多方位锻炼、提升，以此来培养学生学习数学的兴趣，展示数学的神奇魅力，激发学生的数学兴趣和探索求知欲望，培养学生的思维能力。

要求：每周开展一次活动，由本年级老师轮流组织活动。每学期初制订活动计划，按计划开展活动，每次活动做好记录，学期末对本学期活动的开展情况做总结。

活动时间：2012.10.20	周次：7
活动级部：中年级	组织老师：孙言杰
活动主题：奇怪的姐妹——推理思维系列之三	
活动目的： 1. 学生通过分析讨论解决具体问题，在解决问题的过程中，逐步培养学生逻辑推理思维，提高学生逻辑推理能力。 2. 了解推理思维技巧，养成从多角度认识事物的习惯，全面地认识一事物同其他事物之间、事物的内部与外部之间的多种多样的联系。 3. 通过一系列的推理活动，强化逻辑推理的训练，逐步学会推理思维技巧。	

活动准备： 本活动设置了四个推理活动内容“四兄弟”“各进几个球”“高压线上的小鸟”“奇怪的姐妹”，学生通过读题、分析题意、交流讨论解决具体问题，在解决问题的过程中，将所学数学理论与思维强化训练相结合，把学到的理论应用于实践，初步认识推理思维这种重要的思维形式。
活动过程及内容

案例

《周六素质活动——奇怪的姐妹》

一、顶级侦探的培养策略

1. 养成从多角度认识事物的习惯。

2. 学习逻辑推理的理论知识。

3. 强化逻辑推理的训练。

二、推理训练

1. 出示推理内容。

（1）四兄弟。

一家有兄弟4人，他们4个人的年龄乘起来得14。请问，他们各自是多少岁？当然，在这里岁数都应该是整数。

（2）各进几个球。

甲、乙、丙业余时间很喜欢打篮球。有一次篮球赛后，丁问甲、乙、丙三人各投进了几个球。甲说：“我投进的球比丙多两倍。”乙说：“我今天手特别顺，投进了3个球，是进球第二多的。”丙说：“我进球最少。”他们到底各自投进几个球？

（3）高压线上的小鸟。

两只小鸟在高压线上快乐地交谈着，“叽叽喳喳”的声音传得很远，小明很是奇怪，高压线上的电压很高，为什么小鸟能够安然站立呢？

（4）奇怪的姐妹。

有姐妹二人，姐姐上午很诚实，一到下午就说假话；妹妹则相反，上午说假话，下午却很诚实。有一天，一个人去看她俩，问：“哪位是姐姐？”胖小姐回答道：“我是。”瘦小姐也回答说：“是我呀！”来人再问一句：“现在几点了？”胖小姐说：“快到中午了。”瘦小姐却说：“已经过中午了。”

当时是上午还是下午，哪一个是姐姐呢？

2. 学生读题，分析题目内容。

3. 同学分小组讨论交流。

教师在学生活动的过程中进行巡视，教师针对活动情况认真填写活动记录，有针对性的做出反思、实施措施。

4. 教师和师生共同总结归纳。

（1）四兄弟中1个7岁，1个2岁，还有2个1岁；或者1个14岁，3个1岁。要突破4个人4个年龄的常规。

（2）甲投进6个球，乙投进3个球，丙投进2个球。

（3）停在高压线上的鸟的身体，好像是电路的一个分路，其电阻比起另一个分路（鸟的两脚之间的那部分很短的电线）来要大得多。因此，通过鸟身体的电流很小，小到对鸟没有危害。

（4）这类问题，只要掌握推理的结构形式就能解决。假设当时是下午。下午姐姐理应说出：“我是妹妹。”但没有得到这个回答，显然是上午。所以胖小姐是姐姐。

活动成果展示

学生积极参与活动，讨论热烈，以上几个问题最终得以解决，并且能把解答的思路说得很清楚，六年级的鞠千慈同学表现得尤为突出。

小　结

在以上思维活动中，分小组讨论，各小组的同学能够积极参与活动，踊跃发言，气氛很好。烟台大学的学生也参与其中，在这种情况下学生的积极性更高，经常参加这样的活动有利于学生思维能力的提高，这是一个培养学生逻辑思维能力的好方法，为学生学习数学知识奠定了良好的基础。

（二）坚持写数学日记，发展学生的认知水平。

数学日记是课堂与生活之间的一条通道，是数学学习和内心感受的桥梁，也是一面镜子，折射出学生的学习行为。数学日记的内容和形式非常灵活，内容上可以是对数学学习的感受，对生活中数学问题的观察，对学习中的反思，对数学规律的探讨等;在形式上可以是记叙，可以是故事、童话，也可以是表格、问题、解答、图文结合等。给予学生非常开阔的自主空间，他们可以根据自己的生活、家庭背景写出各自不同的内容，根据自己的思维、优点采取属于自己的形式。他们在数学日记里能够巩固教学中的知识、技能，能寻找数学与生活中的联系，体现数学的价值，反映对数学的情感态度。数学日记还可以发展成为一个自我报告，以培养评价自己的能力与反思自己解决问题策略的能力。

一般来说，大多数学生会发现这种形式的写作十分困难。这就需要教师进行指导，指导写作的形式，加工、筛选信息，甚至适当创造让学生撰写的资源。刚开始的时候可以要求学生写一写他们最为熟悉的数学应用情况，比如购物；还可以让学生描述一下自己对某个数学问题的解决过程等。让他们喜欢写，感觉写数学日记并不难。

另外，在学期结束时，要求学生用数学日记的形式总结这一学期的学习，这也是教师收集关于学生情感、态度、价值观材料的一个有利时机。

学生写数学日记

结合学生语言发展状况，笔者所在学校在5~9年级开设每月一篇数学日记的活动，学生把自己在日常生活中所发现的数学知识、提出的数学问题、应用数学的情况记录下来，真实地反映学生数学学习的情况，体现新发现、新思路，抒发对数学学习的感受。

案例

学生数学日记——我们的雕刻作品

孙铭苑　2012 年 12 月 15 日

一场鹅毛大雪过后，校园各个角落都像盖上了一床厚厚的棉被。看到这么洁白、美丽的校园，大家都不忍心去踩踏。不过在老师的组织下，同学们开始动手雕刻。

我们班级雕刻的是“小白兔围着餐桌吃萝卜”。经测量，我们知道圆柱餐桌底面半径为 32 厘米，高为 65 厘米，萝卜呈圆锥形，底面直径为 20 厘米，高 36 厘米 。

求圆柱形的餐桌占地面积是多少？也就是求餐桌的底面积，圆柱 $S=\pi r^2$，得

$3.14\times32^2=3.14\times1\,024=3\,215.36$（$cm^2$）

答：圆柱形餐桌占地面积为 3 215.36 cm^2。

求餐桌的体积是多少？可用底面积 × 高求得，

$3\,215.36\times65=208\,998.4$（$cm^3$）

答：餐桌的体积是 208 998.4 cm^3。

$V=\frac{1}{3}Sh$，根据这个公式，我们可以求出胡萝卜的体积，得

$\frac{1}{3}\times3.14\times(20\div2)^2\times36$

$=\frac{1}{3}\times314\times36$

$=314\times12$

$=3\,768$（cm^3）

答：胡萝卜的体积是 3 768 cm^3。

通过这次活动，不但锻炼了我雕刻的本领，还巩固了我圆柱与圆锥这部分的知识。我觉得我们身边处处需要数学，如果我们学好数学，在数学中成长，一定能找到更多的乐趣。

各年级数学日记内容一览表

年 级	数 学 日 记 内 容
五年级	生活中的乘、除法
	认识年、月、日
	可能性的大小
六年级	生活中的小数
	美丽的轴对称图形
	面积小调查
	我印象最深的一个数学问题
七年级	图形的变换
	数据告诉我
	统计图
	小数的加、减法
	用字母表示数
	图形中的规律
八年级	数的世界
	图形面积
	分数的认识
	长方体的认识及应用
	生活中的数学(粉刷墙壁，铺地砖)
	生活中的百分数
九年级	如何做一名优秀的毕业生
	井盖为什么是圆形
	学习了“圆周率的历史”，你有什么体会和收获
	设计一幅美丽的图案
	有关圆柱表面积的常见题型
	比例尺在生活中的应用
	我喜欢的复习方法

（三）积极创办数学小报，培养学生的学习兴趣

创办数学小报是学生们喜欢做的事情，主要包括“数学天地”“数学园地”“数海拾贝”“我们爱数学”等内容。创办数学小报，既能增长学生的见识，又活跃了学生的思维；既端正了学生的学习态度，又增强了学生的综合素质。坚持办数学手抄小报，无论是对学生数学意识的形成，还是对数学学习方法的改进；无论是对数学知识的掌握，还是对数学能力的提高；无论是对学生竞争意识的培养，还是对团结协作意识的形成，都有其独特的功能和作用。

学生手抄小报展览

要求：数学小报内容可以是与数学相关的趣味性小报，如趣味故事、数学知识、数学家故事等；也可以是复习整理小报，如易错题整理，重点内容复习，例题整理等。形式以手抄报为主，也可以是电脑打印，剪贴报等形式，但要注意利用所学知识，主题鲜明，注重创新教师要及时指导，鼓励合作，提高有效性。

学生手抄小报展览

（四）开展综合实践活动，提高学生综合运用知识解决问题的能力

综合实践活动的开展要通过学生的探究和社会参与，体验和操作性的学习等多种实践性学习活动，在一系列活动中发现和解决问题。综合实践活动是课本知识的延续，可以使学生从课堂走向生活，走向社会，扩大自由探索的空间，开拓视野。通过查阅资料、参观、调查、分析和汇总数据、根据数据做出判断等活动，促进知识的整合，帮助他们提高判断能力和推理能力。

要求：每学期每班至少组织一次综合实践活动，要设计详细的活动方案，开展阶段性小结，及时收集各项实践活动资料，并在活动后总结。

综合实践活动课——三角形的分类

案例

我会设计图案

三年级数学综合实践活动

项　　目	内　　容
活动名称	我会设计图案
活动时间	6月3日～6月13日。
设计意图	1. 通过设计活动，让学生进一步熟悉已学过的几何图形，在巩固知识的同时，感受到数学与生活的密切联系。 2. 通过欣赏与设计图案，让学生感受图形的美，发展孩子的空间想像力和审美意识。 3. 通过活动，让每一个学生都有展示自己的机会，在活动中培养自己的自信心和学习兴趣。

续表

活动过程	准备阶段	1. 在设计之前，对所学的几何图形的特征进行复习，加深印象。 2. 欣赏已有的图案：说出每一幅漂亮的图案都是由哪些图形组成的，它们为什么这么美丽？让学生知道简单的图形按照一定的规律排列，并按照一定的规律涂上颜色，就会产生美丽的视觉效果。
	设计图案	1. 让学生先想好自己的图案大致要设计成什么样子，要用到哪些几何图形，再用铅笔在图纸上绘制底稿，注意用笔要轻。 2. 在绘制好的底稿上涂色，注意色彩要比较亮丽，涂抹要比较均匀，一定要有规律地涂色。
	欣赏图案	把每一个学生制作的图案在班级进行展示，让孩子们欣赏美丽的图案，在欣赏中感受图形的美，在欣赏中增强学生的自信心，在欣赏中学会赞美别人。
活动反思	本次活动开展得非常有意义，应该说每一个孩子在活动的过程中都得到了不同程度的收获，增强了自信心和学习兴趣。通过图案的设计，发展了学生的空间想象能力、审美能力和创新能力。让学生在活动过程中学会创造美，学会欣赏美，学会在与人交流的过程中发现别人的长处，取长补短，做到尽可能的完美。	

数学综合实践活动学生作品

姓名	李欣阳	年级	三年级	时间	2012.06．13
作品展示					

五、校本课程的主要内容

（一）校本课程《生活中的数学》

《生活中的数学》校本教材编写的出发点是从听障生的实际情况出发，以掌握基础知识和培养解决实际问题的能力为落脚点，以发展、提高学生的语言、思维等能力为目标，做到“心中有目标，眼里有学生”。一至二年级校本教材是以聋校教材为蓝本，用学生身边的事物替换掉聋校教材中脱离学生生活的内容，并适当补充青岛版的部分内容。三至九年级的校本教材则是以青岛版教材为蓝本，将教材中难度过大的内容稍作删减。

共编写出《生活中的数学》校本教材一至九年级 18 册。

一至九年级上册具体课程安排如下：

年级	校本课程内容	
一年级上册	1.数一数 3.分与合 5.排队 7.数字游戏 9.帮玩具分家 11.位置（前、后） 13.整理玩具 15.胖子“0”和瘦子“1”	2.几个和第几 4.认位置（上、下） 6.比一比 8.认位置（左、右） 10.多、少和一样多 12.加、减法 14.拔萝卜 16.坐公共汽车
二年级上册	1.猜猜我是谁 3.母鸡吵架 5.女孩和男孩 7.十进制的来历 9.踢毽子比赛（二） 11.买纪念品 13.摆一摆 15.双数、单数	2.你知道我吗? 4.男孩和女孩 6.说悄悄话 8.踢毽子比赛（一） 10.比年龄 12.猜谜语 14.数数图形 16.找规律填数
三年级上册	1.计时 3.连续退位的减法儿歌 5.大家一起做 7.胖胖家的座钟	2.寻找秘密 4.排练团体操 6.动手称一称 8.拆数游戏

续表

	9.记住这一招	10.今天我来当医生
	11.看谁分的对	12.找规律
	13.乘车坐船	14.我会设计图案
	15.加减速算	16.年龄问题
四年级上册	1.餐桌上的学问	2.超市购物
	3.大家动起来	4.儿童乐园里好热闹
	5.理财小能手	6.生活中的对称美
	7.自作聪明的小猴	8.我是校园小卫士
	9.行程当中学问多	10.摸球比赛
	11.迷路	12.怎样辨别方向
	13.送水	14.蓝白快餐店
	15.爱护花草	16.晒鱼干
五年级上册	1.整数妈妈找孩子	2.数学王国选国王
	3.一个小数点与一场大悲剧	4.余数的妙用
	5.悟空戏八戒.	6.神奇的“6174”
	7.巧求平均数	8.切西瓜
	9.数学家的遗嘱	10.老猴分桃
	11.趣味题	12.退瓶换水
	13.倒霉的商人	14.下一个是谁呢
	15.找规律	16.身高排序
六年级上册	1.爸爸的剪刀	2.分礼物
	3.狭窄的公路会车	4.怎样买票才省钱
	5.巧算足球和排球的单价	6.神奇的“7”
	7.谁先回到出发地	8.娃娃博士
	9.有多少人下车了	10.有多少只碗
	11.怎样玩更开心	12.最大的数有多大
	13.帮助小明去上学	14.数学开心吧
	15.买钟表	16.小球落到哪儿去了
七年级上册	1.从1加到100等于几	2.高斯定理
	3.买书包	4.哪家商场优惠大
	5.你喜欢什么体育项目	6.人身上的“尺子”
	7.生活中的估算	8.数字的妙用
	9.投掷硬币	10.鞋码
	11.赢利与亏损	12.有趣的墓碑
	13.分数趣味题	14.测楼高
	15.赔还是赚	16.闹钟应拨到几点

续表

八年级上册	1.大树的影子 3.过年前后物价的比较 5.“转糖摊”小游戏 7.人口调查 9.请你为我做参谋 11. 奇怪的姐妹 13.种树 15.王老师的工资	2.你了解老师吗? 4.量一量 、算一算 6.考考你 8.我帮爸爸铺地砖 10.存钱 12.数学故事 14.节约用水 16.比赛场次
九年级上册	1.猜一猜 3.剪洞 5.平行四边形套数字 7.捆扎礼品盒 9.租车 11.包装盒的设计 13.推算时间 15.盈亏问题	2.城市的气温 4.用代数式表示 6.储蓄小专家 8.巧测体积 10.巧妙推理 12.智巧问题 14.统筹安排 16.植树问题

校本教材

《生活中的数学》校本课程的讲授

《生活中的数学》版面图文并茂，生动活泼，富有情趣；内容形式多样，集知识性、趣味性、科学性于一体；知识点的表述，力图还原其产生的背景和过程，拉近生活与课本的距离，为学生的学习创造了良好的任务情景，提供了充分的数学实践活动和交流的机会。教材具有鲜明的教育性、实践性、思考性、科学性、开放性、趣味性、层次性，是启聪引智的优质课程资源。

（二）构建富有校本特色的生活化数学课课型

a. 趣味数学课。介绍古今中外数学家刻苦学习、数学对社会发展进步的故事及简单的数学史等，如数学故事会、数学家事迹介绍、数学读书会等。运用数学游戏，让学生在轻松愉快和谐的游戏活动中，领悟一些简单的数学思想和方法，享受成功的喜悦，激发学好数学的兴趣，如数学游艺、数学谜语、数学童话编制、数学展望等均属这类课型。

b. 数学课。根据教材内容，创造性使用教材，从学生的年龄特征、兴趣爱好、生活经验出发，大胆改编教材，灵活用好教材，将教材创造性加工成动态、丰富、现实的教学内容，使教学呈现童趣化、生活化、活动化。

c. 思维训练课。在学生已有的认知结构和能力的基础上，有计划地培养学生分析、综合、比较、抽象、概括、判断、推理等思维方式方法，不断提高学生思维发展的水平。如简算技能、一题多解、一题多变、数列规律、图形变换、智力竞赛等。

d. 实践应用课。开展多种形式的实践活动，如配合数学课制作教具学具、实地测量、参观访问、办数学手抄报、商店服务与数学有关的创造发明等，培养操作技能和综合运用所学知识解决实际问题的能力。

（三）改进创新作业形式

各类特色作业

结合校本教材以及生活化的数学课型创办了《数学导报》《数学积累》《口算强化》《自编应用题》等版面设计活泼大方、内容丰富新颖的数学特色作业。

《数学导报》是传播数学文化的一个阵地，每期的《数学导报》都能使学生津津有味地阅读其中的数学童话、科学家的故事，静心思索其中的问题，饶有兴趣地“动手做数学”……

案例

四年级数学生活指导

1. 大事件记录。

2008 年 5 月 12 日，四川汶川发生里氏 8.0 级特大地震。此次汶川大地震有以下几个特点：

(1)灾情发生极其突然。灾情发生时正值上班、上课时间，大量楼房瞬间倒塌，大量人员被埋入废墟。

(2) 人员伤亡极其惨重。截至 22 日 19 时，汶川特大地震遇难 55 239 人，受伤 281 066 人，失踪 24 949 人。

(3) 灾害破坏极其严重。据不完全统计，严重损坏房屋 593.25 万间、倒塌房屋 546.19 万间，造成数百万人无家可归。

(4)受灾范围极其广泛。四川省 21 个市(州)有 19 个市(州)不同程度受灾。重灾区面积超过 10 万平方千米，涉及 6 个市（州）、88 个县市区、1204 个乡镇、2 792 万人。

(5) 救援工作极其困难。灾情主要发生在地质结构十分复杂的大山区，地震引发大量山体滑坡、泥石流，导致交通中断，通讯中断，救援力量一时难以上去，受伤人员难以尽快运出。(据中国网文字直播整理)

共有 14 万余名解放军、武警、消防、公安干警和民兵预备役部队人员，48 680 名医疗急救人员在灾区救援，共救出 83 988 人。

汶川大地震发生以来，牵动了亿万华人的心。人们纷纷解囊相助，在短短 10 天内，社会各界、海外华人及国际友人向受灾地区捐赠总额已经超过 214.16 亿元，各级政府财政拨款近 140 亿元。这次捐款数额之大，史无前例；全民参与热情之高，前所未有！人民所表现出来的关爱、仁义让人感动。

5 月 19 日早晨，“心系灾区 爱心募捐”——2008 抗震救灾爱心募捐活动在学校广场举行。短短的半个小时，全校师生和职工就捐出善款3 582.98元。目前，这笔款项已通过红十字会汇往灾区。其中：

班级	学生数	捐款数	平均每人
三	15人	93.50元	元
四	14人	128.90元	元

2. 数学调查

（1）从家到学校有多少千米？

回家或来校时，请你留意汽车里程表，根据起止里程算一算，从家到学校的路程。

开始时里程表数：

到达时里程表数：

用时（　　）分钟。

（2）查阅一种家用的电器说明书，把长、宽、高的数据记录下来，请注意单位名称。

家用电器名称：　　　　长　　　　宽　　　　高

家用电器名称：　　　　长　　　　宽　　　　高

3. 作业

（1）认真完成第七、八单元的数学报练习。

（2）积极主动复习第六、七、八单元的内容，迎接下周月练习。

（3）通过查找图书、询问别人或者网上搜索，填空：

马拉松长跑比赛的全程大约是（　　）千米。

轿车在高速公路上行驶每小时不能超过（　　）千米。

磁悬浮列车每小时可行驶（　　）千米。

地球绕太阳每秒运行（　　）千米。

从上海到北京的铁路大约是（　　）千米。

蓝鲸是地球上目前最大的动物，一头成年蓝鲸平均体重（　　）

世界上最长的三条河流是哪三条？它们各长多少千米？

河流名称			
长度（千米）			

老师寄语

1.长方形、正方形的面积怎样计算呢？我们下周就要学习啦。你记着预习哦。

2. 期中考试是一个学习阶段结束，更是一个学习阶段的开始。在这个新的起点上，我们有没有问问自己：“试题平时做过多次，自己也知道怎样解答，可是为什么还会做错呢？你会考试吗？”经过几次的留心观察，我发现很多同学并没有形成良好的考试习惯，也不具有很好的考试能力。每次好多学生的试卷书写较潦草、马虎；考试时试卷刚发就动笔做；做完后，有的学生四处张望，有的学生自己在玩，有的学生只是用眼睛在看试卷而不动笔去复查，只有少数人在认真地看自己的试卷。这样的考试现象影响了你们的学习成绩。

孩子们，人的一生会遭遇许许多多、大大小小不同的考试，每一次都可能会影响到你的未来。在这些考试中，有的是考你的知识、有的是考你的技能、有的是考你的品行。而作为一名学生，在学校里，我们面临的最多的是书面考试。你们应该，也必须学会并掌握这种能力，当然这种能力的形成将伴随你一生的成长。

自编应用题

数学实践园

“数学积累”是学生提升语言的一种形式，低年级以自编应用题训练、中高年级进行数学实践园、数学日记编写训练，真实记录数学课堂教学或数学活动的情况，反映新发现、新思路以及在生活应用中的感受，能够很好地促进学生数学知识的掌握。高年级的同学写数学日记已经基本形成习惯，学生经常写“反思日记”，整理所学知识，形成知识网络，剖析学习过程，掌握学习方法。

每日20题的“口算强化”训练，提升学生的口算技能，发展学生的计算能力。

总之，校本课程的开发与运用，弥补了单一国家课程的不足，满足了学生的不同需求，拓宽了学生的学习领域，激发了学生学习数学的兴趣。以综合实践为展示平台，培养了学生的合作意识，促进了学生综合能力的提高。极大地调动了学生的自主性、独立性、责任心和创造性，使学生合作意识、实践能力、思维品质得到提高。校本课程的开发充分发挥了教师、家长、学生的积极作用，校本课程真正服务于学生、服务于教学、服务于社会。

第四章 聋校数学教学生活化的案例

第一节 体悟与反思

聋校简单应用题教学体悟

应用题教学在聋校数学教学中是一项十分重要的内容，它对于培养提高听障儿的逻辑思维能力、语言能力和解决实际问题的能力有着极其重要的意义。应用题教学包括简单应用题和复合应用题。简单应用题是复合应用题教学的基础。它在低年级数学教材中占非常重要的地位。在教学中，从一年级开始，把简单应用题的类型分清楚，数量关系讲明白，将是教学过程中的关键。

在聋校，应用题教学之所以难，主要是难过基本应用题教学关——简单类型应用题。为了排除障碍，突破教学难关，我们应理清脉络，按照“整体把握——发展语言——讲清算理——引导训练——编写提升”的模式，根据听障学生的认知特点，采取喜闻乐见的形式，把握简单应用题的结构特征、变化规律和解题的思维方法，以形成清晰的认知结构，熟练的技能技巧和良好的习惯、态度，有效地促进简单应用题教学。

一、整体把握，建立联系

通常把用一步计算即可解答的应用题叫做简单应用题。简单应用题根据运算方法的不同可以分为加法、减法、乘法和除法四种类型共十一种，其中加法运算有两种：1. 求两个数之和；2. 求比一个数多几的数是多少。减法运算有三种：1. 从总数里去掉一部分，求还剩多少。2. 求比一个数少几的数是多少。3. 求一个数比另一个数少多少或求一个数比另一个数多多少，即两数相差的问题。乘法运算有两种：1. 求几个相同加数和的运算；2. 求一个数的几倍是多少；除法运算有四种：1. 把一个数平均分成几份，求一份是多少；2. 求一个数里包含几个另一个数；3. 求一个数是另一个数的几倍；4. 已知一个数的几倍是多少，求这个数。

以上十一种类型简单应用题的数量关系，可以总体归结为和、差、积、商四大类。

第一类是与加、减法含义有直接联系的求和与求剩余的应用题，如《聋校数学第二册（人教版）》第 57、58 页中出现的图文应用题“树上有 3 只小鸟，又飞来 6 只，一共是几只？”“水池里有 14 只蝌蚪，游走 7 只，还剩几只？”等类型的题目就是直接求和或求剩余的题目。教学中重点是引导学生理解题意，掌握简单应用题的结构，明确题中的数量关系，联系加、减法含义确定算法。而对于它们的变型题，如“求一个加数”“求被减数、减数”的题目即第二类应用题，教学中应在沟通其与求和、求剩余类型应用题的联系上下工夫，使学生正确掌握思考和解答方法，顺利地由第一类应用题转化到第二类应用题。

第二类是反映两个数与它们的相差数之间的关系，需要间接运用加、减法含义进行思考的应用题。对于求“一个数比另一个数多几”、求“比一个数多几的数”的应用题来说，教学中应该以帮助学生建立“相差数”的正确概念、分析已知数量和未知数量的关系为重点，使学生对“谁和谁比”“谁多谁少”“较大数能分成哪两部分”有一个清晰的认识，从而与加、减法含义建立联系，确定算法。而对求“一个数比另一个数少几”、求“比一个数少几的数”的应用题，以及反叙的求“比一个数多（少）几的数”的应用题来说，重点是引导学生运用转换思想，沟通新、旧知识间的联系，培养学生的迁移能力。

第三类是与乘、除法含义有直接联系的三种应用题，即：求几个相同加数的和、把一个数平均分成几份求一份是多少、求一个数里含有几个另一个数的应用题，重点是引导学生在明确题意的基础上联系乘、除法含义进行思考。

第四类是反映两个数与它们的倍数之间的关系，需要间接运用乘、除法含义进行思考的两数倍数关系的应用题，教学中应以正确建立“倍”的概念，沟通其与乘、除法含义的联系为重点。

对以上四类十一种简单应用题要在深刻理解数量关系的基础上，形成联系网络，从整体把握应用题的类型和特点。如图所示：

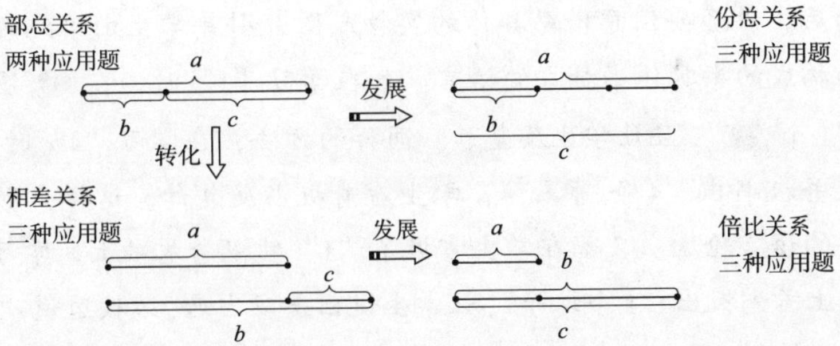

二、发展语言，做好铺垫

听障学生能正确解答应用题的关键在于深刻理解题意，合理分析数量关系。听障学生由于听觉机能失调，获得语言的自然途径受到阻塞，加之入学前，家长尤其不注重对他们的早期语训康复，致使他们基本上没有掌握语言，交际手段仅仅停留在原始的手势比划、指点、表情示意，进入学校才是他们心理、语言等发展的真正起点。而入学后单靠语文学习掌握的字词，远远适应不了应用题教学的需要，没有相应的语言基础，就谈不上理解题意和分析数量关系。因此，数学教师要想完成教学任务，切实搞好应用题教学，就必须把发展听障儿语言贯穿于教学的全过程，改变他们入学前那种单纯的手势比划和简单的形象思维，逐步建立以语言逻辑为基础的抽象思维，在传授知识的同时，有机地发展他们的语言，使听障儿的认识能力和语言理解表达能力同步提高，为应用题教学做好铺垫。

1. 适当渗透，早期康复

从听障学生入学的第一天起，就要改变过去那种单纯认数和单纯计算的数学教学方法，从“准备课”起，就训练学生说完整的话，让他们进入语言环境。在传授数学知识的过程中，根据教材内容，时时采用语言情景，采取喜闻乐见的方法，恰当及时地渗透语言，进行语言康复训练，充分发展听障儿的语言。在发展语言的过程中，遵循由易到难，由词到句，由简到繁，由日常生活用语到数学用语，从直观到抽象，逐步递进发展的原则。另外，听障儿主要依靠视觉感知事物，教学中除了让学生通过想、摆、说，参与语言知识的形成过程，教师在演示、口述重点的词语句子的同时，还要及时板书，加深学生对语言的印象。

例如，教《聋校课本第一册（人教版）》“10 以内数的认识”时，在形成具体数的概念后，教师要注意借助具体的实物或图片引导学生由单纯的数字上升到文字图画构成的半具体半抽象的语言。如在学习“1”时，在图下面口述并板书出“1 个”且让学生反复读。同样的方法，在学习“4”时，在图下面口述并板书出“4 条”，学生看着板书反复读，这样声形结合给学生一个完整的语言轮廓。又如在学生掌握了“1”的概念基础上，学习“2”时，就在计数器上首先拨出“1 个珠子”，让学生说出是多少后，边拨边说“1 个珠子”再加上“1 个珠子”是“2 个珠子”，并板书出“加上”一词。当学生基本掌握“加上”一词后，再学其他数时，就引导到“几加上几是几”，在此基础上扩展到“6 个，再加上 1 个是 7 个。”……

在加、减法计算题教学中，充分运用教具、图片或多媒体，引导学生仔细观察演示过程或图意，边演示边用语言叙述，并将重点板书在黑板上，如学习“3+1=4”这部分内容时（人教版聋校课本第一册第 33 页），课本中仅仅出现了一幅图：

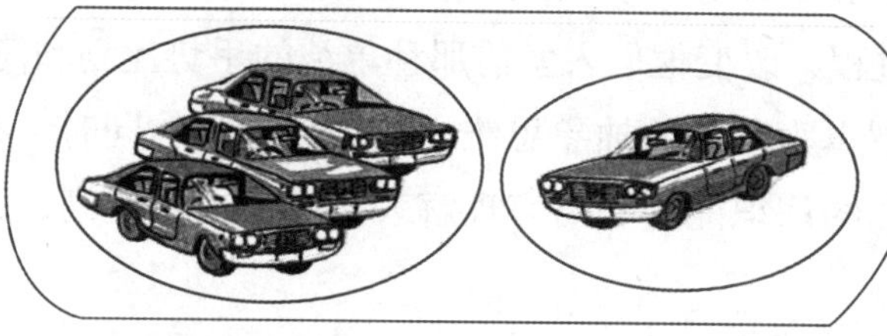

3 + 1 = 4

在教学中，教师首先指图问“①这是什么？②左边有几辆汽车？③右边有几辆汽车？④现在一共有几辆汽车？⑤用什么方法计算？⑥怎样列式？教师根据学生的叙说板书如下：“左边有 3 辆汽车，右边有 1 辆汽车，一共有（　）辆汽车？”通过一系列的追问，一道简单的计算题实际上就构成了一道完整的应用题。由单纯的计算题拓展到应用题，学生的语言与知识水平会逐渐随着训练发生质的飞跃。在后面的 20 以内加、减法教学中也采用同样的方法进行。常此以往，不但可以提高学生的计算能力，而且在学习加、减法应用题之前学生就可以基本掌握“求总数”和“求另一个加数”的应用题的叙述形式。在人教版聋校课本第一册第 111 页连加、连减教学中，学生的叙述会很顺利，简单应用题的基本特点就会在学生的头脑中构建而成，为中、高年级学习复合应用题也奠定了坚实的基础。

2. 重视操作，加强表述

在教学过程中，教师不仅要注意引导学生运用语言将操作过程表述出来，而且还要表述出自己的思维活动，将外部动作内化为自身的智力活动。这就需要一个较长期的过程，必须从学生开始接触数学时就注意培养训练学生的这方面能力。如在乘法口诀的教学中，教师在运用多媒体课件、教具或实物进行演示操作时，要求学生通过观察示意图逐步表述思维过程，教给学生说表示相同加数和的句子。

例如，教学《聋校课本第五册（人教版）第6页》“乘法的初步认识”中的做一做时，多媒体课件动态演示题目图片，让学生逐张说出盘子里面梨的个数，并问“这是几盘梨？这4盘梨的个数有什么特点？”教师引导学生各盘的个数都是“3”，就可以说：“每盘有3个梨”，然后再出示一张幻灯片问：“这是几盘？一盘就是1个3。”引导学生写出乘法算式和口诀，再出示一张幻灯片问：“这是几盘？”教师提问并及时板书，“4盘有多少个梨？”这时出现的板书是“每盘有3个梨，4盘一共有（ ）个梨。”它实际上也就是一道“求几个相同加数和”的应用题。在2～6的乘法口诀教学中都依照这样的程序引导训练学生，当后面学习乘法应用题时，学生对相关的乘法应用题语言已经熟悉，读题后就能根据题意进行正确的操作演示，题意理解了，分析数量关系也就不成问题，解答问题也就能迎刃而解了。

要使听障学生更好地掌握数学语言，教师对重点句子还要创造条件，设立情境，用实际事例引导学生进行言语交流，给他们运用数学语言、巩固数学语言的机会。如，教师让小宁拿4枝铅笔，小华拿12枝铅笔，教师问谁的多，谁的少。比较一下他俩铅笔的数量有什么关系？同学们说：“小华的枝数比小宁多8枝，小宁的枝数比小华少8枝。”“小华的枝数是小宁的3倍。”这样的回答说明学生对比较中的相差关系、倍比关系理解得比较深刻，理解掌握了这几句话，那么解答求相差关系、求倍比关系的应用题也就得心应手了。

教师检验听障学生对所学语言掌握得如何，主要是看他对应用题中出现的词语句子是否真正理解。如何检验是否真正理解，教师可板书出一些句子，让学生具体操作演示。如板书“每个同学5根小棒”，学生能按照要求拿出5根小棒，就说明他们对这句话已经理解了。

教学实践证明：数学教学中由具体到抽象，由抽象到具体，这样循环往复，建立以语言逻辑为基础的抽象思维，有利于听障学生语言的形成，而良好的语言基础能够促进数学知识的教学，更有利于应用题教学，二者相辅相成。

三、由浅入深，讲清算理

简单应用题是复合应用题的基础，教学实践中必须采取适合听障学生认知特点的教学方法，讲清概念算理，切实打好简单应用题教学基础。

1. 借浅显事例，授抽象算理

听障学生的认识片面，理解能力差，有意注意短暂，因此如何导入应用题，讲清楚算理很重要。新授时，要选择他们所熟悉的事物、生动的例子、醒目的教具、有趣的设问等导入新授内容，这样既能集中学生的注意力，唤起学生的求知欲，又有助于学生对题意的理解。教学中教师边读题、边演示，把抽象问题具体化，使学生直接看到数量间的内在关系，知道已知条件与已知条件、已知条件与所求问题的关系，理清算理，选择合理的算法。要使学生真正理解和掌握新授的知识，还必须让学生能够正确说出算式的具体意义和计算的依据，使学生不仅知其然，而且知其所以然。

例如，学习“7枝铅笔，平均分给3个同学，每人分几枝？还剩几枝？”（人教版聋校课本第五册“有余数的除法”第90页）教师首先引导学生学具操作或画线段图，帮助理解题意。之后，教师提问：①算式7÷3=2（枝）……1（枝）中的4个数各表示什么？②为什么用除法计算？学生指线段图一一回答。算式中的7表示一共有7枝铅笔，3表示分给3个同学，2表示每人分得2枝铅笔，1表示还剩1枝铅笔。求每人分几枝就是求把7平均分成3份，每份是多少，也就是把一个数平均分成几份，求是多少，所以用除法计算。实践证明运用显而易见的事例，能够促使学生弄通算理，理清思路，发展学生的语言，提升表达能力，并达到举一反三之目的。

2. 突出重点，讲清关键

要使学生切实理解和掌握新授的问题，教学时还必须突出重点，讲清关键。

例如，学习“求两数相差多少”的应用题：“学校养了11只白兔，6只黑兔，白兔比黑兔多多少只？”时（人教版聋校课本第三册第84页），重点是要学生理解“比多”这个概念，在讲授之前举出简单的事例，在复习“同样多”的基础上,引导学生重点理解含有“比多”的句子。教师可以用所教班级的学生举例，让学生身临其境一目了然。让小静拿出4枝铅笔，同时教师用多媒体课件演示出图片，让小杰也拿出4枝铅笔，教师也同样用多媒体课件演示出图片。问学生他们各有几枝后，又问比一比谁的铅笔枝数多？同学回答“同样多”，再让小勤拿出6枝铅笔，小勤和小静比，谁的铅笔枝数多？多几枝？根据学生回答，教师及时板书出“小勤的铅笔数比小静多2枝”。教师又问：“为什么小勤的铅笔数比小静多2枝？多的2枝在哪？”教师在多的2枝上标出“多2”然后再出现“比多”这个概念，让“实物——图片——语言——数理”递进式理解，真正掌握“比多”的意义。图形如下：

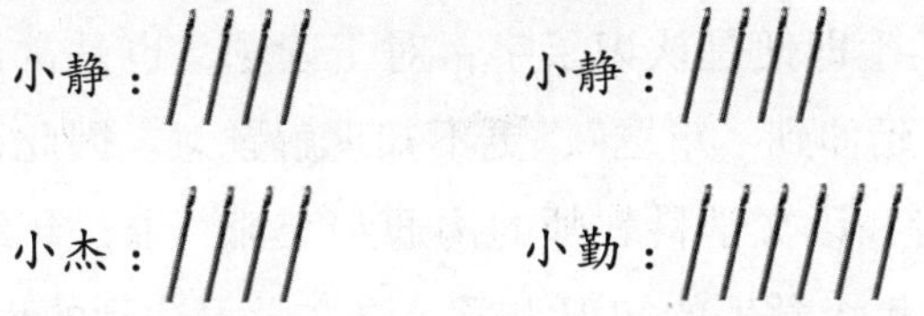

同样多　　　　多2

理解了“比多”这个概念，再重点突出讲清问题的关键所在即可。教学时，教师先出示条件：“学校养了11只白兔，6只黑兔。”读题后让学生说出这个应用题讲的什么事情，已知条件是什么？教师边说边用多媒体课件操作演示，同时提问：“①白兔和黑兔比，哪种兔子多？（同时板书出问题）②白兔比黑兔多多少只？③求白兔比黑兔多多少只，也就是求11比6多几。”通过这样的方式，引导学生根据条件合理提出问题，把实际问题归纳为数学问题，既有助于突出重点，又有利于对问题的理解，问题理解了也就好解答了。

实践证明：应用题教学只要抓住重点，突出关键，讲清概念，就能收到事半功倍的效果。

3. 以旧知引新知

听障学生分析能力差，对新授的知识往往与以往学过的知识混淆。为了防止新迁移带来的负迁移，要在已有概念的基础上引入新概念。如在“求和”的应用题的基础上引入“已知总数与其中一个加数，求另一个加数”的应用题，在求“相差”应用题的基础上引入“求比一个数多几的数”的应用题。在新授知识的基础上，弄清与旧知识的联系和区别，说出其异同，获得清晰的概念。

四、指引思路，优化方法

应用题教学不仅要让学生得到一个正确的答案，最重要的是培养学生分析、解决问题的能力，培养学生思维的灵活与快捷性。而听障学生在解答题时，常常是机械模仿、生搬硬套，所以指引学生掌握正确简洁的解题思路，优化解题方法非常重要。

1. 培养学生读题审题的能力

听障学生在解答应用题时，他们的阅读审题能力往往比计算能力起的作用大，解答是否正确，认真阅读审题显得尤其重要。在实际教学过程中，因为低年级听障学生识字量少，读题往往老师包办，久而久之，学生就会依赖他人，自己的读题能力下降。再是听障学生即便是认识了字，对于读题，也是常常只是“读”出题，而不是由“读题”延伸到“审题”，更不知理解题意。因此，作为聋校的数学教师要注意随时保持和语文学科教师的沟通和交流，通过年级组集体备课等方式，借此了解所执教年级学生的知识水平、语文学习达到的程度。读题之前，教师就应该把应用题里的生字注上拼音，由教师领读，解释题意，讲解学生不懂的词语，疏通文理。然后分三步进行读审题教学：

首先是初读——整体感知，也就是要求学生一字一句的读，读清楚题目中的所有条件和问题（包含隐含条件）。一次读不清楚，可再读几次，或者教师有意识的范读，直至完全读懂题意。即知道题目中所讲的是什么事，数量之间有怎样的关系，哪两个条件有联系，可以求出什么问题等。如在解答：“水果店运来苹果 29 箱，运来的桃子比苹果多 32 箱，水果店一共运来水果多少箱？”“比多”“比少”类型的应用题是应用题教学中的难点，教学过程中要求学生通过读题首先能说出题目是讲了运来一些水果的事，其中苹果有 29 箱，还有一些桃子，问题是求这些水果的总数。在初步读懂题意的基础上，教师进一步引导学生思考，要求水果的总数，必须知道苹果和桃子各有多少，苹果的数量题中已经告知，桃子的数量就变成了解题的关键。因此需要借助第二个条件求出桃子的数量。然后求出二者的总数，即所求的问题。

其次是细读——重点领悟，就是找出每道题是有一个或几个比较关键的字、词构成。在读题时，多读一个字或少读一个字，都会造成对题目的误解，因此教师要指导学生逐字逐句反复地读，并且边读边对题目中关键性的词语像阅读语文课文一样圈圈、点点、画画，即画上杠杠，做上记号来帮助理解。只要理解了关键词、句的意思，就能弄清题目中的数量关系。如："树上原来有45只鸟，飞走了19只，又飞来了27只，树上现在有多少只鸟？"在细读题目时，有意引导学生找出表示加、减关系的词语"飞走""飞来"，让学生自己在表示加、减关系的词语下面划上横线，重点标记，以便准确理解。在文字题教学时，也可采用此法，如："9乘43与38的差，结果是多少？"读题过程中，让学生把"和""差"等要先算的圈起来，再把后算的"乘"打上横线，这样做的目的在于不仅让学生理解清楚这道题有两种运算，而且知道了先算"和""差"的运算顺序。

最后是研读——列式解答。读懂题目中已知条件与问题的相互关系，就能使学生的思维既纵向发展，又横向联系。如果抓住解题的关键，再引导学生进一步研读，就能帮助学生自主的呈现解题方法，通过算式，正确地表示出题目中的数量关系，一道应用题就轻松自如地解答出来了。

教师只要坚持不懈地对学生进行读审的培养和训练，便能使学生养成良好的解题习惯。

2. 引导学生分析数量关系

数量关系是指应用题中已知数量与已知数量已知数量与未知数量之间的关系。简单应用题的数量关系，实际上是四则运算的算理与结构。只有搞清楚数量关系才能根据四则运算的意义恰当地选择合理的算法，进行数学问题向数学式子的转化，并通过计算进行解答。否则，就会造成学生在解答简单应用题时，非加就减，非减就加；不是用乘法就是用除法，不是用除法就是用乘法的弊端。

首先，要重视教学中的分析与说理。要通过数量关系的分析找出解答应用题的计算过程，计算过程本身也反映了解题的算理。所以要重视教给学生联系运算意义，把应用题中叙述的情节语言转换成数学运算，即数学问题转化成数学式子。在理解的基础上用自己的语言叙述。对每一道题的算法，教师都要说理，也要让学生自己去说理，使学生能够将数量关系从应用题的情节中抽象出来纳入到已有的概念中去。例如，在教学"求两数相差多少，求比一个数多几（或少几）的数"的应用题时，通过学生操作和教师直观演示，或用画图把数量关系表示出来使学生明白：甲数比乙数多，那么甲数就包括两部分，其中一部分和乙数同样多，另一部分是比乙数多的部分，从甲数里去掉和乙数同样多的部分，剩下的就是比乙数多的部分，所以用减法计算。通过这样的教学使学生弄清了应用题的数量关系，掌握了一类问题的分析思路，从而避免学生仅仅依靠对题中某些词语的臆断，尝试着盲目地来选择算法。既培养了学生的解题能力，又初步发展了学生的分析能力和逻辑推理能力，为今后解答复杂的应用题打下良好的基础。

其次，要重视简单应用题基本结构的教学。使学生明确简单应用题由两个已知条件和一个问题组成，缺少条件要补条件，缺少问题要补问题才能构成一道完整的应用题，同时条件与条件，条件与问题之间要有一定的联系。教学时可以进行提出问题，填上条件的练习。通过训练，使学生看到相关联的两个条件能提出问题，看到一个问题一个条件就能意识到还要补充什么条件。这一训练还可以使学生加深对应用题数量关系的认识，也为今后教学复合应用题中提出问题、补充条件做准备。如：（1）40个同学去检查身体，每5个同学一组，_____？（2）小丽做了20朵红花，____。每个同学分得几朵？（3）____，每5个同学一组，可以分成几组？通过训练使学生明白：根据总数、份数可求出每份数；根据总数、每份数可求出份数，清楚意识到每份数必须和份数对应，用数量关系式表示基本的数量关系，通过独立思考、分组讨论，激发了学生的学习兴趣。

第三，要注意使学生切实掌握解题思路。解题思路是指解答应用题的思考线索。只有切实掌握解题思路才能做到思维有方向、解题有依据，使小学生的思维逐步能够借助表象和概念进行。能在已有知识经验的基础上进行一些较复杂的判断。

例如，在学生掌握了“大数＝小数＋相差数”“小数＝大数－相差数”这两个关系式后可以进行以下对比练习：

1. 甲有24本书，甲比乙多6本，乙有多少本？
2. 甲有24本书，甲比乙少6本，乙有多少本？
3. 甲有24本书，乙比甲多6本，乙有多少本？
4. 甲有24本书，乙比甲少6本，乙有多少本？
5. 乙有24本书，乙比甲少6本，甲有多少本？
6. 乙有24本书，乙比甲多6本，甲有多少本？
7. 乙有24本书，甲比乙多6本，甲有多少本？
8. 乙有24本书，甲比乙少6本，甲有多少本？

这八道题看似很简单，如果要想全对，也不是件容易的事，教师要鼓励学生讲出自己的想法，掌握思考分析的方法，让他们能尝试到胜利的喜悦，从而增加他们分析问题、解决问题的信心。通过这个练习使学生知道分析数量关系是正确解答应用题的关键，并且学会如何把条件和问题，按叙述的情节转变为数学运算，进行数学问题与数学运算的转换。

第四，要重视解题基本方法的训练。一道应用题呈现在学生面前如何根据已知条件去确定解法，这需要运用各种思维方法进行探索。由因导果的综合法和执果索因的分析法是最基本的两种逻辑思维方法，采用这两种方法探索问题的关键在于确定正确的方向。教学中要抓好这两种基本方法的训练，明确它们的区别和联系，引导学生掌握解决问题的途径、方法和步骤。课本中不同数量关系的对比的出现也有利于这两种基本方法的掌握。一开始由教师提出问题，引导学生思考，避免包办代替，注意指导学生复述思考过程。在练习时试着让学生自己去模仿思考，比较完整地叙述解题思路。遇到难一点的应用题尽量让学生自己去思考，然后集体分析讨论，使出错的学生明白错在什么地方，别人是怎样分析的，把别人的思维过程作为研究的对象，学着分析。总之，分析能力的培养是一点一滴地进行的，切忌操之过急，教学时方法要灵活，不要机械地、不分情况地每道题做同样的要求，要明确无论是画图、写数量关系式还是列表都是一种“辅助工具”，当学生有一定的学习积累后，对要做的题一看就会的时候，还硬要学生去画图、写关系式、列表的话，不但浪费了学生的学习时间，还会影响学生的学习兴趣，是徒劳无益的。教师要注意帮助学生去归纳、总结，久而久之，学生的分析能力也就会逐步得到提高。

3. 加强练习，巩固提高

就听障学生解答应用题的盲目性，教学过程中教师不但在新授课进行必要的分析比较，还要加强练习，有意地让学生予以辨别，把看着相似，实际又不同的应用题，让学生进行练习，通过练习使学生自己找出它们的异同，达到巩固旧知识深化新内容的目的。

例如，学习了“求两个数相差多少”的应用题后，给学生出示了这样两道练习题：① 实验小学二年级有男同学9人，女同学7人，一共有多少人？② 实验小学二年级有男同学9人，女同学7人，男同学比女同学多多少人？让学生知道条件相同，问题不一样，算法就不一样。

学习了“求比一个数少几的数”的应用题后，就把相差关系的三种应用题放在一起，让学生弄清楚已知量和未知量之间的关系，选择合理的算法。如：①李老师有30枝蓝铅笔，24枝红铅笔，蓝铅笔比红铅笔多多少枝？②李老师有24枝红铅笔，蓝铅笔比红铅笔多6枝，蓝铅笔有多少枝？③李老师有30枝蓝铅笔，红铅笔比蓝铅笔少6枝，红铅笔有多少枝？

学习了“求几个相同加数和”的应用题后，为了弄清它和求总数应用题的区别，编出这样两道应用题：①阅读小组每个同学有4本书，8个同学一共有多少本书？②阅读小组里的一个同学有4本书，另一个同学有8本书，他们俩一共有多少本书？

另外，教师要在学生初步掌握一些应用题的解法以后，适当做一些填条件、补问题的练习，帮助学生清楚地了解各种应用题中已知条件和问题之间的数量关系，更好地培养学生分析应用题的能力。例如教师提出两个已知条件：“小华做了12朵花，送给同学7朵”，接着让学生解答。当学生说出不能解答的理由后，可马上让学生补上“还剩多少朵”的问题，再解答出来。有时提出两个已知条件，可让学生提出不同的问题，如：“小红有故事书6本，小苏有18本”，通过启发，学生定会找出加、减、除三种解法的问题。同时，教师也可提出一个已知条件，接着提一个问题，让学生补充上另一个已知条件再解答。

五、编写应用题，拓展提升

语言是思维的工具，语言的发展是思维能力发展的前提。通过编写应用题可以使学生更好地掌握应用题的结构，加深理解四则运算的应用和常见的数量关系，还可以发展学生的思维、语言和想象力，并有助于培养学生应用所学的知识解决实际问题的能力。编写应用题需要善于捕捉生活中的数学信息，并要求学生具有一定的语言表达能力。开始练习时往往有些学生感到困难，因此，要根据学生的具体情况有计划有步骤地进行编写训练。

在训练学生编写应用题的过程中，教师要注意引发学生思考并进行准确逻辑推理。善于采用多种手段，从多种角度对学生进行抽象思维训练。①要针对学生的思维特点，设计多种编写应用题形式。②根据实物演示或操作编写应用题。③要根据参观访问或调查结果编写应用题。③根据儿童实践生活内容编写应用题。④根据图画编写应用题。⑤仿照课本练习题编写应用题。⑥根据图表进行对比编写应用题。⑦改编应用题。⑧补充题目的条件或问题。⑨根据数量关系式或算式编写应用题。⑩对话方式编写应用题等。经过以上多种形式的训练，学生会豁然开朗，应用题编写能力进一步提高，同时，解题能力也会随之得到提升。

教无定法，解答应用题是一种复杂的心智活动，需要学生有较强的思维能力，更需要教师扎实的教学功底和一步步的引导。教学中生成性问题会不间断出现，教学效果也会不尽人意，应用题教学方法还有待于进一步学习探索、完善提高。让我们更好地借助“生活化”的应用题，加深学生对所学数学知识的认识和理解，以培养学生解决实际问题的能力。

（烟台市特殊教育学校　祝红军）

聋校复合应用题的教学体悟

复合应用题是指由两个简单应用题组成的应用题。复合应用题不仅数量多，范围广，而且应用题本身的结构也较复杂。复合应用题是多种多样的，在聋校数学教学中，所选择的往往是实际生活中常遇到的，在数量关系、分析和解答方法等方面有代表性的应用题作为教学内容。通过这些应用题的教学，使听障学生掌握应用题的分析方法和解答方法。以此培养听障学生解决实际问题的能力和逻辑思维的能力。

复合应用题知识跨度大，思维起点高，条件和问题之间存在着“分离”现象，即根据已知条件不能直接得出所求问题。解答时必须分析已知条件和问题间的关系，找出需要解答的中间问题，在相关的已知条件中选择两个经过某种运算把中间问题算出来，然后依次逐个解答。一般来说，应用题的步数越多，分析就越复杂，中间问题也越多，选择已知条件和逐个解答的过程也愈复杂，因此复合应用题的教学，笔者认为教学中应该从听障学生的实际出发，采取以下策略。

一、做好从简单应用题到两步运算应用题的过渡

两步运算应用题的教学是复合应用题教学的关键，通过两步运算应用题的教学，不仅要使听障学生学会解答两步运算的应用题，而且要掌握一般的分析推理方法。为使听障学生学会解答两步运算的应用题，需要提出一个中间问题，这个中间问题就是回答应用题的问题所缺少的一个条件。要提出中间问题，就

需要分析数量关系并正确选择已知条件和运算方法。这对听障学生来说是有一定困难的，为此，要做好从简单应用题到两步运算应用题的过渡。

如何从一步过渡到两步，是聋校小学阶段数学教学研究的课题之一。一般常用的方法有：

（一）提问题

给出两个已知条件，让听障学生提出各种问题（综合法思维训练）如：我们学校有 134 名男生，女生比男生少 12 人。______________？

（二）连续两问改一问教学

例如，“水果店上午运来苹果 22 筐，下午运来 17 筐，这天共运来苹果多少筐？这天卖出苹果 28 筐，还剩多少筐？”在解答时，引导听障学生连贯地思考，把第一题所解得的数作为第二题的一个条件再解，然后把第一个问题去掉，就成为一道两步运算的应用题。

（三）改变条件

把简单应用题其中的一个条件改变成两个条件，就可以变成一道复合应用题。

例如，商店有 37 个皮球，卖出 23 个，还剩多少个？把“37 个皮球”改为“有 20 个白皮球，17 个花皮球”，那么原题就变成复合应用题：商店有 20 个白皮球，17 个花皮球，卖出 23 个，还剩多少个？

又如，母鸡 20 只，公鸡 30 只，一共有多少只鸡？把“公鸡 30 只”改为“公鸡比母鸡多 10 只”，那么原题就变成两步应用题。同时要让听障学生明白后来的两步应用题为什么不能直接列一步式算出结果呢？因为要求“一共有多少只鸡？”必须要知道公鸡和母鸡各有多少只，现在只知道母鸡只数，不知公鸡的只数，所以要先求出公鸡只数：20+10=30（只），再求一共有多少只鸡：20+30=50（只）。

（四）改变问题

例如，公鸡有 80 只，母鸡是公鸡只数的$\frac{3}{5}$，母鸡是多少只？这题是这样解的：$80\times\frac{3}{5}$，但是如把“母鸡是多少只？”改为“鸡有多少只？”就成了两步应用题。它的解法是：$80\times\left(1-\frac{3}{5}\right)$。

（五）自编应用题

自编应用题就是学生综合运用已有知识、经验，用具有一定逻辑性的语言来描述生活中一些数量或数量之间的关系，并提出、解决相应的有价值的数学问题。在提出、解决相应的有价值的数学问题的基础上，改编问题成两步计算的应用题。通过自编应用题发展学生从生活中发现问题、提出问题、解决问题的能力。

二、注意培养听障学生审题能力

聋校的应用题教学，每一部分都有严密的系统性，听障学生要掌握解法必须进行充分的思维活动，而充分的思维活动是建立在认真审题的基础上的，所以培养听障学生的认真审题的能力是应用题学习的重中之重。

当然这种能力也不是在学习过程中纯粹自然发展的，而是教师有意识、有目的的培养的结果。培养听障学生审题能力，要求听障学生通过审题，能把题目中每一句话的意思用自己的话讲出来，目的是了解听障学生是否真正理解题意。

1. 读

语言的缺乏，加之对词意理解上的困难，是听障学生读不懂题意的真正原因。尤其是对于复合应用题，对大多数听障学生来说，都存在着读题的问题。表现在：一是粗略浏览题目，抓个别关键词（如“一共”“比 × 多 ×”“比 × 少 ×”等）猜算法，然后列式的；二是读不懂题意，把题中的数字胡乱凑在一起，随便安上运算符号的。因而造成学生在实际解应用题过程中列式正确率低。教师在指导听障学生读题时要做到“三读”。

一读：理解关键字词。如“一共”“增加”“减少”“已经”“又”“剩下”“其中”“其余”等；表示两数关系的：“多多少”“少多少”“比……多”“比……少”“约”“提前”等；表示每份数、份数与总数关系的：“共有”“每”“平均”等；表示倍数关系的：“是几倍”“多几倍”“增加几倍”等。

二读：分清条件和问题。为了培养学生良好的读题习惯和检验学生对题意的理解情况，从低年级开始，可以对学生进行学写条件和问题的训练。这样做，有助于提高听障学生解答应用题的能力。

三读：弄清数量关系，即应用题的筋骨，同样可以对学生进行写数量关系的训练。

2. 画

（1）画关键词句：在读题过程中要边读边画，让听障学生画出题中的关键词、句。复合应用题，已知条件多，数量关系也复杂，呈现的方式各式各样，为了使听障学生更好地理解题意，可教听障学生把条件和问题简要地摘录下来，条件和问题摘录得简单、合理，便于理解题意和分析数量关系。

（2）画线段图：有些两步运算的应用题，题中只有两个已知条件，其中一个已知条件在解答时要用到两次，听障学生解题时容易误认为是一步运算的应用题，或者解答时找不到所需的已知条件。这样的应用题可以通过画图帮助听障学生理解题意，这样可以把题中次要的成分减少，主要的成分展示在听障学生面前，使复杂关系明朗化。

为逐步培养听障学生具有独立分析和解答两步运算应用题的能力，教学时，要选择具有代表性的例题，引导听障学生分析思考，使听障学生初步掌握解题思路，解答之后还可让听障学生复述分析的过程。同时要让听障学生独立分析，练习题要注意适当的变化，并安排一些混合练习，使听障学生熟悉常见的数量关系，培养听障学生的分析、推理和解决实际问题的能力。

三、灵活运用各种方法分析应用题

1. 分析法、综合法

在《算术基础理论》一书中介绍了分析应用题的两种思路：分析法和综合法。分析法就是由命题的结论出发，反推它成立的原因，再把这些原因看成是新结论，进一步追究在什么条件下新结论能够成立，这样逐步逆推，直到与命题的已知条件吻合为止。综合法是由命题的条件入手，引用公理、定义和学过的定理，逐步推出命题的结论。

例如，手扶拖拉机厂要装配690辆拖拉机，已经装配了8天，每天装配45辆，由于改进技术，剩下的任务6天就可以完成，这6天平均每天要装配多少辆？

（1）分析法的解题思路：

要求以后平均每天要装配多少辆，需要知道剩下要装配的总辆数（未知）和装配的天数（6天）

要求剩下要装配的辆数，需要知道要装配的总辆数（690辆）和已经装配的辆数（未知）；

要求已经装配的辆数,需要知道已经装配的天数(8 天)和每天装配的辆数(45 辆)，由于这两个条件题中已经告诉，所以应用题就能得到解答。这个分析过程可以用下图表示：

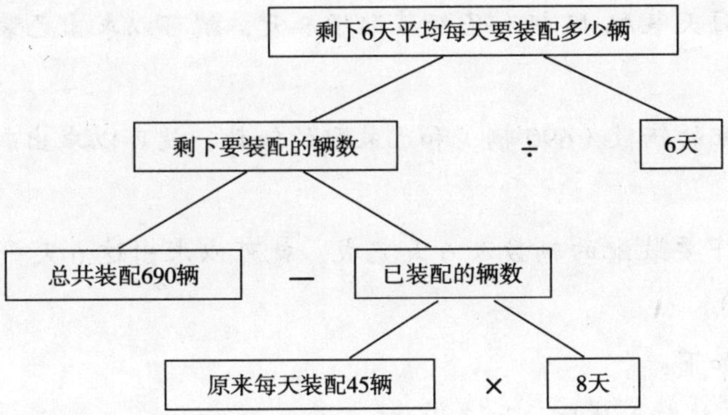

（2）综合法解题思路如下：

已知做了8天，每天装配45辆，由此可以求出已经装配的辆数；

已知要装配690辆和已经装配的辆数，可以求出还要装配的辆数；

已求出还要装配的辆数和已知 6 天完成，就可以求出平均每天要装配多少辆了。

这个分析过程可以用下图表示：

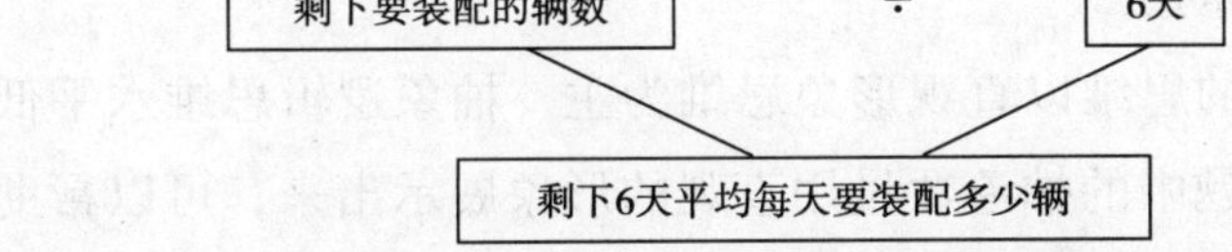

分析法的特点：从未知看需知，逐步靠拢已知。综合法的特点：从已知看可知，逐步推出未知。分析法、综合法各有优缺点。分析法思考起来比较自然，容易寻找到解题的思路和方法，缺点是思路逆行，叙述较繁；综合法从条件推出结论，较简捷地解决问题，但不便于思考。实际解题时常常两法兼用，即分析综合法，也就是从应用题的已知条件和问题出发，经过推理找出解题途径和思考方法。

（3）分析综合法的解题思路如下：

要求剩下6天平均每天装配多少辆，必须知道剩下要装配的辆数（分析法）；

要求剩下要装配的辆数，必须知道要装配的总量数（690辆）和已经装配的辆数（分析法）。

已经知道每天装配45辆和已经装配了8天，就可以求出已装配的辆数（综合法）。

已知总装配的辆数（690辆）和已装配的辆数，就可以求出剩下要装配的辆数（综合法）。

知道了剩下要装配的辆数及6天完成，就可以求出这6天平均每天装配多少辆（综合法）。

列式计算如下：

（1）8天已装配手扶拖拉机多少辆？

$45\times8=360$（辆）

（2）剩下要装配的拖拉机有多少辆？

$690-360=330$（辆）

（3）剩下6天平均每天装配多少辆？

$330\div6=55$（辆）

综合算式：$(690-45\times8)\div6$

$=(690-360)\div6$

$=330\div6$

$=55$（辆）

答：剩下6天平均每天要装配55辆。

2. 直观演示法

听障学生的思维以直观形象思维为主，抽象逻辑思维水平低。根据他们的特点，把应用题中的抽象数量用直观的形象展示出来，可以帮助听障学生更深入地理解题意，体会数量之间的关系。教师通过实物，教具的展示，指导听障学生通过观察获得感性认识。直观演示法不仅激发听障学生的学习兴趣，集中注意力，而且提高教学效果。

例如，“男生有8人，女生有7人，把他们平均分成3个组，每组多少人？”在教学时，可以让8个男生和7个女生从两旁走到一起再分成3份。这样的教学过程中听障学生就可以轻松愉快地解答出这道题。

3. 图解法

有些较难的应用题，为便于看清题中数量之间的关系和确定分步解答的顺序，也可运用图解进行分析。所谓图解法就是借图助思。通过画直观图，把应用题中抽象的数量关系直观形象地显示出来，使其一目了然，帮助我们理解题意，明确数量间的关系，进而很快地寻找出解题的途径和方法。

例如，“二年级有听障学生42人，三年级比二年级多10人，两个年级共有听障学生多少人？”

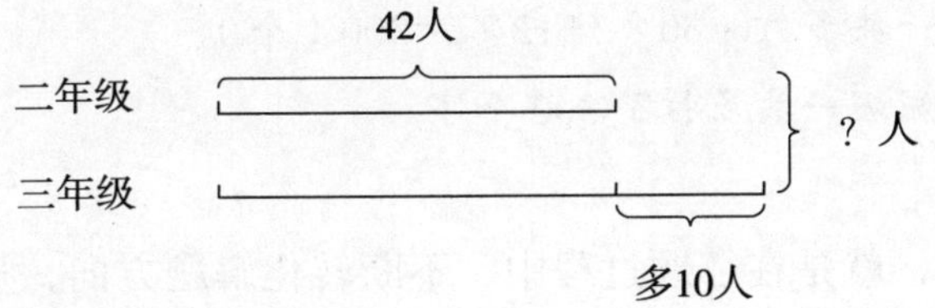

根据线段图可以引导听障学生这样想：

“要求两个年级共有多少人，需要知道哪两个条件？”

“二年级和三年级各有多少人这两个条件都已知吗？”

“由题中已知的条件能算出三年级的人数吗？”

“因此，这道题要先算什么？再算什么？”

还可把这样的应用题和相似的简单应用题，如：

“二年级有听障学生42人，三年级比二年级多10人，三年级有听障学生多少人？”

“二年级有听障学生42人，三年级有听障学生52人，两个年级共有听障学生多少人？”进行比较、分析，看看已知条件和问题有什么不同，解答方法又有什么不同。

当然画出的示意图要正确、通俗易懂、直观。

4. 假设法

所谓假设法，就是当一些应用题题中要求两个或两个以上的未知数量，如果按照一般的解题思路不易找到正确的解答方法，那么解题时可以先假设要求的两个或两个以上的未知量相等或先假设要求的一个未知量与题目中的某一已知数量相等，使题意明朗化、简单化。再按照题目中的已知条件进行推算，把假定的加以纠正和调整，从而得到正确答案。

例如，小明和妮妮一起打字，小明先打了3分钟，然后两人各打了5分钟，一共打了 980 个，已知小明比妮妮每分钟多打 12 个，问小明比妮妮一共多打了多少个字?

分析与解答：

假设小明打的速度减少到和妮妮一样，则两人打的总数就会减少：12×（3+5）=96（个）。

小明和妮妮以同样的速度共打了 3+5+5=13（分钟），总共打了 980−96=884（下），妮妮每分钟打 884÷13= 68（个），小明每分钟打 68+12= 80（个）。

小明比妮妮一共多打：80×3+12×5=300（个）。

答：小明比妮妮一共多打了 300 个字。

5. 转化法

所谓转化法，就是在解题过程中，不断转化解题方向，从不同的角度、不同的侧面去探讨问题的解法、寻找最佳的方法。转化法是数学解题的一个重要技巧，它把生疏的题目转化成熟悉的题目；把繁难的题 目转化成简单的题目；把抽象的题目转化为具体的题目；它能分散难点，化繁为简，有迎刃而解的妙处。

例如："甲乙两数之比为5∶7"这个条件可转化为：

① 乙数与甲数的比是7∶5；

② 甲是5份，乙是7份，相差2份；

③ 甲数是乙数的 $\frac{5}{7}$；

④ 乙数是甲数的 $\frac{7}{5}$；

⑤ 甲是甲、乙两数的 $\frac{5}{12}$；

⑥ 乙是甲、乙两数的 $\frac{7}{12}$。

再结合题目的其他条件选取一种自己熟悉的理解进行解题。

6. 一题多解

所谓一题多解，就是指引导和启发听障学生从不同的角度、不同的思路，用不同的方法和不同的运算过程去分析、解答同一道应用题的教学活动。这利于培养听障学生的发散思维、创造能力和创新意识。

例如，某毛织厂每天生产 400 件毛衣，计划 15 天完成，实际每天生产效率比原计划提高了 20%，实际几天完成?

在教学中先让听障学生独立完成，尝试能用几种方法解就用几种解。然后老师引导启发听障学生从其他角度去思考，想一想还可以用什么方法解？最后四人小组进行合作交流学习，听障学生一共想出了5种方法来解答。

① $400 \times 15 \div [400 \times (1+20\%)]$

② 解：设实际 x 天完成。

$400 \times 15=400 \times (1+20\%)x$

③ 解：设实际 x 天完成。

④ $1 \div [x(1+20\%)]$

⑤ $15 \div (1+20\%)$

四、几种典型应用题

《数学课程标准》中规定的小学教学的典型应用题通常有求平均数问题、归一问题、相遇问题等。这些典型应用题与一般复合应用题有密切的联系，教学时要联系有关的一般应用题，重点放在引导听障学生分析数量关系上。

1. 求平均数的问题

求平均数是统计中常用的一种基本方法，教学求平均数问题，可以从除法的简单应用题“把一个数平均分成几份”引入，逐步变化已知条件，发展成为求平均数问题。

例如，把简单应用题“4个盘子里共放苹果24只，平均每个盘子里有苹果多少只？”改编成“4个盘子里放的苹果数分别是5只、7只、4只、8只，平均每个盘子里放苹果多少只？”然后引导听障学生进行分析，要求平均数必须知道苹果总数和盘子的数目，而苹果总数题中没有直接告诉，需先求出来，然后再求平均数。还可把题目改成“2个盘子里共放苹果14只，另2个盘子每个放苹果5只，放4个盘子平均每个放苹果多少只？”引导听障学生分析，还是需先知道苹果的总数与盘子的数目，而这两个条件题中都没有直接告诉我们，要先求出来，通过一些例子的教学，使听障学生看到这种题的特点与分析的方法。

2. 归一问题

归一问题的数量间是成比例关系的，这种问题用算术方法解简便易懂。掌握了归一问题的算术解法，可为学习比例、函数打下初步基础。归一问题通常分为两个部分，前半部分是后半部分的条件之一，后半部分根据前半部分直接提出问题，因此归一问题中一般都有“照这样计算”的说明。解答归一问题，关键是使听障学生知道必须先用除法求出“单位数量”（如单价、速度、单位面积产量等），然后把它作为不变的数量进行推算，教学时也可由简单应用题引入。

例如，“李师傅3小时制造零件120个，平均每小时制造零件多少个？”解答之后，把应用题的问题改为“照这样计算，8小时可制造零件多少个？”“照这样计算，制造360个零件需几小时？”要使听障学生理解“照这样计算”的含义，解答时，都需先求出每小时的产量，即“单位数量”。

对于比较复杂的归一问题，解答时还是要强调先求出“单位数量”。

例如，“3台同样的拖拉机2小时耕地48亩，照这样计算，5台拖拉机8小时耕地多少亩？”引导听障学生分析，必须先求出“1台拖拉机1小时耕地多少亩”，也就是先求出“单位数量”。

3. 相遇问题

相遇问题是行程问题中的一种，题中反映的仍是速度、时间和路程之间的关系。由于运动带有方向性，因此数量关系也复杂一些。相遇问题是两个物体的相向运动，由不同地点出发，从同时出发到相遇，运动时间相同，具体地又分为求路程、求相遇时间和求速度三种情况，教学时一般先出求路程的，然后再求出其他两种情况。

相遇总是具有方向和运动变化等特点，因此，开始教学时应通过直观教具演示，让学生弄懂“相向而行”“相遇”等含义，以及由同时出发到相遇，他们所用的时间是相同的。

解答求路程的相遇问题，有两种解答方法，一种先分别求出他们所行的路程，再求路程之和，另一种先求出他们的速度和，再算出路程的和，教学时，要强调后一种解法，因为它是学习求相遇时间应用题的基础。

教学相遇问题，不能只限于行程的问题，实际生活中很多数量关系与它相近的问题，如共同修路、共同挖渠、共同开山挖洞等问题，都可划入这种应用题的范围。这样可以提高听障学生解决实际问题的能力，也有助于培养听障学生思维的灵活性。

总之，复合应用题的教学过程是集思考、探索、建构、创造于一体的过程。要求教师在教学过程中能真正把《数学课程标准》落到实处，与时俱进，扎扎实实地搞好数学教学工作。

（烟台市特殊教育学校　崔宁）

聋校的几何教学体悟

一、聋校几何教学概述

（一）几何名称的由来

“几何”一词，来自于希腊文，是土地测量的意思。几何在我国作为数学专门名词，是由意大利传教士利玛窦和我国明末科学家徐光启于1607年合译《几何原本》时首次采用的，以后发展成为数学分支的名称，也被亚洲一些国家所采用。

几何学是一门十分古老而又崭新的数学分支，它的产生可追溯到距今8 000 ~ 14 000年的新石器时期，原是研究现实世界空间形式，即研究现实世界物体的形状、大小和相互位置关系的学科，而后发展成为研究一般空间结构的学科。

（二）几何教学的目标

现实生活的各种物体都是以各种形式存在于我们周围，学习有关的图形知识能使人们更好的认识现实空间，几何知识作为数学基础知识的重要组成部分，一直是基础教育数学课程的重要内容。掌握必要的形、体知识，形成一定的空间观念，是认识、改造人类生存空间的需要，基于几何这门学科的特点、聋人的认知特点以及实施素质教育的基本要求，聋校几何教学目标设置如下：

1. 发挥听障儿的视觉、知觉潜能，经历探究物体与图形的形状、大小、位置关系和变换的过程，掌握空间与图形的基础知识和基本技能，并能利用这些知识初步学会解决生活中的实际问题。

2. 丰富对现实空间及图形的认识，建立初步的空间观念。发挥听障儿形象思维的优势，帮助他们克服逻辑思维发展的障碍，使其思维沿着“具体→半具体→半抽象→抽象”的过程获得顺利发展。

3. 发展听障儿的语言能力，经历运用数学符号和图形描述现实世界的过程，建立初步的数感和符号感，发展听障儿的语言能力和抽象思维能力。

4. 经历观察、实验、猜想、证明等数学活动过程，发展合情推理能力和初步的演绎推理能力，能有条理地、较通顺地阐述自己的观点，体验解决问题策略的多样性，发展实践能力与创新精神。

5. 初步学会从几何的角度提出问题、理解问题，并能综合运用所学的知识和技能解决生活中的实际问题，初步认识数学与人类生活的密切联系及对人类历史发展的作用，提高应用意识及听障儿学习数学的兴趣。

6. 在数学学习活动中，培养听障儿实事求是的态度以及进行质疑和独立思考的习惯。让他们学会与人合作，体验数学活动充满着探索与创造，锻炼战胜困难的意志，建立自信心。

（三）几何教学的内容

中小学几何教学的内容主要从图形的认识、图形与变换、图形与坐标、图形与证明这几个方面来阐述的。聋校几何教学包括立体几何与平面几何两部分。立体几何主要有基本几何体的认识、视图、平面展开图以及几何体表面大小与所占空间的大小；平面几何以平面图形为研究对象，主要研究平面上几何图形的性质（形状、大小、位置等），是将来学习立体几何的奠基石。

聋校小学阶段学生将初步认识简单几何体、直线、射线、线段、平行线与相交线、角以及简单的平面图形，感受平移、旋转、对称现象，学习描述物体相对位置的一些方法，进行简单的测量活动，建立初步的空间观念。在此基础上，学生将了解一些简单几何体和平面图形的基本特征，进一步学习图形变换和确定物体位置的方法，发展空间观念。

进入中学，学生将进一步认识直线、射线、线段、平行线与相交线和角，理解它们的概念，了解相关的一些性质，与此同时逐步探索基本图形的基本性质及其相互关系，进一步丰富对空间图形的认识和感受，学习平移、旋转、对称的基本性质，欣赏并体验变换在现实生活中的广泛应用，学习运用坐标系确定物体位置的方法，进一步发展空间观念。在探索图形性质、与他人合作交流等活动过程中，发展合情推理，进一步学习有条理地思考与表达；在积累了一定的活动经验与掌握了一定的图形性质的基础上，从几个基本的事实出发，证明一些有关三角形、四边形、圆的基本性质，从而体会证明的必要性，理解证明的基本过程，掌握用综合法证明的格式。

（四）几何教学的基本原则

1. 直观性原则

人的认识都是从具体形象开始的，听力残疾的儿童更是如此。在几何教学中把抽象的问题形象化，即直观教学，对听障儿来说特别重要，这是因为听障儿部分或全部失去了听力，语言表达能力差、缺乏知识和经验，他们的抽象思维能力不够发达，形象思维还占优势，因此，在教学中充分利用实物、几何模型、图片和操作演示，可以帮助学生正确理解和接受几何知识、发展抽象思维能力。

直观性原则要求在教学中通过创设情境、利用直观教具或多媒体为学生提供丰富的感性材料，正确地组织学生的感知，利用学生所能接触的直观形象或学生头脑中已形成的表象进行教学。

2. 循序渐进的原则

听障儿对于几何知识的认识是按一定规律向前发展的。它是从具体到抽象、从简单到复杂、由低级到高级逐步深化的过程。教师一定要依据他们的认识规律去进行几何教学，才能使听障儿顺利地进行学习，提高几何教学的效果和教学质量。

几何是一门系统性、逻辑性很强的学科，教学中确定教学难度和进度的时候，必须从几何知识的内在联系、听障儿的年龄、已有经验、认知水平的实际出发，灵活把握。由易到难，由浅入深，由简单到复杂，让学生的学习积极性和智力都能得到充分发展，真正实现既“循序”又“渐进”。

3. 理论和生活实际相结合的原则

理论和生活实际相结合的原则，要求在教学中重视几何理论知识的教学，同时把几何理论和生活实践结合起来，用所学的几何知识去分析问题和解决问题，真正实现“几何”知识从生活中来，到生活中去的原则。

理论联系实际的原则应包括两个方面，一是几何知识的学习内容要来源于我们生活的周围世界，这便于学生理解掌握知识。另一方面用所学知识解决实际问题，培养学生解答日常生活和生产中简单的实际问题的能力，让学生了解数学知识在现实生活中的应用。

4. 因材施教的原则

因材施教的原则要求教师在教学中，除注意学生共同的年龄特点，面向全体学生外，要从学生听力程度、智力差异、语言能力、知识基础、接受能力等实际情况出发，针对不同的教育对象，确立不同的教学目标，设置不同的教学内容和途径，采取不同的教学手段和教学方式，根据学生的个别差异给予个别指导。体现教育的全面性和差异性。

贯彻因材施教的原则，要处理好一般和个别的关系：一方面要从全班学生整体出发，努力达到统一的教学要求；另一方面在具体的要求上、教学方法上针对不同的学生因人而异。

5. 发展与巩固相结合的原则

发展与巩固相结合的原则，要求听障学生在理解的基础上牢固地掌握几何基础知识和基本技能，在头脑中形成巩固的记忆，能准确地再现并用于解决实际问题。

几何知识学习的过程是一个知识不断积累不断发展的过程，又是一个极其复杂的认识过程。它不是直线式的上升发展过程，而是螺旋式的上升发展过程。它必须借助于一定的复习巩固手段，这也说明了学习几何新知识，总是在旧有知识的基础上进行的。同时，学习新知识，只有通过不断地巩固才能加深理解，为进一步学习新知识创造条件。

运用发展与巩固相结合的原则进行教学。首先，要认识发展与巩固相结合的意义，将学习新知识、复习巩固旧知识贯穿于教学的全过程，既要重视阶段性复习、总结性复习，更要重视日常课堂教学的复习巩固，将复习巩固作为一个重要的教学环节。其次，要重视对学生所学知识、技能和方法进行复习巩固工作的研究。在教学几何的思想和方法时，要有目的、有计划地安排一定的练习，让学生通过练习来加深理解。第三，在复习巩固过程中，要指导学生记忆，提高记忆能力，并通过适当途径予以检查。

6. 归纳与演绎相结合原则

几何教学的重要性不仅在于几何知识本身，还在于发展听障儿的思维能力。俗话说“几何”是思维的体操，这就涉及“归纳法”和“演绎法”两个最基本的推理方法。归纳推理和演绎推理是根据思维过程的不同来加以区分的。归纳是由个别到一般的推理，演绎是由一般到个别的推理。归纳和演绎是两种不同的思维过程，但它们又有着密切的联系。

在几何教学中，演绎以归纳为基础，归纳为演绎准备了条件。归纳和演绎在几何理论形成和发展的过程中都起着十分重要的作用，因此必须正确处理好归纳与演绎的关系，使学生的归纳推理能力和演绎推理能力都得到培养。

7. 抽象与具体相结合原则

听障学生由于听力的影响导致抽象能力差，主要表现在过分地依赖于具体素材，具体与抽象割裂，不能很好地将抽象结论应用到具体问题中去，对抽象的数学对象之间的关系不易掌握。

贯彻具体与抽象相结合的原则，应从学生感知出发，以客观事实为基础，从具体到抽象，逐步形成抽象的数学概念，再由抽象到具体，应用理论去指导实践。

运用具体与抽象相结合的原则，首先体现在对于几何概念的阐述注意从实例引入。通过具体的实物进行直观演示，也可利用图像直观、语言直观等，形成直观形象。其次，对于一般性的几何规律，注意从特例引入。第三，注意运用有关的理论，解释具体的现象，解决具体的问题。

二、聋校几何教学的特点

几何知识作为数学基础知识的重要组成部分，一直是数学基础教育课程的重要内容，它由最初的研究数式转化为研究图形，由数式计算转化到逻辑推理。掌握必要的形体知识，形成一定的空间观念，是认识、改造人类生存空间的需要。

我国一些心理学工作者的研究发现，听障儿在完成智力测验的试题上存在着比同龄健全学生更多的困难（除语言理解方面的困难外），即思维的浓度和广度上都与健全学生有一定的差距。听力残疾学生思维活动的一个显著特点，就是他们的思维活动带有明显的形象性，思维水平比较长地处在形象思维的阶段，有很强的生活原型思维，对直观的依赖较大，容易感知图形的外显性，倾向于用经验来思考和描述。

正是听障学生特殊的认知与思维的特点决定了聋校几何教学所应有的特点。

（一）创设相应的生活情境，在生活中认识图形

人们对几何图形的认识最初是在日常的生活、生产中，通过直觉观察、动手实践、用心揣摩等一系列活动而获取的，这些知识是断续的、凌乱的，后来人们经过分类、加工整理才逐步形成比较严谨、系统的几何知识体系。在聋校几何体系中，图形的认识占据着很大的比重。对于初步学习几何知识的听障学生来说，其思维正处在由直观表象思维到抽象逻辑思维的过渡阶段，他们对几何图形的认识基本上相当于人类早期认识几何的阶段，虽然获取知识的途经不至于那么繁琐，但这一认知规律没有改变，聋校的几何教学也应遵循这一认知规律。

在“空间与图形”知识教学过程中，要多考虑学生的生活经历和生活范围，选取学生身边的、经历的、熟悉的事例，从现实的具体事物来认识图形，把这

些具体生活实物抽象成几何图形，让学生亲身经历将物体抽象成几何图形的过程，这样学生既有了直观丰富的感性材料，又初步认识了抽象的几何图形；当几何图形从具体事物中抽象出来后，借助几何模型进行观察，利用学生的视觉和触觉进行感知，形成比较清晰的感性认识。在此基础上，要求学生对几何图形的形体特征进行描述，将学生的感知与相应的语言有机结合，在对学生进行语言补偿的同时，增进了对图形的认识；然后通过画一画、做一做等方式，加深对图形的进一步理解，这样学生对物体形状的认识就会逐步由模糊的、感性的认识上升到抽象的几何图形。即学生从“生活情境”中“了解”了图形，从具体事物中感受了生活中的几何图形，把几何图形与实物融为了一体。

在此基础上，通过设置问题，解决问题进一步熟悉图形的几何特征，了解其应用价值。

教师要善于发现几何图形在现实世界的具体应用，注重从听障学生熟悉的生活实际出发，创设有助于学生自主学习的问题情景，以解决问题的形式开展学习活动。

现在的新教材每一个知识点都是以问题情境出现，教师必须将听障学生已有的空间图形的体验与现实世界有效地结合起来，巧妙地提出问题，引发学生的好奇，促使学生积极思考。学生活动期间，教师需要合理引导，积极参与，充分调动学生的积极性，根据教学内容的不同，可采取测量、剪切、拼摆等不同形式的操作活动，将实践、探索、交流进行有效结合，学生在解决实际问题的过程中，将简单的基础知识、基本技能结合实际情景，通过自主建构，掌握图形的特征,明白几何图形的存在价值。这种通过具体操作活动解决问题的方式，比单纯地讲授方法更利于听障学生接受。

譬如在学习“圆的认识”这一部分知识时，在教学过程的开始，首先让学生举例说出生活中所看到的圆形。学生会说出很多,有圆桌、杯的底面、光盘……当然还有的同学提出乒乓球、篮球。对于学生列举的不是圆形的物体，教师不要急于否定，而是让学生通过观察、触摸、对比，自我感知乒乓球、篮球不是圆形,而是球体。然后再出示三角形、四边形,让学生进一步对比，由此感知“圆是由曲线围成的”。由此通过一系列的体验，学生虽然对于圆的表象以及它的广泛存在有了一定的认识，但缺乏对于圆的应用性的感知。此时巧妙设疑，向学生提出：为什么车轮、井盖通常被设计成圆形的？或许学生能意识到圆车轮比较平稳，圆井盖不容易踏空，但还不能用圆的特性来作出充分的解释。当这种求知欲被激发起来之后，带动同学研究圆的特性，让学生动手画圆、剪圆、对折，这样学生在实际操作就会发现圆心、半径、直径、直径与半径的关系以及圆的对称性，从而掌握圆的特征。学生了解了圆的特征后，以上那两个实际问题也就很自然地得到解释。在这样一个过程中，学生对知识的获取不是单纯地为认识图形被动去做的，而是为解决一个具体的生活问题主动去实现的，由此学生在探究问题的过程中轻而易举地掌握了几何图形特征的相关知识，明白了几何图形存在的意义。

应该说，人们生活的现实世界给几何教学提供了丰富的素材，几何图形的认识不能离开生活，尤其对于听障学生而言，在生活中学习几何才是最佳选择。充分利用这些几何素材可以帮助学生更好地认识图形，更好地认识现实世界，体会几何知识的重要意义和应用价值，提高学习空间与图形知识的兴趣。

（二）遵循听障学生的认知特点，采取多种形式的直观教学

几何这门学科逻辑性强，语言抽象严密，概念较多，而听障学生恰恰语言文字能力欠缺、逻辑思维能力较差，因此许多听障学生惧怕几何。那么如何化解这一矛盾、变难为易呢？长期的实践证明，对于广大听障学生来说，最行之有效的办法就是进行直观教学。几何教学中最常用的直观教学可采用以下几种方式：

1. 利用实物或模型进行直观教学

在几何教学中，教师要切实引导学生发挥实物或模型的教具作用，让学生通过认真观察、想象、思考，加强对图形的直观认识和感受，教具的合理利用可以化难为易、变抽象枯燥为形象直观，发展学生的空间想象力。

利用实物和模型进行直观教学，应注意培养学生的观察能力，在演示中要加强对学生的引导，提示学生应注意什么？发现了什么？可先演示后提问题，也可先提问题后演示，甚至重复演示。在提高学生观察能力的同时，将实物、模型转化为抽象图形，培养学生对图形的分析能力，发现图形的规律，并利用图形的规律解决问题。

如学习“长方体的认识”，利用长方体框架或长方体模型作教具，让学生观察、触摸教具，回答以下问题：“长方体有几个面、几条棱、几个顶点？每个面是什么形状？各个面有什么特征……”然后将长方体初步抽象，用图形来表示长方体，

在此基础上，结合长方体的特点设置如下问题：(1) 一只蚂蚁从一个顶点爬到不在同一个面上的顶点，哪条路线最近？(2) 制作一个长方体的灯箱框架，长30厘米，宽20厘米，高20厘米，至少需要多少厘米长的木条？一系列的问题，促使学生不得不认真观察图形、分析图形，借助于长方体模型，通过观察、思考、讨论，很自然地总结出长方体的特征，并且发展了学生的观察、理解能力以及空间想象力。长方体模型也是学习点、线、面位置关系很好的模具，尤其是在学习立体几何时，它的模型价值会体现到极致。

教学中除了使用现成的教具以外，在条件许可的情况下，尽可能地让学生亲自参与制作教具，通过制作及直观感受所获取的认识超过任何透彻的说理。如学习“圆柱的表面积”时，让学生用纸板亲自动手制作圆柱。制作圆柱需要准备两个相同的圆和一个长方形，并且圆的周长与长方形的长相等。在制作过程中，有的同学可能制作的圆的周长与长方形的长不相等或是两个圆不相等，那他的圆柱就做不成功，如此，他就不得不去查找失败的原因。这样，在反复的试验与探究制作圆柱的过程中，圆柱的特征在大脑中清晰可见，经久不忘。在掌握圆柱特征以后再去推倒以及记忆圆柱的表面积公式就容易多了。而如果仅凭死记硬背掌握公式，一方面容易与其他公式混淆，另一方面也失去了学习几何的意义。

利用直观教具可以帮助学生形成牢固的形象记忆，进一步发展他们的形象思维。不断排除非本质特征，克服表象、思维定势，高度概括出图形的本质特征，最后让学生闭上眼睛想象图形的外形、特征，并独立画出几何图形，使学生逐步形成清楚、完整的表象。

2. 利用动手操作活动进行直观教学

听障学生的思维特点以形象思维为主，动手操作是引导他们从形象思维向抽象思维过渡的一种非常重要的手段。在操作过程中，引导学生进行观察、分析、概括、抽象，把感性认识上升到理性认识，在帮助理解知识的同时，增强了思维能力和动手能力。如在“截一个几何体”教学中，讨论用一个平面去切割一个正方体，会出现什么样的图形？首先让学生通过观察大胆猜想，然后让学生动手切割准备好的正方体橡皮泥，若操作的结果与事先的猜测出现差异，会再度引起学生的思考。

再比方说，在认识“三角形三条边之间的关系”时，分别对三角形的三条边取值，让学生利用三根指定长度的纸条制作三角形，对于那些不满足“两边之和大于第三边或两边之差小于第三边”的三根纸条，不管学生怎么试验也是无法做成三角形的。通过操作，学生会真切理解三角形“两边之和大于第三边”与“两边之差小于第三边”这一性质。或许有人会说这一性质很简单，对数学思维能力已经达到某一层次的正常人来说确实容易，但对于刚学习三角形性质的听障学生来说则不然，因此，动手操作是非常必要的。再如“过一点有无数条直线”“过两点有一条直线”，这些公理看起来简单，但学生理解起来并不简单，但如果用一枚钉子把一根木条钉有某一位置上，把木条想象成一条直线，钉子当作是点，发现木条可以转动，以此很容易解释“过一点有无数条直线”。同样地，用两枚钉子把一根木条钉在某位置上，发现木条已经固定，也很容易解释“过两点有一条直线”。在几何教学中，像这样可以进行动手操作的例子很多，如果恰当的利用可以起到事半功倍的效果。

几何教学应该让学生多从事一些动手操作、观察、想象等学习活动，给学生提供一些现实的、有意义的、并有一定挑战性的学习材料，开展数学交流、活动，引导他们在做数学的活动中获得建立几何图形的知识和技能，丰富学生进行形象思维的思想材料，有利于听障学生空间观念和想象力的建立和提高。

3. 充分利用多媒体进行直观教学

现代信息技术的广泛应用正在对数学课程内容、数学教学、数学学习等方面产生深刻的影响，信息技术工具的使用能为学生的数学学习和发展提供丰富多彩的教育环境和有力的学习工具。

在几何教学中，由于时间、材料等条件的限制不可能所有的几何教学都有模型，也不可能每一节内容都能让学生亲手操作，多媒体技术的应用正好解决了这一难题。科学合理地利用多媒体强大的计算功能和图像处理能力，能够解决传统几何教学中存在的具体与抽象、感性与理性之间的矛盾，降低几何学习的难度。如学习“圆的面积”时，用课件演示将圆进行分割成若干等分再重新拼摆组合成长方形，整个过程不仅直观、精确，而且把图形的运动变化过程形象具体地再现出来，这是传统的人工分割与拼摆无法比拟的。再如研究“三角形的三条中线相交于三角形内的一点”“三角形的三条角平分线相交于三角形内的一点”时，利用几何画板进行演示，不论三角形的位置、大小、形状和方向等如何变化，三角形的三条中线、三条角平分线都交于三角形内一点，这一不变的几何规律通过多媒体被展现得淋漓尽致。

利用多媒体信息技术工具，可以给我们展现丰富多彩的图形世界，丰富学习资源，有助于学生从中抽象出几何图形；图形的动态演示，连续变化所形成的众多画面变换，可以在大脑中形成图形空间变化的印象，帮助认识空间图形与平面图形的关系，帮助建立空间观念；可以帮助学生在动态变化的图形中寻找不变的位置关系和数量关系，从而发现图形的性质。运用多媒体进行几何教学，还能拓宽学生几何联想空间，增加知识容量，可以说是几何直观教学的一个极佳的工具。

听障学生的语言理解能力较差，而几何语言文字抽象难懂，因此几何教学中应充分发挥直观教学的作用，重视学生良好的学习习惯和方式的培养，强调学生的动手操作和主动参与，鼓励学生勤思考、勤动手、多交流。正确处理直观与抽象的关系，可以帮助学生理解抽象的概念和定理，掌握几何知识的本质特征，随着学生年级的升高，抽象思维能力的增强，可逐渐减少学生对直观演示的依赖性，提高学生的抽象思维能力。

（三）遵循思维发展的一般规律，注重思维过程的训练

几何教学目的是使学生掌握几何的基础知识和基本技能，进一步培养运算能力，发展逻辑思维能力和空间观念。其中发展学生的逻辑思维能力在整个几何教学中占有突出地位。所谓数学的逻辑思维能力，就是根据正确的思维规律和形式，对数学对象的属性进行分析、综合、抽象、概括、推理证明的能力。数学思维能力是数学素质的重要表现，如何在几何课中培养学生的逻辑思维能力是一个值得认真思考和探索的问题。

从思维发展的角度考虑，思维一般分成几个过程：一是形成概念的过程，二是做出判断的过程，三是进行推理的过程。概念、判断、推理是一个逐步上升的过程。如果把这个思维过程表达出来的话，那就是数学当中经常说的定义（对应概念的），命题（对应判断的），证明（对应推理的）。因此在几何教学中要从概念的掌握、命题的理解、几何证明这三个环节中着手逐步培养学生的逻辑思维能力。

1. 加强几何基本概念的教学

逻辑推理是建立在概念和命题的基础之上的，学好几何概念是学好几何推理的首要条件。几何知识体系中集中了大量的概念，鉴于几何概念的抽象性，

教学中应设法借助生活实例或直观教具的演示，让学生亲历由具体到抽象、由特殊到一般的过程。切忌采用就概念讲概念的方式，以免学生陷于死记硬背，不求甚解的尴尬局面。几何中的概念都是与图形密切相关的，因此讲解概念、定理时要充分发挥“图形”的作用，即化“语言文字”为“图形”，引导学生观察分析图形，通过对图形的观察和比较，加强感性认识与理性认识的联系。由于人们对客观事物的认识有一个从感性认识到理性认识的发展过程，学生学习一个新的几何学概念，要经历“直观形象—图像抽象—本质抽象”三个阶段，利用形象的图形可以帮助学生理解抽象的概念，弄清每一个概念的内涵和外延，掌握有关概念的本质特征。

2. 加强命题的分析与理解

在日常生活、工作中，人们经常要对各种各样的事物进行判断，判断事物的对与错、是与非、可能与不可能等，判断是对事物的情况有所断定的思维形式。在几何学习中，我们需要对几何中的命题做出判断。在几何知识中，存有大量的命题，比方说几何图形的性质定理与判定定理，都是命题。几何命题可以分成条件和结论两个部分，即“若 p，则 q”。有许多学生觉得几何学习有困难，一个很重要的原因是对几何中的命题不会分析判断，经过分析发现，导致学生不能正确理解命题的主要原因有两方面：一是不能正确地理解命题中的一些概念；二是命题的条件和结论分辨不清。比方说，“同角的余角相等”这个命题常被学生误解为“如果两个角是同角，那么它们的余角相等。”正确的释义应该是“如果两个角是同一个角的余角，那么这两个角相等。”学生不能正确理解这个命题一方面是因为不理解“同角”的含义，更主要的原因是没有分清楚命题的条件和结论。

由上述分析可以看出，要正确理解命题，除了加强概念教学，正确理解概念的内涵和外延外，还必须把命题的条件和结论分清楚。在教学中通常把定理转化成“如果……那么……”的形式，以此帮助学生辨别“条件”和“结论”。比方说“全等图形对应边、对应角相等”，让学生找出这一命题的条件是什么，结论是什么；然后再改写成“如果……那么……”的形式。即“如果两个图形是全等图形，那么这两个图形对应边相等，对应角相等。”像这样经常训练学生，把简单句的命题变换成“如果……那么……”的复合句，学生在学习命题时，会不自觉地分析命题的构造，加深对命题的理解和判断。

命题的改写是命题教学的基础，对于题设和结论不很分明的命题的改写，学生改写时会有一定的困难。碰到这种情况，可以让学生抓住句子的主干，把复杂的长句变成短句，类似于语文教学中的“缩句”练习。如“在同一平面内，垂直于同一条直线的两条直线平行”，可以首先把这一命题缩写为“两条直线平行”，然后再根据原命题进行分析，把条件和结论添加一些词语经过重新组织，写成“如果……那么……”的形式，这样一个完整的命题就改写好了。这种方式可以帮助分清命题的题设是什么，结论是什么，从而掌握命题的构造。几何中有大量的几何定理，为了加深对这些命题的理解，每学一个定理，可以让学生找出定理的题设和结论，并用不同的标识进行标注，与此同时，依据定理的内容，画出所对应的基本图形，并用相应的符号语言表示出来，久而久之，学生会形成一个习惯，自觉地分析定理的含义。

另外，几何中有大量的性质定理和判定定理，都只是把条件与结论反过来了。如“两条直线平行，同位角相等”与“同位角相等，两条直线平行”，许多同学对这两个互逆定理比较糊涂，在教学中首先要结合生活的实例让学生了解原命题和逆命题的关系，知道原命题成立的时候，逆命题不一定成立。比如“我是孙老师”，那么“孙老师就是我”肯定不成立；再比如“你爸爸是男人”的逆命题“是男人，就是你爸爸”也不成立。像这样的例子可以多举一些，在学生了解两个互逆命题关系的基础上，再让学生对几何命题进行判断。如“对顶角相等”“相等的角就是对顶角”就是很好判断的练习题。对于互逆命题有了一定的理解，学生再学习图形的性质与判定就会变得容易许多。

3. 加强几何推理论证教学

推理能力的培养是几何教学的核心。一个几何命题是否正确，需要经过合乎逻辑的推理论证才能得出结论，这个推理论证过程也就是几何证明。

学生在学习几何证明之前，教师要经常对学生进行渗透推理的方法，让学生明白什么是“三段论”。“三段论”非常重要，它反映了人类思维最基本的形式，是人类思维方式的提炼和总结。“三段论”的渗透，不能一味地说理，应根据听障学生最熟悉的生活经验来帮助他们明白三段论的结构。比如“所有金属都导电（大前提），铁是金属（小前提），铁导电（结论）。”通过具体事例使学生明白什么是“大前提”“小前提”“结论”，掌握推理的“思路”，培养学生初步的逻辑推理能力。在几何教学中，培养学生逻辑推理能力的同时，也不能忽略类比与归纳推理，因为它是学生发现与创新的源泉。

我们知道，几何学的中心内容是概念、命题以及概念命题之间的关系问题。在几何证明中我们需要把概念、命题联系在一起，对更多的结论来进行推理。几何证明的推理过程实际上是通过一个或几个定理来判定另一个命题真实性的逻辑方法。

听障学生在学习几何推理证明时，往往不知从哪里下手，常遇到很多障碍，有时找不到运用定理所需的条件，有时找不出定理所对应的基本图形。推理过程也比较混乱，主要表现在条理不清楚、因果不对应、层次不分明等。造成这种现象的主要原因是学生在逻辑上的混乱，教学中着重加强学生逻辑推理能力的培养。

在进行几何证明的教学中，首先引领学生仔细读题，然后根据题意尽量要求学生动手画出图形，并根据题目要求在图形上做好标识，使题目中给出的条件在图上一目了然。结合图形对题意进行梳理，找出给定的条件和所要求证的结论，并用符号语言分别把题设和待求结论清晰地表示出来。学生在整理题目的同时，理解了题意。

在理解题意的基础上，教师要结合听障学生的认知水平，从最基本的几何定理的应用出发，明确已知条件和问题，结合题意仔细观察图形，对图形、题设与结论之间的关系进行认真地分析，探索解决问题的思路。推理过程的每一步都要让学生说出依据，切忌教师为了节省时间代替学生思考。正确的思路往往是错误和挫折的最终结果，中间曲折的经历和失败经验对学生来说非常宝贵，千万不能一略而过，学生在是与非的碰撞中辨别，学会如何分析，掌握推理论证的方法。对学生分析问题能力的训练也要循序渐进,最初可以采取填空的形式。如，给出两个题设，让学生补充结论；也可以给出一个题设，一个结论，让学生补充另一个题设。在这个基础上，再设计简单的一步推理的题型，由学生写出完整的证明过程。待学生形成初步分析问题的能力后，再设计一些需多步分析才能完成的题型。这样由易到难地设计几个阶梯，推理学习由浅入深、由易到难、由部分到整体，采取这种拾级而上的训练方式，学生容易理解接受，分析问题的能力会得到螺旋式上升。

（四）严格强化、规范几何基本技能的教学

聋校几何教学的一个很重要的教学目标就是要加强学生基本技能的训练，

教学中教师要切实加强学生几何语言、作图与读图、书写格式等几何基本技能的培养，促进学生几何能力的提高，让学生达到会看、会说、会想、会写的要求。

1. 加强几何语言的训练

任何一门学科都有自己特有的语言。几何语言除了最通用的文字语言外，还包括图形语言、符号语言（例如“△”“∠”“//”“⊥”等）。掌握几何语言是正确认识图形性质，顺利进行逻辑推理的必要条件。对于听障学生来说，熟练掌握几何语言是有一定困难的。教师在进行语言训练时，除了采用一些通用的方法外，还要结合几何教学的特点，进行训练，在教学中不能急躁，要循序渐进。

（1）正确理解几何定理、几何术语的意义，把文字与图形、几何符号紧密结合起来。几何中定理很多，学习每一个定理都要结合图形进行讲解，并要求学生不但能用语言进行表述，还要求用几何符号表示出来，三种语言能够合理地进行互换。对于几何中的一些常用术语，如“任意一点”“任意两边”“对应相等”“互相”（平分，垂直）“有且只有”等，都要结合图形讲清其意义，使学生透彻理解。

（2）加强学生几何语言的训练，努力提高学生的说理能力。听障学生由于听力缺陷导致语言能力降低，几何教学多给学生语言训练的机会，形式要多样，如复述定义、用自己的语言表述定理等。语言训练中逐步要求学生做到语言精练，表述正确。对于一些语言程式和习惯用语，如“过 × 点任作 ×× 平行于 ××”“连接 ×× 并延长交 ×× 于 × 点”等,可以要求学生在理解的基础上熟记，以利于熟练地掌握和正确地使用几何语言。

（3）教师使用的语言要与课本上表述的语言相一致，做到语言规范化。因为教师的口语与板书无时不在影响着听障学生，所以教师语言的示范作用不能忽视。对于较为抽象的几何对象的数学，在不失科学性的前提下可根据听障学生的特点采用较为通俗、浅显的直观语言对学生进行启发、引导，以便于学生理解接受。

对于学生还不理解的词语，教师在应用之前首先让学生了解这一词语的含义，以免产生不必要的教学困难。如在学习三角形角平分线、中线时，在问它们的位置关系之前，首先让学生明白什么是位置关系。

几何语言是学好几何的重要条件，教学中要从听障学生的实际出发，每学一个概念或定理就要求学生画出相应的基本图形，并用相应的符号语言表示出来，使文字、图形、符号达到融会贯通，只有重视对学生的语言训练，并持之以恒，听障学生的几何语言能力才会提高。几何教学中语言训练的方法还很多，这里就不一一赘述。

2. 重视学生画图、识图能力的培养

空间图形是立体几何特有的一种语言形式，很多时候，看题目中的文字，感到模模糊糊，而画个图一看，就变得清楚了。正确作图、看图是解决立体几何问题的重要方法。图形能把几何事实具体化，形象化，适合听障学生接受，因此在进行几何教学时，必须加强学生画图、识图的训练。

（1）重视培养学生的画图能力

首先要加强画几何图形的训练。画图时，严格根据题意，图与文字的要求要保持一致；尽可能画一般图形，但不能用特殊图形来代替一般图形，从而避免把特殊图形的特殊性质误认为是一般图形的性质。例如学生在画图时经常把一般的三角形画成等腰三角形，把矩形画成正方形等等，这样会影响分析问题的思路。画图是建立具体的几何知识系统的重要手段，是避免死记硬背几何知识的有力措施。

（2）重视培养学生的识图能力

许多听障学生不会看图，也没有读图的意识。在教学中应该有意识地让学生多看图，培养学生观察、分析图形的能力。对于学生识图能力的培养可以采用以下方式：起初，教师可以针对几何图形设置问题，引导学生根据图中提供的信息回答问题,学习读图的方法。学生有了一定的看图能力后,可以让学生“看图说话”，讲述意义。学生在做证明题时，要求尽量地把已知条件和求证目标在图上标出，以便于分析图形结构特征，找出因果关系。对于较复杂的图形要教会学生分解图形，看清图形结构和相互联系。逐步提高学生看图读图的积极性，养成读图的习惯。

3. 掌握证明题的基本结构，规范几何证明的书写格式

几何证明教学中，几何证明的书写也不能忽视，书写的规范与否会对听障学生的几何学习造成直接的影响。几何证明的基本结构可以简化为“因为……所以……”的形式。其中“因为”后面写推理的原因，“所以”后面写推理的结果，

每一个由因到果的过程都必须写出推理的依据，即理由。学生在刚接触几何证明时，往往会产生不会书写证明过程的烦恼。因此，教学中首先让学生了解几何证明的基本结构。在讲解完例题时，应引领学生分析每一个结论的证明步骤，及时总结出几何证明的书写格式。对于证明过程较长的，可分解为几个段落书写，每个段落完成一个小目标，以降低书写过程的难度。几何证明的完整过程如下：①根据题意，画出正确的几何图形，并在图上标明字母与符号；②结合图形，用几何符号语言简明扼要地把题设和结论表示出来；③依据几何证明的格式，书写推理过程。当然推理过程可以灵活多样，只要有理有据即可。另外，学生在平时的练习中，注意把自己证明的推理过程与教师讲解的进行对比，找出错误以及书写的不同，选出最适合自己的一套推理格式。这样长期坚持下去，学生会逐步掌握几何证明的步骤与书写格式，正确的书写格式能扫除因为书写混乱而影响推理的障碍，更利于促进学生推理能力的提高。

4. 熟悉推理的类型，掌握几何证明的方法

每个几何推理证明都包含“因”“果”和“理由”三部分，推理证明最常见的有三种类型：一因一果、一因多果、多因一果。“一因一果”比较简单，容易理解。“一因多果”的推理，证明时应根据需要来选择多个“果”中的一个或几个。“多因一果”的推理，推理过程必须有多“因”都具备时才能得出“果”。不管哪种因果关系的推理都必须合理，要根据需要灵活把握。

几何证明最基本的方法有综合法、分析法。综合法就是从已知条件出发，根据已学过的定义、公理、定理，逐步推出要证的结论，这是一种“由因导果”的方法。对于较简单的证明题，一般常用此法。分析法的思维过程与综合法恰恰相反，它是从待证的结论入手，逐步逆推至使结论成立所需的条件即题目中的已知条件，分析法也就是“要什么，找什么”，向已知条件靠拢。这是一种“执果索因”的方法。下面举例说明两种不同推理的方法。

例如：

如图，已知 $AD // BC$，$\angle ABC=\angle ADC$，求证：$AB // CD$。

分析法：

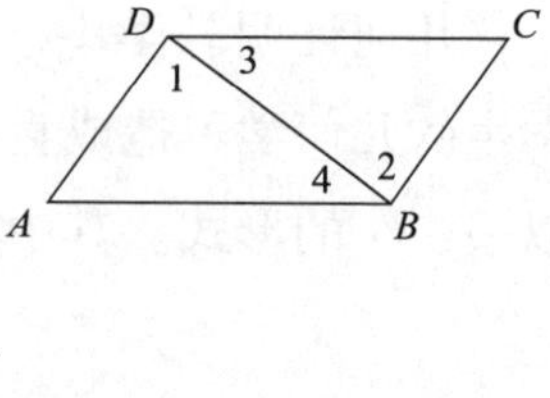

想证 $AB // CD$，需要证 $\angle 3=\angle 4$。

要证 $\angle 3=\angle 4$，因为 $\angle ABC=\angle ADC$（已知），

所以需要证 $\angle 1=\angle 2$。

要证$\angle 1=\angle 2$，

就要证$AD \parallel BC$，而这正是已知条件，至此，思路已通。

综合法：

由$AD \parallel BC$推导出$\angle 1=\angle 2$（两直线平行，内错角相等），

由$\angle ABC=\angle ADC$及$\angle 1=\angle 2$推导出$\angle 3=\angle 4$（等式的性质），

由$\angle 3=\angle 4$推导出$AB \parallel CD$（内错角相等，两直线平行）。

对于较复杂的证明题，通常采用“两头凑”的办法，就是把综合法与分析法两者结合起来，一方面从已知条件入手，看看可能推出什么结论；另一方面从要证的结论着手，想想还需要找到什么条件，当从条件入手推出的结论与从结论入手找到需要的条件相衔接时，证题途径便沟通了。

几何证明的方法说起来比较简单，但对多数听障学生来说要真正掌握还有很大的难度，因此教师在几何证明教学中，必须重视学生解题思路的培养，重视证题途径寻求的过程，让学生逐步掌握证明的方法。

综上所述，听障学生几何教学，应紧扣教材内容，从生活中选取材料，采取直观的教学手段，让学生掌握必需的几何基础知识和基本技能，发展思维和能力，为将来的学习、工作、生活奠定基础。

案例

探索三角形全等的条件

教学构想

本节课是在学习了全等三角形的基础上进行的一节实践活动，主要任务是让学生经历探索三角形全等条件的过程，初步建立推理的意识。在此基础上明白三角形全等的第一条判断定理——“边边边”定理及三角形的稳定性。三角形是最简单、最基本的几何图形，它不仅是研究其他图形的基础，在解决实际问题中也有着广泛的应用。这部分知识非常重要，可以说是中学生几何知识的奠基石、敲门砖。

根据《数学课程标准》倡导的体验式的教学理念，在教学中设置了一系列的活动，让学生画三角形、剪三角形、观察三角形、对比三角形，然后经过交流、分析、推理，最终获知三角形全等的条件。

听障学生在数学操作活动中，往往只注重活动本身，常常为了操作而去操作，不知道为什么要做，缺乏操作的目的性。因此，在学生探索三角形全等条件的过程中，教师要参与到学生的活动与讨论之中，引领学生主动的分析与思考，让学生真正成为解决问题的参与者与分析者。在对学生活动的调控中，教师要关注学生能否按照要求合理地进行操作；能否在活动中进行适当的归纳概括；能否有条理地表达自己的思考过程，并交流自己的结果；能否有意识地反思探索的过程……在此过程中，发展听障学生的语言能力、思维能力，提高他们分析问题、解决问题的能力。

对于三角形的稳定性，引导学生进行操作，在实践中体会这个特殊性质，并鼓励学生自己举出实例，体验数学在生活中的应用。

教学目标

1. 知识目标：经历探索三角形全等条件的过程，掌握三角形全等的“边边边”条件，了解三角形的稳定性。

2. 能力目标：体会利用操作、归纳获得数学结论的过程，在探索三角形全等条件及其运用的过程中，能够进行有条理的思考并进行简单的推理。能利用“边边边”定理判别两个三角形是否全等，并解决一些简单的实际问题。

3. 情感目标：培养学生勇于探索、团结协作的精神，体会数学在现实生活中的应用，树立学好数学的信心。

教学重、难点

1. 教学重点：经历对三角形全等条件的分析与操作验证的过程，能应用“边边边”去判定两个三角形全等；了解三角形的稳定性。

2. 教学难点：三角形全等条件的分析与探索。

学具准备：

纸板、剪刀、刻度尺、量角器、圆规、两端有小孔的木条、钉子。

教学过程

一、课程前奏

师：哪个同学愿意描述一下老虎的特点？

生：比较凶猛，有“山中大王”之称。

生：有四条腿，两只眼睛，一条尾巴，样子像猫。

师：以下根据动物的特征作出的判断是否正确？

1. 有四条腿的动物是老虎。 （ ）

2. 有四条腿，比较凶猛的动物是老虎。 （ ）

3. 样子像猫，有“山中大王”之称的动物是老虎。 （ ）

4. 有四条腿，两只眼睛，一条尾巴的动物是老虎。（ ）

（从学生所熟悉的事物出发，根据事物的某些特征对这一事物进行判断。一方面引起学生的兴奋感，激活学生的大脑细胞，让学生从课间休息、玩耍状态进入思维状态；另一方面这一思维模式与确定三角形全等的条件的思维模式相同。为探索三角形全等的条件作好铺垫，有了这一过程，学生在探究新知识时懂得如何去思考。）

二、复习旧知，引出课题

1. 什么是全等三角形？

2. 全等三角形的性质是什么？

师：由两个三角形全等我们可以得出三组对应边相等、三组对应角相等。那么由几条边、几个角对应相等才能确定两个三角形全等呢？这就是我们这节课所要研究的内容——探索三角形全等的条件。

（全等三角形概念的学习为探究新知识打下基础，由全等三角形的性质引出探究三角形全等的条件，即研究逆定理是否成立，与课程前奏相吻合，易激发学生的好奇心与求知欲。）

三、引导活动，探究新知

分别给出一组数据、二组数据、三组数据进行探究三角形全等的条件。

探究一：给出一组数据确定两个三角形是否全等。

1. 讨论分析给出一组数据的几种情况：一条边、一个角。

2. 用纸板制作符合下列条件的三角形：

一条边是15 cm的三角形；一个内角是70° 的三角形；

3. 对比验证，得出结论：

一组数据对应相等，不能确定两个三角形全等。

探究二：给出两组数据确定两个三角形是否全等。

1. 讨论分析给出两组数据的几种情况：两条边、一条边与一个角、两个角。

2. 各小组按照下面的条件制作三角形。

一条边是 20 cm，一个内角是 30°；

两条边分别是 10 cm、18 cm；

两个内角分别是 30° 和 50°。

3. 对比验证，感受反例的作用，得出结论：

两组数据对应相等，不能确定两个三角形全等。

探究三：给出三组数据确定两个三角形是否全等。

讨论分析给出三组数据的几种情况：三个角、三条边、两角一边、两边一角。

第一种情况：三个角都对应相等的两个三角形。

1. 用纸板制作符合下列条件的三角形：三个内角分别是 40°、80°、60°。

2. 对比验证，感受反例的作用，得出结论：三个内角对应相等，不能确定两个三角形全等。

第二种情况：三条边对应相等的两个三角形。

1. 用纸板制作符合下列条件的三角形：三条边分别是 6 cm、9 cm、13 cm。

注：学生可以借助于圆规、直尺画出三角形，再剪下来。

2. 把制作的三角形进行比较，观察这些三角形是否全等。

为了使结论更具有一般性，每两个同学再给出 3 个数据作为三角形的三条边，分别制作三角形，然后把做出的两个三角形分别进行对比，观察它们是否全等，并把对比后的情况汇报交流。

还有两种情况暂不考虑，以后待学。

归纳总结

三边对应相等的两个三角形全等。简写成“边边边”定理或“SSS”定理。

这个定理告诉我们：只要三角形的三条边的长度确定了，这个三角形的形状和大小就完全确定了，利用这个定量可以判定两个三角形全等。

（分几种情况分别进行探讨，条理清晰，学生易于掌握规律，并且每种情况不至于漏掉；根据给出的条件制作相应的三角形，学生通过动手实验操作、比较、观察、归纳得到三角形全等的判定定理，让学生共同经历探索三角形全等的判定的体验，将直观操作和简单推理结合起来，符合听障学生的认知特点，便于学生理解掌握。）

探究四：三角形具有稳定性

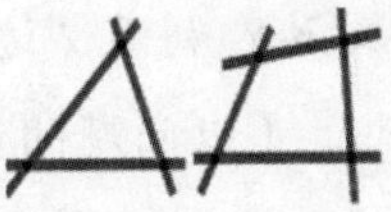

1. 用准备好的木条制作三角形框架、四边形框架。如图。

2. 拉一拉，试一试，说说木条钉成的三角形框架与四边形框架有什么不同？

结论：三角形具有稳定性；四边形不具有稳定性。

3. 解释三角形具有稳定性的原理。

4. 举例说出三角形稳定性在生活中的实际应用。

（通过亲身体验感受三角形稳定、四边形不稳定；通过三角形在实际生活中的应用，感受三角形稳定性的实用价值，增强学生的应用意识。）

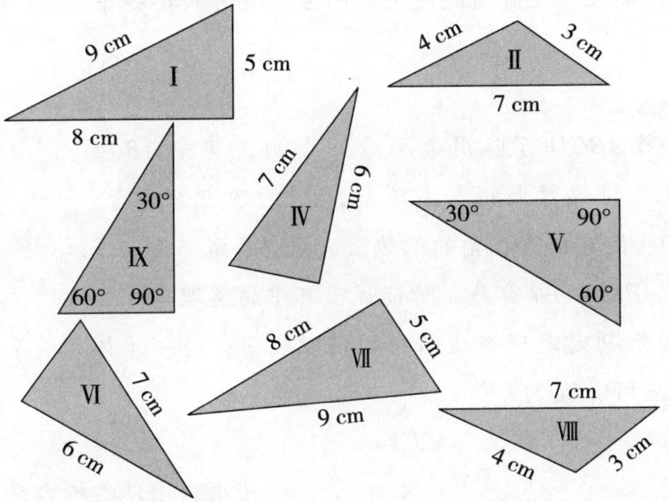

四、观察下图，找出全等的三角形

（这一题目的设置一方面是对以上探索得出的结论加以巩固，另一方面学生在还没有用正规的格式进行证明两个三角形全等之前，初步懂得根据“边边边”定理判断两个三角形全等。）

五、问题解决

某工厂生产三角形的零件，质检员小张对这些零件作抽样检查时，只用刻度尺量一量零件的三条边就知道这个零件合格不合格了，你说为什么？

（利用三角形全等的判定定理解决生活中的实际问题，体会“边边边”定理的实用价值。)

六、本课小结

这节课我们分哪几种情况探究三角形全等的条件？通过探究分别得出什么结论？利用“边边边”定理，可以来解释三角形的什么特性？

（以问题的形式贯穿小结的始终，学生通过回顾，将对本节课的内容进行梳理，而不是单纯去记忆“边边边”定理，这样有利于形成一个完整的知识体系，掌握“边边边”判定定理的生成过程。)

七、知识拓展与延伸

如图，小明有一块“飞镖”，想知道∠ B 和∠ C 是否相等，但他没有量角器，只有一把刻度尺。你能帮小明想个办法吗？

（解答这道题需要添加辅助线，一方面让学生初步认识辅助线，另一方面让学生知道判定定理的应用有时需要去寻找隐藏的条件。）

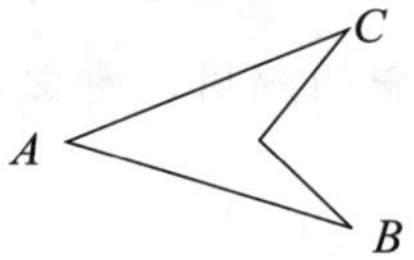

八、作业

如图，仪器 $ABCD$ 可以用来平分一个角，其中 $AB=AD$，$BC=DC$，将仪器上的点 A 与∠ PRQ 的顶点 R 重合，调整 AB 和 AD，使它们落在角的两边上，沿 AC 画一条射线 AE，AE 就是∠ PRQ 的平分线，你能说出其中的道理吗？

（通过三角形判定定理在生活中的实际应用，进一步体会判定定理的应用价值。）

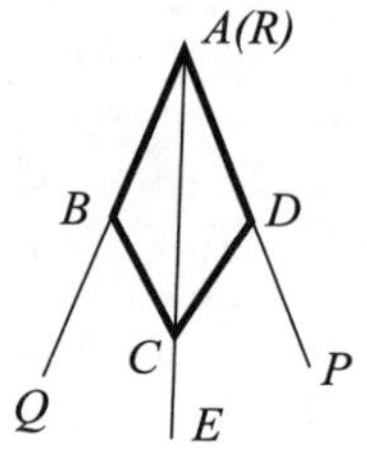

（烟台市特殊教育学校　孙言杰）

如何上好聋校数学实践课

根据《数学课程标准》要求：“要重视从学生的生活经验和情景中学习和理解数学”。遵循“数学源于生活，服务于生活”的理念，我们编写了校本教材《生活中的数学》。结合学生的实际经验和已有知识，我们设计编写富有情趣和意义的活动，如“布置校园”“比高矮”“种草莓”“我能读懂身份证啦”“买文具”“去旅游”等内容，使学生有更多的机会，从周围熟悉的事物中学习和理解数学，充分感受到数学知识与实际生活紧密相连，从而提高学生运用数学知识解决实际问题的能力。

多年来，我们一直精心设计课堂教学，有效地提高了听障学生的数学实践活动能力。如何上好聋校数学实践活动课，我们主要从以下几个方面来做的。

一、认真钻研教材，明确活动目标

数学实践活动课在总体目标上非常强调联系和综合。所以在备课时，教师首先应认真钻研教材，吃透教材，明确教学中知识之间的相互联系以及拓展的范围，除了让学生获得良好的情感体验，感受数学在日常生活中的作用外，还应注重分析实践活动的落脚点，考虑到数学活动以什么数学知识为依据，保持其应有的“数学”味，在充分分析教材的基础上再确定教学目标。如“我的双休日”一节课中既有统计知识和长方形、正方形的知识，又渗透了家校之间的联系。所以我把这节课的教学目标主要定位在聋儿的心理需求：双休日我应该干什么？我双休日最愿意做的事情是什么？其他小朋友们双休日都在干什么？这可能是低年级同学经常会思考的问题。正确引导学生校外活动，使学生在双休日中做些有意义的事情，使学生能够健康、快乐地成长，给他们的童年留下美好而深刻的印象，是学校教育的责任，同时也是社会、家庭的责任与义务。

二、让学生自己形成知识结构

以往教师精心设计一系列教学活动，最终使学生获得了一些知识，表面上看学生也在探索，实际上由于问题并非来自学生本身，学生并未真正地自主起来，这样也就没有真正地学深入。因此，教师要做个好向导，引导学生深入某一领域进行细致、全面的研究，从而得到最佳的活动效果。如在教学“三角形的认识”时，没有直接给出三角形的定义，而是引领学生通过拼组学具，一步一步地观察、探讨、发现，然后用自己的话概括出“由三条线段围成的图形叫做三角形”这一概念来，从而让学生形成自己的知识结构。

三、让学生亲自参与操作实践活动

苏霍姆林斯基说过：手和脑之间有着千丝万缕的联系，手使脑得到发展，使它更明智；脑使手得到发展，使它变成思维的工具和镜子。操作与制作实践活动就是把学生手的动作和脑的思维结合起来，以活动促进思维，调动学生各种感官参与学习活动。如教学“数的认识”时，让学生操作小棒、苹果卡片、积木等学具，在数大量的具体事物中，抽象出数的概念；教学“认识物体”时，可以让学生闭着眼睛用手摸学具，从而在脑海中建立各种图形的形状；教学“认识钟表”时，让学生动手拨实物钟等；教学“对称”时，先让学生欣赏图案，再让学生折出、剪出各种形状的图形，最后展示交流学生作品。这样每个学生都以多种感官参与到学习活动中，通过讨论交流，每个学生既学到了新知识，又享受到获得知识的喜悦。

四、让学生在游戏竞赛中实践体验

低年级学生本身生活经验较少，语言理解能力较弱，掌握的数学知识也比较少，但他们具有好奇、好动、好胜、注意力不稳定等特点，所以开展数学实践活动，一般以游戏、竞赛、学具操作为主，还可以结合学生的日常活动，如跳绳、踢毽子、赛跑等，创造性地设计数学实践活动。如教学“买文具”一课时，开展“小小商店”课内游戏，让学生分别扮演顾客和售货员，体验购物的步骤，掌握简单的加减计算。再如，为了提高一年级学生口算 20 以内加、减法的能力，设计“玩扑克牌”的游戏，让学生在玩扑克牌的过程中提高口算的速度和正确率。

五、让学生体验真实的感受

体验是学生理解知识形成技能的学习策略。只有经过学生的亲身体验、深入思考、用心感悟，才能积累丰富的知识经验和形成完整的知识体系。如探究“为什么先乘后加”的运算顺序时，就是组织学生从具体的买物品的生活体验中悟出。分三步完成：第一步，课前先带领学生到超市购买两种或两种以上的小物品，每种至少购买两件，计算出一共花了多少钱；第二步，组织展示交流购物算钱方法；第三步，经过讨论达成共识：两种不同的物品计算总价时，要分别算出各自的价钱，然后再算它们的和。学生在具体的购物事例中，归纳总结出四则混合运算的顺序。

六、及时准确地进行评价

客观、正确地评价具有一定的导向性和激励性，所以每次实践活动结束后，都应组织学生进行评价。在自我评价、小组评价和教师评价中交流各种体会，总结经验，升华认识。学生开展实践活动，有时效果不一定令人满意，这时教师不能草草收场，不了了之，要恰当地进行评价，找出活动中的闪光点，多鼓励、多表扬，树立下次参与实践活动的信心。同时还要帮助学生客观地分析实践活动中存在的不足之处，以利于下次实践活动更好地开展。

因此，要上好聋校数学实践活动课，教师要不断更新教学理念，积极探索灵活高效的教学方法，才能通过数学实践活动让学生学有所长、学以致用，也只有这样才能使数学实践活动课真正发挥其应有的功效，让每一个学生都能够得到发展。

（烟台市特殊教育学校　孙晓宁）

读懂教材、学生和课堂，教学设计才能更有效

——“比例尺的意义”的教学实践与思考

其实每一次公开课都是一次大的磨炼，只有这样的磨炼才不会使我们的脚步停滞下来。在这些磨炼中，我们会成长得更快，教学与个人能力提升得更高。

我从“读懂教材，读懂学生，读懂课堂”三个方面入手，谈一下七年级数学“比例尺的意义”一课的备课与教学。

开始报课时，我查阅教学进度，13 周比例尺，翻阅青岛版教材和参考书（打开课本展示），教材上只出示了一幅足球场情境图，再出示了比例尺的定义与表达式。粗略一看：还行，讲它吧。可当我真正开始备课时才发现，不是预想的那样，新旧教材发生了很大的变化：青岛版教材中根本没有新知识前的复习、准备或过渡内容，而是通过图片、游戏、对话的方式呈现教学内容，没有呈现结论，只有学生自主活动的建议和过程中的问题提示，让教师去意会、挖掘的东西太多了、让学生去探索体验的知识也太多了，这在为教与学留下尽可能大的探究和交流空间的同时，也给备课带来了一定的困惑和难度。

一、潜心解读文本，读懂教材是有效设计的基础

读懂教材要读懂教学内容所包含的知识点、读懂逻辑起点和后续知识、读懂教材编写和内容编排意图、读懂教学重点和难点、读懂每幅插图和每道习题、读懂配套的指导书和参考书等。

而“比例尺”在旧教材的15页，一开始直接呈现：“在绘制地图和其他平面图的时候，需要把实际距离按照一定的比例缩小或扩大后再画在图纸上。这时，就要确定图上距离和相对应的实际距离。”然后呈现了一个求图上距离和实际距离的比的例题，就得出比例尺的定义、表达式。知识呆板教条，毫无体悟成分。

《数学课程标准》阐明了：数学教学应从生活中来，到生活中去。在课堂教学中，学生根据自己的体验才可能得出许多新颖的观点，才易于知识的理解与掌握，这就要求教师必须有充分的准备来应对学生对文本的多元解读。“凡事预则立，不预则废。”教师只有对文本深入细致的解读、吃透文本，事先考虑在文本解读时可能出现的种种情况，才能在课堂中得心应手。

教学如何能适应聋生的生活实际，让学生真正理解比例尺的意义，并会用它解决学生的生活实际。关键是：

1. 要读懂教学重点和难点，这是设计每节课的灵魂，它将直接影响着教学设计有效性。

我通读新旧教材，翻阅教学参考，找出了以往的听课笔记，也上网搜集了一些教学设计，确定了静态的教学重点和难点（主要根据教材的广度和深度来确定）。而对于动态的教学重点和难点，我根据学生的现实基础和学习能力，认真解读与新知有关的知能基础（小数除法的计算、比的基本知识、比与分数的关系等）、后续知识（缩小比例尺与扩大比例尺的关系、数值比例尺与线段比例尺的互化、求一幅图的比例尺及相关的图上距离、实际距离的计算等）、知能盲区（寻找生活中的比例尺）和学习障碍（表达总结概括知识点），尽量做到“到位”但不“偏位”、不“越位”。先分析今日新知（比例尺）与昨日旧知（实物缩小成图）的联系，把教学起点放在学生的最近发展区，更好地同化或顺应新知。再分析今日新知（比例尺）与明日新知（比例尺的进一步深化与运用等）的联系，把教学重点放在新知的拓展及与后继知识的连接点上，更好地应付渗透后续知识。最后思考起点和终点之间如何组织教学，既符合学生的认知规律，又围绕

教学重点，还有效突破教学难点，把教学重点落在学生的可能发展区，更好地掌握和建构新知。

2. 灵活运用新旧教材中的情境、例题，进行适当的重组加工，自主地、创造性地使用教材。

心理学研究表明，学习内容和学生熟悉的生活背景越贴近，学生自觉接纳知识的程度就越高。教学是教师和学生积极互动，共同发展，相互交往的一种活动，而教材给我们提供的只是表态性的教学素材，它不是唯一的课程资源，所以一套教材所提供的各种素材并不是所有内容都适合每一位学生。因此在课堂教学中要创造性的“用好”教材，而不是死板的“教好”教材。此次公开课恰逢学校进行数学教材的梳理，记得在一次研讨会上，李校长的“教学的成与败，关键不是教材的问题，而是教师的教学理念和对教材的整合与把握上”对我触动很大，同样的教材，却会有不同的教学效果。如何重组教材、更好地体现知识显得尤为重要。

所以在设计教学的过程中，我结合人教版聋校课本完整扎实的知识点、青岛版生动活泼、赋予生活的教学情境及探索体验的教学理念，根据学生的实际，有目的地对教材内容进行了改编和加工，采用一些有形素材，使教材变得生动活泼，更贴近学生的实际。例如，教学例题，我抛开旧教材中静止死板且呈现形式单一封闭的例题，也摒弃了新教材远离我校学生生活的足球场画面，利用学生喜爱的篮球运动这活生生的资源，用画“篮球场的平面图”的课前实践活动来引入新课，让学生根据这些信息提出问题，再利用“篮球场平面图”的相关问题让学生理解“比例尺”的意义，最后让学生在探索、实践中，自己领悟出比例尺的意义所在。虽然例题的结构没有变化，但呈现形式是多维的、开放的，教学材料从学生生活实际出发，学生感到有趣、熟悉、自然，对数学充满了真实感和亲切感，兴趣感也自然产生了。让学生真正感受到数学就是生活，数学就在身边。

二、细心读懂学生，找准学习起点是有效设计的关键

学生发展是教育教学的主旋律，读懂学生是有效设计的关键。读懂学生也就是要了解学生的知能基础、生活经验、认知规律、学习环境、学习态度、学习习惯、学习障碍、思维特点、心理状态等。并预测他们可能发生的疑问，使教学双方能协调一致，促进学生良好发展，这些了然于胸，才能较准确地把握

学生数学学习的最近发展区，从而为构筑精彩高效数学课堂奠定基础。

而找准学习起点是基础。为了找准起点，我对学生进行了认真分析：学生的知能基础和生活经验是什么？有多少人掌握了？掌握的程度怎样？学生的学习障碍是什么？学习路径是怎样的、需要怎样的帮助？学生的认知规律是怎样的？怎样设计基于学习起点、引入知识才符合他们的认知规律？从平时的教学和学生练习中也可以看出：七年级学生生活经验浅显，生活认识范围狭窄，生性活泼好动，懒于动脑，对于新事物比较感兴趣，但对于事物间的联系性关心不够。

而对于这节课，虽然大部分学生对于学习此内容的知识储备已经丰富，几乎每位学生都能流利回答长度单位间的互化，针对实际数据进行缩小画图，其中一部分学生还能用语言表达出画图过程，但因存在很典型、很普遍的问题，即对事物联系性不强，造成由“缩小的倍数”引出“比例尺”；由“缩小相同的倍数，图形真实”引出“一幅图只能有一个比例尺，否则图形不准确、失真”等知识链断裂，这类问题比较突出，而且与新旧知识都有关系，这是教学难点。这就需要我创设合适的情境、提供思考的空间、搭建交流的平台、点明知识的要点、合理组织学生，才能有效地进行知识的传授、理解、掌握与运用。

由生活经验浅显、生活认识范围狭窄的特点引出贴近生活、喜好的篮球场做场景，由活泼好动的特点创设课前实践调查，由课上表达、互动交流来弥补知识链的独立，进而促进学生对新知的理解、掌握与运用。只有这样的教学设计，才能找准学生的最近发展区，才有可能实现感知、体验、领悟数学知识，彰显学生个性，使课堂教学焕发出更大的生机和活力。

三、从细节入手，读懂课堂，精心设计问题是有效课堂的重要环节

教育专家一再指出：课堂是一个无限的动态课程资源，学生是创造课程资源的宝库，教学中将教学与解决问题有机结合起来，才能演绎精彩。我对课堂努力做到从细节入手，精心设计问题，以比例尺的理解为重点，解决问题是理解比例尺、掌握比例尺的有效依托，把握好“学”与“用”的度，使技能形成与解决问题有机结合，通过层层设计，诱其深入感悟。因为精心不仅仅只决定精彩，精心更决定成功！

1. 通过调查数据、画操场平面图、计算缩小的倍数、求比例尺等，给学生提供充分的数学实践活动的机会。

2. 充分引导学生通过操作实践，亲身其中，独立思考学习数学。通过画图过程中思考出比例尺的作用、通过长宽比例尺不同所画出图形失真思考出一幅图只能有一个比例尺等。

3. 尽可能地让学生获得更多的活动性直接经验。从“大小不一的平面图或地图中”，自己总结出“比例尺不同，所画出的图形的大小也不同”，给学生数学活动的自由度，充分展示个性。如让学生讲解绘图过程，展现自我。

教，然后知不足，度，然后知长短。反思整个教学，尚有很多的缺陷：

1. 上完课以后，我发现我很累，原来整堂课的大部分时间不舍得放手，一直是我在说，我在提问，在花时间引导学生如何体悟知识，应把课堂空间更多的留给学生。如果能组织得更合理些，时间能节省，课堂的掌控能力、组织能力更需要加强。

2. 生活中找比例尺有点蜻蜓点水、走过场之感，对学生并没有加以时间培养。

3. 最后的课堂总结，还是老师包办了，没能给学生总结归纳的机会。

4. 教学语言的规范性是我的一大硬伤，虽然没有什么大的错误，但一些细节处理得还不够好，不够简洁明了，应尽快解决。

5. 关注全体学生还是不够，组织学生活动有时停留在表面，对待后进生的关注指导还不够多。教学过程是一个动态生成的过程，要让学生充分的活动，以学生的感悟代替教师的分析，让学生的思维活跃起来。

6. 缺乏有深度的点评和应变的能力，对学生的发言，评价性语言较少，单调。另外，作为聋校教师，手语不规范不优美，讲到尽情之处，有张牙舞爪之嫌。

今后努力的方向：

1. 要跳出教材、整合教材，创造性地改革教材，让数学来源于生活，回归生活，多从生活中找贴近学生的素材。

2. “学”数学不如“做”数学，加强学生的动手操作、亲身实践的紧凑、有序、有效，教师课堂中如何引导操作实践由扶到放，逐步提高，需研究探索。

3. 目标式教学，要善于发掘学生的需要，有针对性的讲解。并且课堂讲练结合，留给学生足够的空间，让学生体悟算理，这是数学课的特点。

4. 聋校课堂，课前想象不全，就会发生意想不到的生成性问题，就会影响你的课堂，就会背驰你的备课思路，让你措手不及，想不出更好的应对方法。所以“只有你想不到的，没有学生做不到的”这句话最能代表聋校备课，要想细想全，也就是“备一遍课一遍的成色”。

5. 教书犹如耕作，需苦心谋划，慢功出细活，来不得半点的虚伪与造作。加强基本功训练，增强自身素质，课堂才能有“质”的飞跃。

其实，每一位教师都想构筑高效精彩的课堂，因为我们都从学生时代走来，我们或为人母或为人父，都想让学生短时高效地学更多的知识，公开课活动让我们感受到，只要努力就会有收获，正是这一次次的经历，积聚了一点一滴的收获，终究也会汇成有效课堂的涓流，让我们一起齐心协力、用心去聆听课堂上生命的节奏和快感，扬长避短，在相互借鉴、学习中，共同进步和成长，努力缩短理想课堂和现实之间的距离，以扎实的基本功和朴实灵动的教学风格，演绎精美、充满智慧的高效课堂吧。

（烟台市特殊教育学校　祝红军）

备课感悟

首先和大家一起分享一个小故事，苏霍姆林斯基《给教师的一百条建议》中讲述了这样一个故事：一个在学校工作了33年的历史教师，上了一堂非常出色的观摩课，邻校的一位教师问他：“你的每一句话都具有巨大的思想威力。请问,你花了多少时间来准备这堂课？”这位历史教师说:“这节课我准备了一辈子，而且，每堂课我都准备了一辈子。但是，直接针对这个课题的准备，则花了约15分钟……”一辈子与15分钟，一语道出教师备课之真谛。正所谓：台上一分钟，台下十年功。那么，作为特教一线上的教师面对一群失聪的聋孩子，我们又该如何去备一堂适合他们的课呢？下面我就结合自己的教学实际和大家一起交流一下我的备课心得。

一、精心研读教材

精心研读教材是教学永恒不变的要求，更是教师上好一堂课的最基本的前提。在今年的教学计划中，我把研读教材列为了本学期的我的教学工作重点，在半个多学期的教学实践中，我一直坚持仔细揣摩，彻透理解，反复琢磨，问个究竟。即：注意把握教材的实质，提炼教材的重点和难点，仔细揣摩教材中提出的问题，并善于思考，多问自己几个为什么，如教材呈现了哪些内容？为什么要这样呈现？根据教材内容准备设计哪些相关的教学活动？通过这些活动要解决哪些问题？达到什么目的？要学会走出自我，学会从学生的角度换位思考。我觉得只有这样，课堂才可能做到运用自如，心里有底，教学才会有血有肉，有自己的特色。也就是我们常说的“只有钻得进去，才能跳得出来”。

例如，“位置与变换”一节课其重、难点是培养和发展学生的空间观念，使学生能在具体的情境中，用准确语言表叙物体的位置与顺序，体验位置与顺序。

针对重、难点，在教学中，我设计了以下三个环节：

1. 联系实际，导入新课

教学时，我在教学内容的选择上尽量贴近学生的生活实际，创设了学生熟悉的生活场景，将生活素材融入教学中，使学生感受到数学来源于生活。这样学生的学习兴趣就大大提高了。

2. 合作探究，解决问题

在学生已经学会辨认东、南、西、北四个方向的基础上，教师启发引导学生通过猜测、合作研究学习东北、东南、西南、西北等方位概念，然后开展运用情景图表述方位的学习，这样既解决了本节课的教学重、难点，又发展了学生的语言。

3. 拓展新知，开阔思维

在学习新知的基础上，拓展内容，让学生既能从村口走到村里的各个景点，又能返回，并能景点间互相往来，拓展了学生的思维。

二、贴心研究学生

教师理解了教材，了解了教材的思想，有了一个完整的认知结构，并不等于学生也理解了。学生不是靠我们头脑里的数学思想方法就可以掌握新知识的，而是靠我们教师把自己的思想变为行为。这就需要第二步：贴心研究学生。

第一找准整体学生的学习起点，如，在“位置与变换”一课，本节课的教学内容是在学生学会辨认东、南、西、北四个方向的基础上展开的，进一步学习辨认东南、东北、西南、西北四个方向。课前，我了解到，学生对原有的四个方向都能很好的掌握，不仅能在现实生活中辨认太阳升起的方向是东，从而辨别出其余的三个方向，而且会看方位图，根据方位图，在脑子中形成上北、下南、左西、右东的影像。再如“三角形的面积”一课，学生需要通过教师的引导，自己总结与概括三角形的面积计算公式，并运用公式解决简单的实际问题。

这一内容属于规则学习的范畴，而规则学习的前提条件是获得运用有关概念的能力。三角形的面积 = 底 × 高 ÷2，这个公式中包括了“三角形”“面积”“等于”“底”“高”“乘”“除”七个概念，如果这七个概念中的任何一个概念没有掌握，规则学习都将无法进行。同时，学生必须掌握“剪”“拼”“转化”等策略，否则将不能自主地推导出三角形的面积计算公式。因此，找准整体学生的学习起点是进行有效教学设计的基本前提。第二，顾及不同学生的个体差异，我们的学生因智力上的差异，语言上的差异、生活经验上的差异造成了现有知识程度上的差异，因此我在备课设计上努力做到有弹性，满足不同层次学生的需求，这也是我校多年来一直倡导的因材施教、分类教学。例如，根据学生的程度不同，备课时设计适当的问题提问适当的学生。要使每个学生都能感到教师对自己的关怀和自己在学习上的进步。还有我在设计每一个教学环节、每一个问题时，坚持从学生的实际出发，处在学生的位置上，预设他们会出现什么情况，再采取相应的措施。例如，在教授“轴对称图形”时，我让学生找蝴蝶的另一半来说明两侧完全重合。然后每个组发一些图片，其中有轴对称图形，也有不是轴对称图形的，让学生分分类。按照老师的预计，学生肯定是分两类，一类是两侧完全重合的轴对称图形，另一类不能完全重合。结果一上课，这个组说我们按颜色来分，那个组说我们按有生命和没有生命来分，等等，各种各样的分法。这就是对学生情况考虑不足的结果。

三、细心研究教法

不论我们教师对教材挖掘得多深，理解得多么透彻，把教材读活到什么程度，但如果不能对教材进行很好地加工、处理，不能把理解的落实在自己的教学过程中，不能对课堂教学过程进行很好的设计，那么，对学生学习来说，都等于零。因此，我认为，教师还必须遵循教学规律，紧密结合实际，选取恰当教法和教学手段，把教师的思维内容转化为学生的思维内容。教师先受到启发后，再通过教师去启发学生。例如，在准备“位置与变换”一课时，一上课，我以游戏导入，让学生辨认生活中的东、西、南、北，然后集体背《东西南北歌》调动学生的学习激情。接着我采用让同学们当小导游的形式，带领学生走进新农村，让他们通过交流、合作表述从村口出发，怎样走才能到达他们想去的地方。这其实就是一个数学思维培养、数学方法训练、数学思想渗透的过程。所以，我们在备课时，要根据教学目的、内容，学生的年龄特点、接受能力以及自己的教学风格，选择恰当的教学方法以便充分提高教学效率。

四、用心撰写教案

有了对教材、学生、教学方法的全方位地把握，做到胸有成竹，思路清晰，教案就水到渠成了。此时，教师要做的是有先后、有条理地串联要点，当然，撰写教案也不是一蹴而就，一帆风顺的，需要教师反复修正，这样才能做到课堂上的融会贯通、游刃有余。

五、耐心反思调整

课堂教学的结束，并不意味着备课的停止。课后的反思，是一种经验的积累；是自身理论的提升；是下一堂课的基础；是下一次备课的借鉴之路。有了更好的理论基础、方法手段，我们就能更漂亮地备好下一堂课。

那么，教师的课后反思应“思些什么”“怎样去思”？我个人认为要从以下几个方面去反思：

1. 是否实现了多元化教学目标。

2. 教学过程中你是否真正发挥教师的主导和学生的主体作用。

3. 你是否创造性地使用了教材。既积累经验又为教材的使用提供建设性的意见。

4. 知识引进的方式学生是否很容易接受，是否贴近学生的生活，是否考虑到学生的特殊性。

5. 教学方法和手段的采用是否适应学生的个性差异。

6. 课堂上是否存在“伪探究”。也就是片面追求形式而忽略内容。片面追求所谓的“好课”的标准。

在上完“位置与变换”一课后，在学校领导给予我科学、准确的点评后，我也着重从以上几个方面进行了反思。

总之，绘画有画外功，写诗有诗外功，备课想必也有“备外功”吧！正像苏霍姆林斯基的《给教师的一百条建议》中讲述的这个故事一样，“一辈子”是因，“15 分钟”是果，没有平日的孜孜以求又怎会有“课堂 15 分钟”的水到渠成？让我们一起好好读书，认真备课，努力做事吧！为了学生，为了学校，也为我们自己！

（烟台市特殊教育学校　崔宁）

建构数学模型，让教材内容生活化

——“整式的加减”教学感悟

山东教育出版社出版的《数学六年级下册》第七章第2节的内容是“整式的加减”，这节课的内容本质是合并同类项，教材上例题只是出现了不同情况的整式运算，没有具体的数学模型，许多学生不理解合并同类项的实质，在进行整式的加减运算时只是简单地模仿例题。当再学习整式的乘法运算时，常常与整式的加减运算混淆。面对这种情况我把这节课的课后练习与教学内容进行整合，选用生活化的实例建构数学模型，设置了一系列的数学问题，让学生在解决生活中的实际问题时理解了整式加减运算的实质。

下面是教材整改后部分内容教学片段：

（一）出示题目

火车站和飞机场都为旅客提供“打包”服务。如果长、宽、高分别为 x 米、y 米、z 米的箱子按图所示的方式“打包”。

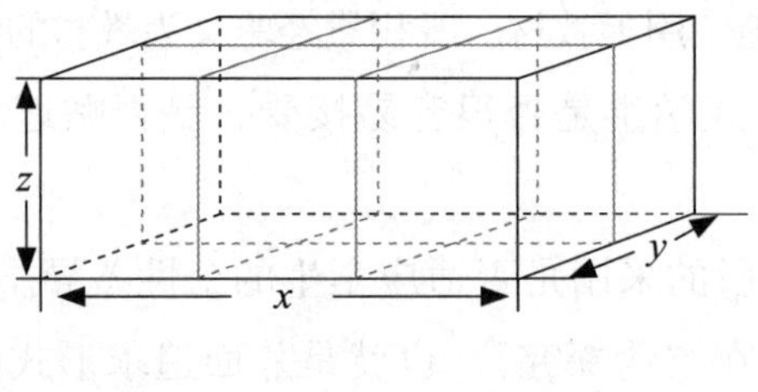

1. 至少需要多少米的“打包”带？（接头处的长度忽略不计）

2. 张三的箱子长、宽、高分别为 1.2 米、1 米、0.8 米，那么给张三的箱子打包至少需要多少米打包带？

3. 李四的箱子长、宽、高分别为 0.7 米、0.6 米、0.3 米，那么给李四的箱子打包至少需要多少米打包带？

4. 现有 20 米的打包带，给张三与李四的箱子打包够了吗？

（二）探究分析

生读题。

师：我们一起来看题目要求，（师读题）在这里“打包”是什么意思？就是为了方便旅客，把行李给捆起来。我们来观察图，这个箱子是什么形状？（长方体）长、宽、高分别是多少？

在给这个长方体箱子打包时，这样横向缠了几道，纵向缠了 2 道。

首先看第一个问题：

接头处的长度忽略不计是什么意思？（举例说明。）

需要打包带的长度：

横向：$2x$　纵向：$4y$　竖直方向：$6z$

一共需要打包带的长度：$2x+4y+6z$

在这个整式中，x，y，z 分别表示什么意思？$2x+4y+6z$ 这个整式表示什么？

第二个问题：

需要打包带长度的表达式有没有？（$2x+4y+6z$）

长、宽、高分别是 1.2 米、1 米、0.8 米，即？=1.2 米，？ =1 米，？ =0.8 米；x、y、z 的值都知道了，能不能求出打包带的长度？（11.2 米）

第三个问题：

李四的箱子长、宽、高分别为 0.7 米、0.6 米、0.3 米，那么给李四的箱子打包至少需要多少米打包带？

这道题的情况与上道题的情况是否一样？

李四的箱子长、宽、高分别是 0.7 米、0.6 米、0.3 米，也就是 x=0.7 米，y=0.6 米，z=0.3 米，代入 $2x+4y+6z$ 这个整式进行计算就可以了。（5.6 米）

第四个问题：

张三需要11.2米；李四需要5.6米；

一共11.2米+5.6米=16.8米 <20米。

因此 20 米打包带给张三、李四的箱子打包够用了。

这道题我们根据题意求出打包带长度的表达式，然后，再把 x、y、z 的值代入整式中，就可以求出整式的值了。也就是求出打包带的实际长度。

（三）巩固练习

一种笔记本的单价是 a 元，圆珠笔的单价是 b 元，小红买这种笔记本 3 本，买圆珠笔 2 枝；小明买这种笔记本 4 本，买圆珠笔 3 枝，买这些笔记本和圆珠笔，小红和小明一共花费多少钱?

给定 a、b 值,求值。

(四)知识拓展

小明的妈妈从报社以每份 0.4 元的价格购进 a 份报纸,以每份 0.5 元的价格售出 b($b<a$)份报纸,剩余的以每份 0.2 元的价格退回报社,小明的妈妈卖报收入多少元?

……

本节课通过整合教材,设置具体的生活实例,建构数学模型,让教材内容生活化,将单调的整式融入生活中,学生在体验整式、应用整式的同时理解了整式加减在生活中的实际意义,进而掌握了整式加减运算的计算方法。学生在课堂上经历了知识的形成与应用的过程,符合"数学始于生活,最终用于生活"的基本规律。在聋校数学教学的过程中,我始终力求坚守这一规律,将学生的生活与数学学习结合起来,摒弃"以教材为本"的旧观念,灵活处理教材内容,根据实际需要对原材料进行优化组合,创造性地使用教材。

在聋校数学课堂上,教师如果只重视算理的教学,而忽视了数学建模的形成和知识的应用,聋生由于思维能力的局限,造成的直接后果就是多数学生只会机械地做习题,失去了学习数学的实际意义。随着教学年龄的增长,我越来越觉得数学是一门"模式"的科学,尤其对于有听力障碍的聋生来说,建构"数学模型"显得更加重要,数学概念、法则、性质、规律、公式、数量关系等都可以在建构"数学模型"的基础上习得,引导学生经历知识的生长过程,学生在积淀数学知识的基础上增强数学能力。在建构数学模型时,教师不仅要关注学生的"数学思考",更要关注学生的"生活思考"。学生已有的生活经验和知识基础是学生理解数学的基础,在整合教材材料时,必须结合学生的生活实际挖掘数学原型,削去枝叶进行优化组合,为学生的学习提供丰富多彩的实用材料,才能保证数学模型的建构,进而保证听障学生学到有用的数学,提高数学能力。

(烟台市特殊教育学校　孙言杰)

“正、负数的认识”教学感悟

“正、负数的认识”一课的教学重点是理解正、负数的意义，教学难点是用正、负数表示生活中的数量。因此，本节课我力图通过大量丰富的生活素材让学生来认识正、负数，体会正、负数的意义，并且会用正、负数来表示一些生活中的问题。

“负数”这一概念在我们的小学数学教学中是第一次出现且比较抽象，对普通学生来说可能已略知一二，但对我们聋哑学生可以说是一无所知。正、负数是两个相反的定义，学正、负数的目的是使学生学会用正、负数来表述日常生活中的事物。为了让学生明白生活中比较常见的具有相反意义的两种量，因此在授新课前我组织学生做了个小游戏，那就是我说一个词，学生答出意义相反的另一个词。比如，我说“东”，学生答出“西”，“增加”——“减少”，“运进”——“运出”，等。通过这个环节，让学生在学习新课时，理解具有相反意义的量用正、负数表示打下了铺垫。

在新知识的导入时，我删减了教材中原有的信息窗，改用学生非常熟悉的温度计，使学生置身于非常熟悉的温度中，极大地激发了学生的学习欲望。通过引入温度计中的温度，让学生自己从温度计上读出温度；尝试写出读出的温度+3℃、-13℃；在温度计模型上拨出指定温度；这些都为学生认识正、负数提供了非常形象的依据，学生学习起来有具体的事例做依托，抽象的概念就容易理解。

在组织学生理解正、负数的意义这一教学环节时，我注意“生活”这个前提，从生活中提取教学素材，通过让学生用正、负数记录生活中用正、负数表示的例子，让学生不仅掌握了正、负数的记法、读法，还体会到了正、负数是表示在一个情境中成对出现的两个具有相反意义的量。学生只有在理解了这两个概念的基础上，才能将它正确地运用到生活中，解释生活中用正、负数来表示的现象。同时也让学生体会到数学与生活是息息相关的，让学生感知数学就在身边，很多数学知识都是来源于生活实际。

通过课件演示温度计，让学生直观地感受零刻度线是零上温度和零下温度的分界线，又通过“数轴”的引入，让学生更好地理解正数、负数与0的意义，以及三者间的相对大小的关系，帮助学生形成数感很有益处。

本堂课上我还十分注重师生之间、生生之间的合作与交流，多向互动。倡导课堂教学的动态生成是新课程标准的重要理念。在数学学习中，每个学生的思维方式、智力、活动水平都是不一样的。因此，为了让不同的学生在数学学习中都得到发展，我在本课教学中立足通过生生、师生之间多向互动，特别是通过学生之间的互相启发与补充来培养他们的合作意识，实现对“正、负数”的主动建构。学生在这样一个开放的环境中博采众长，共同经历正、负数概念知识的形成过程，共同体验成功的快乐。

（烟台市特殊教育学校　于桂华）

赋予聋生创新的空间

——聋生自编应用题能力的培养

应用题是对现实生活的高度提炼，其价值更多的是为了让学生会解决生活中的实际问题，体现其应用性。作为以“全纳教育”为宗旨的聋校教育，在新课程改革的新形势下，有必要对现有的应用题教学进行改革。因此，从低年级起，要以创新精神理论为指导，培养学生自编应用题的能力。

培养学生自编应用题的能力要从“模仿编应用题”“改编应用题”“独立编应用题”“应用中编应用题”这几个阶段展开。

课堂教学中，我们经常会遇到下面这样的情况。

情景一：教学“有余数的除法”，教师出示例题：“有20个篮球，如果每6个装一筐，可以装多少筐？还剩几个？”通过借助教具实践操作、讨论，教师的分析讲解，学生很快掌握了有余数除法的计算方法。在即将下课时，教师出示了这样一道练习题：“2名老师带着15名同学去塔山游乐城玩，每辆车最多坐4个人，至少需要几辆车？”学生在解答过程中，有的把15人当成总人数计算，有的在计算出17÷4=4（辆）……3（人）后，就认为只需要4辆车，而忽略了剩下的3个人，全班无一正确。

情景二：教学“认识人民币”后，教师请学生思考：“老师带了20元到超市买东西，买铅笔盒用去了8元，买卷笔刀用去了4元，老师一共花了多少元？”

题中"老师带了 20 元"是个多余条件，有些学生受思维定势的影响，全然不顾数量之间的关系，用 20-8-4 来计算。

为什么会出现这样的情况呢？我们认为：

第一，现行的聋校实验教材中，应用题多以单纯的文字形式呈现，有些内容与学生的生活实际相脱离，有些内容缺乏一定的科学性。因此学生不感兴趣，难以理解。

第二，教学的形式多以教师提出问题，学生解决问题为主。教师只重视问题解决的结果，却忽视了引导学生从生活中发现问题、提出问题、解决问题。学生自由发挥的空间太少。

基于以上认识，结合听障学生的数学发展现状，在教学实践中，我们以创新精神理论为指导，开展了听障学生自编应用题能力的实验与研究。通过自编应用题，学生学会了观察现实中的数学，学会了从数学的角度提出问题，解决问题。并以此作为培养创新精神的活动载体。

学生自编应用题能力的培养是一个由浅及深、循序渐进的过程。教学实践中，我们主要通过以下几个阶段来培养学生自编应用题的能力。

一、模仿编应用题，激发创新

学生自编应用题，应从模仿入手，即模仿编应用题。所谓模仿编应用题，就是教师给出具有一定的事例和结构的应用题的范例，学生根据范例改变数据或名称编出应用题的方法。

如在给一年级的聋生上课时，教师根据即时情境给出"教室里有 6 个男生，4 个女生。一共有多少个学生？"的求和的应用题，学生可以改变应用题中的数据，编出"教室里有 8 个男生，7 个女生。一共有多少个学生？"也可以改变名称编出"校园里有 12 个男生，6 个女生。一共有多少个学生？"也可以既改变名称又改变数据编写出"办公室里有 6 名男教师，2 名女教师。一共有多少名教师？"等相同数量关系的应用题。

模仿编题阶段似乎很简单，但对于低年级的小学生来说意义非同一般。首先通过模仿编题学生能进一步熟悉应用题的基本结构，培养学生的语言表达能力。其次，聋生一开始自编应用题有一定的困难，可能会产生畏难情绪。但是模仿编题相对就简单的多，学生在模仿编题的过程中能逐步消除对自编应用题的畏惧心理。另外，通过模仿编题可以帮助学生建立自编应用题的信心，自编应用题的兴趣。同时又激发了学生的创新潜能。

二、改编应用题，引导创新

经过了模仿编题这个阶段，学生对于应用题的基本结构有了进一步的认识，对于数量之间的基本关系也掌握得比较扎实。但如果仅仅进行模仿编题，学生的思维被束缚在一种数量关系中，不利于学生思维的发展，不利于学生自编应用题能力的提高。在学生模仿编题的能力发展较好，对应用题的基本结构和基本数量关系有了进一步认识的基础上，教师可以指导学生重新组合应用题中的素材，互换条件或问题、补充条件或问题进行编题，这就是改编应用题。训练学生改编应用题可以从以下几个方面入手：

1. 互换条件、问题进行编题训练

应用题提供的信息中，其数量关系往往是可以相互转化的。如在一道有“单价 × 数量 = 总价”这个数量关系的应用题中，学生可以根据“单价”“总价”和“数量”之间的关系，改变题目中的已知条件和问题改编应用题。

再如，请学生观察下图：

思考每份几个苹果？通过看图解答，学生认识了“总数 ÷ 份数 = 每份数”这一数量关系。此时教师可以请学生根据总数、份数、每份数之间的关系，互换条件和问题，改编应用题。学生在熟悉应用题基本结构的基础上，不难改编出“有 8 个苹果，平均分成 4 份。每份几个？”及“有 8 个苹果，每份 2 个。可以分成几份？”通过这样的改编，学生对总数、份数、每份数之间的关系理解得更为深刻。

2. 补充条件或问题进行编题训练

首先，教师可以出示两个条件让学生进行发散性思维训练。如根据“玫瑰花有 60 朵，菊花有 30 朵”可以求出哪些问题？学生经过思考可得：①玫瑰花和菊花一共有多少朵？②玫瑰花比菊花多多少朵？③菊花比玫瑰花少多少朵？④玫瑰花是菊花的多少倍？

经过这样的训练，有助于培养学生的发散性思维。在此基础上，教师提问：“要求以上这些问题，必须知道哪两个条件？”学生就很容易回答，也为补充条件练习作好了准备。编这类题目，首先要求学生审题。分析题中已有的条件和问题之间的数量关系，在此基础上有针对性的予以补充。从而提高学生思维的创造性。

通过改编应用题，学生不仅进一步理解应用题中各数量间的关系，学会了对已有知识进行重新组合，而且养成了敢于创新，敢于从多种角度思考问题的思维习惯。同时为能顺利的独立自编应用题打好基础。

数学教材二年级上册（青岛版）第三单元凯蒂学艺“我学会了吗”

三、独立自编应用题，培养创新

在模仿编题、改编应用题的基础上，学生对于应用题的基本结构有了一定的认识，对数量间的相互关系有了更深的理解，在此基础上可以请学生独立自编应用题。独立自编应用题是指学生独立的根据一个或多个信息，正确分析数量间的关系，用具有一定逻辑性的语言自己来描述数量之间的关系，并提出、解决相应的数学问题。这一过程也可分为几个层次进行。

1. 根据形象信息自编应用题

低年级学生的思维以具体形象思维为主，而且识字量较少，理解能力也比较差、阅读困难，因而最初进行独立自编应用题时，教师应出示一些具有具体形象的信息，如：图片、实物等。在编写应用题的过程中首先让学生找出数学信息，接着指导学生从众多信息中找出相关联的数学信息，提出有价值的数学问题，从而发展学生的逻辑思维能力。如教师可以出示两组实物：20 张笑脸和 5 张哭脸。请学生自己根据这两个信息自编应用题。学生编出了各种数量关系的应用题：“有 20 张笑脸，5 张哭脸，一共有多少张？”“有 20 张笑脸，5 张哭脸，笑脸比哭脸多几张？”“有 20 张笑脸，5 张哭脸，笑脸的张数是哭脸的几倍？”……又如在教学“9 的乘法口诀”后，教师可以出示图片，让学生自编应用题。通过观察，学生编出了“货架上有 4 摞笔记本，每摞 9 本，一共多少本？”“每个玩具熊 8 元，买 3 个，一共需要多少元？”“货架上有 2 行光盘，每行 9 张，一共多少张？”等题目，学生能从众多的信息中找出有关联的信息进行编题，对数量关系的理解加深了，同时也培养了学生观察能力，分析能力和创造能力。

2. 根据抽象信息自编应用题

在培养低年级学生自编应用题能力的后期，要让学生根据较抽象的信息自编应用题。教师可以用线段图，文字等较抽象的信息代替形象信息请学生自编应用题。此外，教师还可反其道而行之，提供学生一些算式，请学生根据抽象的、无具体素材的算式来自编应用题，这能更好地培养学生自编应用题的能力。如看“20+15=35”自编应用题，学生充分发挥想象，挖掘生活中的事例，编出了多种应用题：“张立文买玩具娃娃用去了20元，买积木用去了15元，一共用去了多少元？”“赵颖好和王晓君跳绳，赵颖好跳了20下，王晓君比赵颖好多跳了15下，晓君跳了多少下？”“体育室有一些羽毛球，借走了15个，还剩20个，体育室原来有多少个羽毛球？”……通过这样的练习，学生不仅能结合自己的生活实际，综合运用所学的知识，提出问题，解决问题，还拓展了思维，培养了学生的发散性思维和创造性思维。

四、应用中自编应用题，实践创新

如今，数学的应用已经渗透到社会的方方面面，新世纪已向数学教育提出更高的要求，要求我们培养的学生必须能把知识应用于实际并形成数学能力。这种能力反过来又促进知识的再生和生长。自编应用题既是技能技巧的综合运用，又是引导学生结合实际进行创造性学习的重要手段。因而在低年级的自编应用题中，我们就尝试让学生在实践活动中发现数学问题，用数学的语言描述问题，用数学的方法解决问题。在认识人民币后，就可以带学生到超市购物，让学生在感受买东西的快乐的同时，发现数学信息，同时找出有关联的信息，编成应用题。如“我买了一枝钢笔，付了10元，找回了2元，这枝钢笔多少元钱？”“我有30元，想买一张20元的玩具熊和一张11元的洋娃娃，够不够？”“我有50元钱，买了一个20元的玩具汽车和一个9元的铅笔盒，还剩多少钱？”……此外，还可以利用每一次的节假日，春游、秋游等活动，在活动的过程中，要求学生注意观察身边的事，选取有关信息作为条件，联系学过的知识进行编题。去游乐场玩，学生编了乘车问题，还编了购票问题，真可谓五花八门。开学的时候，学生编的题更是多种多样，有关于大扫除的，有关于新书本的，还有关于班级人数等情况的。从中不难看出，在应用中自编应用题，使学生的生活和数学的关系更为紧密，也更能体现学生学习过程中思维的独立性、新颖性、发散性和创新性。

孩子们需要体验成就感，他们总是希望自己的知识，技能得到表现，得到认可。为了及时鼓励同学们编题的积极性，并培养协作精神，我多角度创设条件，及时评价成果，鼓励创新。

具体做法：

1. 互相交流。由同桌同组的同学互相交换做自编题，再让编者来改，达到了互相促进、普遍提高的目的。

2. 推荐好题。当我发现有特色的题目，就请编者在班上宣读或抄写在黑板上让大家解答，以此鼓励创新。

3. 汇编成集。班级设置编题集，挂在黑板一侧，学生所编的题目得到“小红旗”，由学生本人把题抄在编题集里面。这种做法满足了学生的成功欲，激发了他们学习的积极性和主动性。

4. 定期打印出卷。每次从编题集中选出几个同学编的题作为一卷。由于学生学习水平不同，每次选出的题目，应照顾不同层次的学生，既要满足不同水平出卷学生的心理需求，又要适合不同层次学生的解题能力。这样，每个人都能在原有的水平上得到发展。

5. 及时进行评估。主要有以下三种形式：第一，本班级的学生进行分类，按照类别给出一定的要求，让学生在规定的时间内结合生活实际编写应用题；第二，根据组织的各项活动，不局限数量和题型编写应用题；第三，定期进行口头自编应用题比赛。

可以说，在赋予了学生一定的创新空间之后，我惊喜地发现，学生自编应用题能力明显增强，学生对生活的关注程度不断提高，从日常生活中发现问题、提出问题、分析问题、解决问题已成为数学学习中的一种习惯性行为。与此同时，学生的思维也比以往更独立、更灵活、更开放。

（烟台市特殊教育学校　崔宁）

生活中的数学

在新课程理念指导下，我们的数学教学不只是单纯的传授知识，而应遵循源于生活，寓于生活的理念，注重从学生的生活细节中抽象数学问题，从学生已有的生活经验出发，挖掘学生感兴趣的生活素材，让学生体会到数学就在我们身边，感受到数学的趣味和作用。那么，小学数学教学如何体现生活化呢？下面结合自己的教学实践，谈几点粗浅做法。

1. 教学准备生活化

数学来源于生活而高于生活。这就要求我们教师在课堂教学前的准备要实，特别是学生准备，千万不能摆花架子，要落到实处，实实在在从身边生活中去准备。如我在教“圆柱体的特征”时，布置学生用硬纸板做一个圆柱体模型。学生要想做好，就得思考：什么形状？有什么特征？怎样做才美观大方等。第二天学生带着自己制作的圆柱体到课堂时，圆柱体的特征根本就不用教师细讲，每个学生已有体会和同学交流，个个争先恐后发言，这样的课堂既充实、又活跃。这样通过实在的实例，把抽象的知识形象化，有助于学生理解，同时能用所学的知识解释生活中的现象，也培养了学生收集处理信息的能力、观察能力、实践能力。

2. 教学语言生活化

教师的语言艺术是课堂教学艺术的核心。在小学课堂教学的师生交往中，主要是通过言语交流。但同一堂课不同的教师教出来的学生接受程度大不一样，主要还是取决于教师的语言。尤其是在数学课堂中，要将抽象化的数学使学生形象地接受，没有高素质语言艺术的教师是很难胜任的。我认为应从三个方面入手：一是语言亲切，富有儿童化情感，教师要用感人的语言去唤起学生学习的激情；二是语言趣味性要强，激活课堂的气氛；三是语言精练，通俗易懂，教师要相信学生，尽量少说“废话”。有时还可以列举通俗简单的实例，以便于学生的理解。如教学生解决问题的过程中，可以先后寻找多种与学生生活紧密相关的通俗的实物或例子，让学生切实地感受数学在生活中的原形，从身边熟悉的例子做起，最终达到学习新知的目的。

3. 教学行为生活化

我发现：学生之所以对学习数学缺乏兴趣，很大一部分原因来自于不能理解数学中的术语，即概念背下了之。这时，我们教师一定要随时转变自己的教学行为，化繁为简，化难为易，化抽象为具体。我们要用生动形象的生活化的语言对其耐心诱导。如我在教学循环小数的概念时，学生始终无法理解。最后，我采取了组织学生讲故事的办法："从前，山上有座庙，庙里有个老和尚；再说从前山上有座庙……"通过实例初步感知"不断重复"，再引出"循环"的概念，学生很容易就领悟到了其中的奥妙。

4. 教学问题生活化

生活中的数学问题很多都具有形象性和启发性，它能唤醒学生已有的知识经验，增强学习动机和学习信心，不仅有助于引导学生进入数学情境，也有利于学生思维的发展。但教师给学生设计的问题（包括例题）必须贴近生活，新颖独特，具有吸引力，才能调动学生学习的兴趣。如生活中每时每刻都要用到估算，那么，可以让学生估算一下每天上学到校需多少时间，以免迟到；或估算一下全家一周要支出多少钱，等等。在教学中还要注意引导学生寻找生活中的数学问题，这样既可积累数学知识，同时也是培养学生学习数学兴趣的最佳途径。如在学了"年、月、日"这一课之后，让每个学生说一说，自己的出生年份是闰年还是平年，如此切身的问题让学生体验到学数学的价值所在。这对于更好地激发学生学数学、爱数学、用数学的兴趣，培养学生的探索意识和应用意识，具有十分重要的意义。

5. 教学氛围生活化

要让课堂热烈，就少不了对情境的创设，教师可以通过游戏、实物演示等进行情境创设，也可以带领学生到真实的生活中去学习，这样，学生学习的氛围就不言而喻了。如我在教学"元、角、分的认识"后，让孩子们模拟买东西、卖东西，并且每人手中都要有一份换好的零钱，此时学生的学习兴趣大增，热情高涨。在学生对钱数有了感性认识之后，我提问："老师给你50元钱，谁能告诉老师，最多可以买哪几样商品？"学生的想象得到了激发，都会争先恐后地出谋划策，从而达到了教学的深化。

总之，要转变教学理念，就要从教学细节处入手，切实将数学教学与生活相结合，感受生活中处处有数学。让学生想学、乐学、会学，使学生感受到我们生活的世界是一个充满数学的世界，从而他们才会更加热爱数学，热爱生活。

（烟台市特殊教育学校　于桂华）

谈如何提升自身的教学水平

——优质课评选听课反思

听课是我们日常教学研究的一部分，每当我在听课的时候，不仅会找寻授课者的优点，更会找寻授课者的缺点，从中获取经验，提升自我。

最近，学校正进行校级优质课评选活动，全校老师都在全身心的投入、准备，出发点都是想讲好这节课。可出发点归出发点，最终的结果并非如愿。每每讲完一节课，回顾教学过程、教学效果，总有不尽人意之处，或是教材吃得不透，或是双边教学交流少，或是课堂气氛激发欠火候、不活跃，或是重难点讲解不透彻，或是学生没有掌握当堂知识……讲完课的心存遗憾与不满足，听课的意犹未尽、受益匪浅。

面对此次评选，置身于课堂教学中，看到各位教师气定神闲，信手拈来，不时激起一个个教学的浪花，他们或手舞足蹈，或激扬文字，不仅令学生陶醉、痴迷，更让我连声赞叹，这样的功底岂是一日可为？学习是一个延续的过程，是一个互相研讨而增进的过程。在听课的过程中，看到教师们深厚的教学功底，扎实的教学技能，智慧的点拨方法，使我的心灵受到一次次震撼，并深刻地感悟："原来数学还可以这样上！"更深刻的感悟到认真研读教材，用"以人为本"的教育理念审视自己的课堂，让自己和孩子在课堂上"自由地呼吸"。学到了很多教学和管理常规方面的技巧。

本次评选活动，教师们都能体现新课程的理念、方法和要求，重难点突出，表达较清楚，还各有创新。课堂中的每个环节，充分放手让学生自己动手，动口，教师及时引导点拨，善于启发学生，使学生主动获取知识，在潜移默化中领悟知识，使学生完全成为课堂的主人，达到知识学习与能力培养的统一，使学生学习得轻松、愉快。教师个人基本功扎实，教态自然，语言语调好，注意了与学生的沟通，有较强的驾驭课堂的能力。

听、讲课双面活动引起了我的深深思考，下面我谈谈我的感受：

教学中存在的差距。

差距一：教师的教案不是很熟，课堂气氛不活跃。教师或是由于紧张，或是由于教案不熟，草草结束本环节，或是教师依然絮絮叨叨不停讲着、演示着。课堂而非教师忙碌，学生才是课堂的主角。

差距二：从教学实际中，教学机智欠缺，面对出现的问题或生成性插曲，不知所措，让我感觉到教师在备课中，一定要挖掘教材，备好、备熟教材。不仅仅备好教材就可以了，更要备学生，这样才能掌控课堂，当好导演。从教师出现的问题来看，孩子不仅要成为学习的主人，还要学会倾听。我坚信，今天用智慧在孩子心中播下美丽的种子——倾听，明天他们将收获智慧的硕果。

差距三：虽然在平日的授课中，也坚持始终面带微笑鼓励与表扬孩子的进步，但相对来说，教师的表扬形式就显得非常单一，针对性不强。而且表扬与鼓励的语言也显得不够自然和真诚。当然，这并不是说我们不想自然和真诚，只不过是我们在平时的教学中并没有注意这方面的自我训练。也许，我在大多数情况下注重的是知识的传授，注重的是孩子们会了没有。

差距四：课堂效率非常高。从这几位教师的课堂上，我体会到了什么是有效的课堂。有效教学意味着在有限的时间内，完成更多的任务。而相对于学生来说，应该是不觉得累的情况下，受到了潜移默化的影响。进行有效教学，需要我们教师精炼自己的语言，彰显语言的魅力。教学前进行充分的课堂预想，并解决掉一些可能出现的问题。了解学生和教材，根据实际情况进行授课。让课堂上的所有活动都能围绕教学目标而进行，不浪费时间，不浪费语言，不浪费表情，不浪费思索。

教学反思之一：

小组合作、探索、交流的时间和要在一节课有限的时间里完成学习任务之间的矛盾如何解决？

在调节教学理念下，要讲在课堂，练在课堂。反馈矫正在课堂，完成作业在课堂，所有学习任务基本上要在课堂解决。要克服传统教学的讲在课堂、练在课外、作业在课外。一节课只有40分钟，而学生完成学习任务，是需要不断的合作、探索、交流的过程。这个过程是一个循序渐进、由浅入深的过程。这个时间如何调控和把握？我想这就要求我们引导者应该懂得调控艺术做到收放自如、开阖有度。在能够引发学生思维处一定要放，让学生合作、探索、交流。但当学生已完成了这个思维过程后。就要及时收，及时进行下一个环节、用新的信息再次激发学生新的思维。

教学反思之二：

学生自主合作、探究中个体与个体之间的差异与整体的全面发展如何协调？

要解决这一矛盾，我感觉教师在引导学生自主、合作、探究的学习中。首先要注意培养学生良好的学习习惯。叶圣陶说："教育就是要培养习惯。"培根说："习惯是人生的主宰。"可见培养反应慢的学生爱动脑筋、爱动手、勤思考的学习习惯是促进他们思维发展、协调、个性差异整体发展的手段之一。其次，学生自主、合作、探究中的一些细节，一些具体的方式还有待解决。教师应教给学生合作方法，把不同个性、特长的学生组合在一个小组，让他们互相融合、互相学习、并选出小组长，让组长负责全组的活动，帮助每个学生学懂知识、学会学习。

自身反思之一：作为一名教师要有底蕴。

这几天的听课让我验证了一位大师的话："有文化才有底蕴，有底蕴才有底气，有底气在课堂上才有灵气。"臧丽丽老师的课堂教学环节设计巧妙，总给人以柳暗花明、豁然开朗的感觉。孙兴梅老师总是坦然自若、讲授自如，这和他大量的读书是有直接关系的。作为一名老师，要想使自己的课有声有色，必须多读书，知识点烂熟于心，厚积薄发才能驾轻就熟。

自身反思之二：数学教师要能创新。

每一节数学课，教师都要做到先深入研读教材，设计教学方案，追寻"准确、深刻"的理解上。教师要善于创新，找到课本中的"点"，让学生在"每有会意"时体验数学知识生命的互通和独特。让数学教学的天地更宽阔。

自身反思之三：数学教师要有激情。

教师在课堂上要有激情，热爱自己的事业。在课堂上教师与学生要融为一体，让每一个40分钟构成了生命的一部分。在这40分钟里，师生的思想进行着交流碰撞，会有完美的火花溅起……把我们的职业当成我们的生活，那我们的课堂会有声有色、魅力四射。

我觉得在把握教材上，在调控课堂教学上都有很大的启示。

启示一：

我认为现在倡导的教学理念是：简简单单教数学，达到高效学习。主要做到以下几点：

1. 简明扼要地设计教学目标，不要把教学目标设计得复杂化，陈述模糊化。

2. 简约有度地处理教学内容，要突出重、难点。

3. 简要实用地选择教学方法。

4. 简单伸入地引导学生思考。

5. 精炼高效地巩固练习。

启示二：

1. 对数学本质应加强认识，尤其在抽象性、严谨性方面。

（1）抽象性：源于生活，但不等同于生活，应高于生活，体现数学的超前性。

（2）严谨性：首先教师对于数学知识点要把握准确，用词应严谨规范，对于学生的发言要注意倾听，及时纠正回答中的问题，规范学生用词的准确性及课堂纪律。

2. 课堂上的时间应合理利用，应珍惜时间，有效提高课堂教学效果。

3. 充实教学内容，应深挖教材，把握住教材。

走进优质课堂，领略每一位教师的精彩，感受学生习惯的养成，碰撞在其中，收获在其中，尽己所能，不断地学习、不断改进，坚持自己的教学风格，厚重的积累会喷薄出智慧的思想，只有这样才有可能成就一个独一无二的自己。

（烟台市特殊教育学校　江 婧）

第二节　教学案例

为你省钱

设计背景与意图

购物是每个人在生活中都必须要面对的实际问题。而当今社会，商人们为了追求利益的最大化，促销手段花样百出。作为消费者面对纷繁复杂的商场学会合理地购物，既可以为自己省钱，又能锻炼解决问题的能力。而许多聋学生缺乏利用数学知识解决实际问题的能力，一方面是因为许多数学知识与生活实际脱节，学生为了学“数学”而学“数学”，缺乏目的性；还有一个原因就是聋学生词汇量普遍匮乏，知识面狭窄，许多数学题意不理解，逻辑思维能力较差。针对以上出现的问题，设计了“为你省钱”这节课，本节课内容与学生生活比较贴近，学生走进现实生活情境学习数学，为解决实际问题而应用了数学知识，提高了数学的应用价值。在教学的过程中，让学生们自己读题，用他们自己的语言来解释题目的书面语言，通过对题目的分析和交流，领悟题目的意思，以此发展学生的语言，扩展学生的知识面。在理解题意的基础上，分小组讨论解题方法，通过每个小组解释各自的解题思路，对比获取正确的解答方法，以此培养学生的理解能力和思维能力。

教学目标

1. 让学生走进生活学习数学，提高学生的数学应用意识。

2. 培养学生的理解能力和思维能力。

3. 面对当今商场纷繁复杂的优惠方案，学会选择适合的购物方案，为自己省钱。

教学重难点

比较各商场优惠措施，选出最佳购物方案。

教学过程

一、师生对话，引入主题

师：今天我们一起学习购物方面的有关知识。每个人在买东西时都希望自己买的东西最便宜，最省钱，同样的东西有的人买得便宜，有的人买得贵。那么怎样买东西才能便宜，省钱呢？下面我们就探讨这个话题——为你省钱。

师：咱们同学愿不愿意去逛街买东西啊？有的同学一听买东西就眉飞色舞，就兴奋，看来一定很擅长买东西，很有经验吧！你们在买东西的时候，都用了哪些技巧和方法为你省钱？

师：哪个同学愿意把自己买东西的经验介绍一下？你通常都是怎样买东西的，为什么你买到的东西便宜？

生介绍经验。

师：同学们介绍的经验都非常不错，这些经验可以归结为两个词语：讨价还价、货比三家。（他介绍的这些经验用一个词语可以怎样概括？讨价还价……）

师：现在商店为了吸引顾客，采用了许多促销手段，如，打折，买够多少东西有赠品等等，这些优惠政策有的看起来便宜，实际并不一定便宜。这就需要我们货比三家，去分析、去思考，有时甚至去计算，只有掌握了这些方法，你在买东西时才能够省钱。我们学校为了节省开支，在买东西时通常也是跑遍各大商场，货比三家，精心计算，请看下面这个例子。

二、联系实际，创设情境

学校为同学们买运动服，联系了数家商店，这几家商店的质量和服务承诺都相同，每套运动服的原价都是 100 元，且都表示对我们学校采取优惠措施。（以下以图片资料的形式出示）

振华商店：每套运动服按九折出售。

家家悦：每10套运动服团购860元。

大润发：每买10套送1套。

沃尔玛：购买100套运动服以上的，超出部分按七折收费。

如果我们学校要买 128 套这样的运动服，怎样买比较划算？

三、精读题目，诠释题意

生读题，师生共同解释题意。

生：承诺什么意思？

师：举例说明。某同学违反了纪律，老师问他能不能改，他答应老师能改，这就是学生对老师的承诺。服务承诺，比方说，出现质量问题，商店答应退货，这就是商店对顾客的承诺，号小了、大了可以换，这也是服务承诺。

师：每套运动服的原价都是多少钱？

生：100元。

师：谁来解释振华商店每套运动服按九折出售是什么意思？

生：按100元的九折即每套运动服90元。

师：每套运动服90元即每套运动服的什么价钱？

师：每套运动服的价钱即单价。

师：同学们明白了振华商店的销售价格，我们再看家家悦的，每10套运动服团购860元是什么意思？

师：10套运动服860元。每套运动服是多少元？

生：86元。

师：也就是买10套优惠，单价是86元。

师：有没有要补充的，单独买1套呢？5套呢？13套呢？

学生解释说明。

师：同学们明白了家家悦的销售价格，我们再看大润发的，每买10套送1套是什么意思？

师：交10套运动服的钱买了11套运动服。即11套花了1000元。每套多少钱？

生：90.90元。

师：即单价是90.90元。

师：再看沃尔玛的，购买100套运动服以上的，超出部分按七折是什么意思？

哪个同学来解释一下？

师：你可以举例说明。如果买105件超出部分是多少？

105 套 → 100 套：100 元
105 套 → 5 套（超出部分）：每套 70 元

98 套，每套多少钱？ 100 套呢？ 128 套呢？

128 套 → 100 套：每套 100 元
128 套 → 28 套：每套 70 元

师：这道题的题意，大家都明白了吗？那么怎样购买才便宜呢？下面同学们分组讨论，讨论好了以后，各组分别把你们的购买方案介绍一下，并说出理由。

四、合作探究，解决问题

同学们分组讨论。

师：刚才各组讨论得非常认真，下面各组先把你们的购买方案介绍一下，一、二、三组你们觉得怎样购买最便宜？

师：对某某组的解释有没有提出疑问的？

师：听了各组的解释后，同学们综合分析一下，你们现在觉得怎样购买最便宜？

共同分析

师：解答这个问题，首先可以把这几个商店的优惠后的单价进行对比，沃尔玛超市的情况有点特殊，我们暂时不考虑，剩下的三个商店哪个商店最便宜？

生：家家悦超市。

师：因此我们优先考虑在家家悦超市买，在家家悦超市买128套运动服，多少套运动服的单价可以按照86元计算？

生：120套。

师：剩下8套，每套多少钱？这8套在家家悦买便不便宜？不便宜，应该在哪个商店买？单价多少钱？

生：在振华商店买。单价90元。

师：这128套共需要多少钱？怎样计算？

生：

128套 → 120套：86元 ×120=10 320（元）
　　　 → 8套：90元 ×8=720（元）

10 320+720=11 040（元）

师：下面我们再算算在沃尔玛超市购买128套运动服便不便宜？

生：

128套 → 100套：100×100=10 000（元）
　　　 → 28套：70×28=1 960（元）

10 000+1 960=11 960（元）

11 040<11 960，

所以应该选上面那种方案。

在家家悦超市买 120 套，在振华超市买 8 套，这样买最划算。

五、自主练习，巩固深化

1. 这道题如果我们把 128 套运动服改成 324 套，那么怎样购买最划算？

2. 如果买 295 套这样的运动服，怎样买比较划算？

六、拓展延伸，深化题意

双乐玩具厂采购员购买原材料，联系了甲、乙两家供应商，两家供应商原材料的报价、质量和服务承诺都相同，且都表示可以优惠。甲供应商表示每千克原材料按九折出售；乙供应商表示，购买原材料100千克以上，超出的部分按八折收费。请问采购员买多少千克原材料应选择甲供应商？买多少千克原材料应选择乙供应商？

七、教师寄语，提出希望

通过“为你省钱”这节课的学习，我希望同学们今后在购物、吃饭、住旅馆等消费时，面对商家的各种销售策略，精心研读，仔细思考，选择最佳消费方案，这样才能为你省钱。同时我更希望同学们能学好文化技术，在社会上做一个有用的人才，在奉献社会的同时也获得了收益，从今天开始咱们就朝这一目标努力奋斗吧！

板书：

原价：100元	优惠：	单价
	振华商店：九折	90元
	家家悦：10套860元	86元
	大润发：10套送1套	90.90元
	沃尔玛：128套 → 100套：	100元
	沃尔玛：128套 → 28套：	70元

教学感悟

“在生活中学习数学”是我校数学组多年来研究的课题，结合这一课题并针对我们班聋生的实际情况设计了“为你省钱”这一节课。本节课主要有以下三大特点：一是根据聋生的认知特点，以图片资料的形式出现，改变了常规数学知识枯燥、抽象之面貌，学生多种感官一起参与，吸引了学生的注意力，培养学习数学的兴趣；二是改变了获得知识的方式，学生根据现有的认知水平和生活经验，通过知识建构、自主学习、合作探究，获得多种体验，充分发挥了学生的学习主动性，也培养了学生的创新能力；三是突出了数学的应用价值，培养学生的应用意识和创新能力。学生能够初步学会运用数学的思维方式去观察、分析现实社会事务，去解决日常生活中和其他学科学习中的问题，增强了应用数学的意识。从课堂表现来看，整堂课学生情绪高涨、兴趣盎然。

这节课之所以取得了可喜的效果，其中教材内容的选择占据非常重要的作用，现仅从如何从生活中选择教材内容谈一谈我个人的看法。

1. 具有生活性

如果说数学教科书侧重于聋生思维能力培养的话，那么《生活中的数学》校本教材则更注重于数学知识在生活中的应用，因此选择《生活中的数学》教材内容时，应从贴近学生的生活实际出发，选择符合学生认知规律的内容，将周围的事件、现象、情境等转化为具有探索性和操作性的数学问题，让学生用数学的眼光去看待生活。譬如手机卡的选用、牛奶的配制、贷款购房、储蓄、不同城市的气温差异、礼品盒的捆扎、包装盒的设计、人口调查、租车的方案等等，生活中常需要解决的一些问题，都是很好的教材挖掘内容，将这些具有现实性的问题展现给学生，学生能结合已有经验和生活实际，对问题进行思辨、探索，生活化素材的选用能够加强数学和生活的联系，提高聋生的数学应用意识。

2. 具有整体性

生活化的数学教材是围绕着一个具体的问题展开的，它的开展绝不是一个孤立的片段，而是以学生为主体的探索性活动。在呈现形式上可以表现为课堂内的交流与探索，可以表现为课内研究与课外活动相结合，可以是完全置身于社会这个大环境下的调查实践活动。虽说开展的形式是灵活多样的，但无论采用何种形式，内容的设置都应该是系统的、整体的。即教材中的每个环节都是彼此相连的，紧紧围绕一个主题展开。

如下面案例，问题情境："赵老师在华侨新村买了一所 65 m^2 的房子，已知每平方米 4 000 元，请问赵老师买这所房子一共需要多少钱？赵老师打算首付 16 万元，其余的用 10 年的时间分期付款，还款方式采用等额本金法，那么赵老师买房后第 11 个月连本带息需还款多少钱？"（贷款年利率为 5.51%）

这一课的内容涉及了我国个人住房贷款还款方式的种类以及每种还款方式的计算方法，因此在解决这个问题之前，首先让学生了解等额本金法和等额本息法贷款的相关知识，在此基础上探讨研究贷款本金总额、当月应偿还的本金、各个月应付的利息等等，这一系列的知识都始终围绕"还贷款"这一主题展开的，每个知识点息息相关，缺一不可。如果孤立地研究问题的解答方法就失去了课程设置的意义。

3. 具有综合性

《生活中的数学》与一般意义的数学有所不同，它以现实生活中的实际问题为背景，从实际背景中抽象出数学模型，探索数量关系及其变化过程。数学与物理、化学、计算机、经济等等学科紧密相连，如：以打台球为生活原型的余角、补角与物理学中的反射密不可分；以配制牛奶为生活原型的百分比与化学中的浓度融为一体；以图案设计为原型的黄金分割线与美学的关系剪不断。

现实生活中的实际问题往往具有综合性，数学知识广泛地深入到自然科学和社会科学的各个领域，因此在设置《生活中的数学》教材内容时，应打破传统格局和学科限制，加强数学和其他学科的联系，不人为地设制学科壁垒，知识的融会贯通便于聋生多角度地思考问题，理解数学的丰富内涵，以此训练聋生综合运用知识的能力。

校本教材内容的选择，除了要考虑以上几点要求外，还有许多值得注意的地方，如：解决的问题具有实际意义，强调应用性；从学生的实际状况和智力水平出发，强调适宜性；适合学生好奇、好动、求知欲强的特点，强调新颖性和趣味性；让学生在“做”中学，在“动”中学，强调实践性；教材难度的安排上要逐步上升，强调渐近性等等。

（烟台市特殊教育学校　孙言杰）

买文具

教学前思

本节内容选取校本教材《生活中的数学》中“买文具”一课，针对聋生解答应用题能力较弱的特点，意图运用所学知识帮助学生解决在实际买东西时遇到的几个问题。通过实物展示，模拟商店的文具柜台，让学生在具体的生活情境中发现数学问题，培养学生的发现能力和数学意识，并能够运用所学知识自编应用题并解答，让学生能够真正在生活中学数学，用数学。

教学目标

1. 让学生在具体的生活情境里发现数学问题，培养学生的发现能力和数学意识。

2. A类学生能根据情境编写应用题并解答；B类学生可模仿编写应用题并解答；C会解答编好的应用题。

3. 通过各环节教学，训练并发展学生的数学语言。

教学过程

一、精彩链接

实物展示，模拟商店的文具柜台。

二、问题超市

星期天，林腾想自己去买文具，可是，在买文具时，他遇到了几个难题，让我们一起来帮帮他好吗？

三、探究新干线

1. 编写加法应用题

师：这里就是文具柜台，你们看，这是什么？（彩泥）

彩泥的价格是多少元呢？（贴上标签 4 元）

这是什么？（写字板）

写字板的价格是多少元呢？（贴上标签 9 元）

师：好，你们能根据这个情境编一道应用题吗？

学生说出应用题，教师板书。

师：现在，林腾想买1盒彩泥和1个写字板，一共要用多少钱？

（板书：买 1 盒彩泥和 1 个写字板，一共要用多少钱？）

师：请一名同学到黑板上计算这道题。

4+9=13（元）

答：一共要用13元。

（学生在板书的时候，其余学生口答。）

2. 编写乘法应用题

（1）师：刚才我们编的是一道加法应用题，同学们再看，现在有几盒彩泥？（边说边摆出彩泥）（6 盒）

师：我们还知道每盒彩泥多少元？（4元）

师：那你们能根据现在的情境再编一道乘法应用题吗？（同桌讨论）

师：谁愿意起来说一说？

（学生说的同时教师板书：1 盒彩泥 4 元，买 6 盒一共要用多少钱？）

（找学生到黑板解答，其余学生在练习本上做一做。教师边检查边批改，最后集体订正黑板上的解答。）

（2）让学生根据 2 个写字板再编一道应用题。（同桌交流，然后找学生起来说算式解答，并说出口诀。）

1 个写字板 9 元，买 2 个一共要用多少钱？

四、快乐行动

师：同学们说得都非常好！现在林腾只带了20元钱，请同学们帮他算一算，如果要买这6盒彩泥，够吗？（课件出示）

小组合作讨论。

小组汇报交流的结果，有的学生可能回答不够，请学生自己说出理由。

师：要解决这个问题，我们首先要算出这 6 盒彩泥一共要用多少元（指实物），刚才我们已经求出了买 6 盒彩泥要用 24 元（指第二个问题，然后板书 24 元），那这 24 元是怎么求出来的呢？（找学生解答）

师：林腾带了多少钱？（20元）（板书20元）

师：我们来比较一下20和24的大小。

学生积极发言。

师：同学们一下子就看出来20小于24。所以说不够。（板书“不够”）

师：20和24相差多少呢？也就是求“还差多少元？”（板书“还差多少元”）

（生：还差4元）

师：你是怎么算出来的？

学生积极发言。

师：要求还差多少元，我们就用买6盒彩泥要用的钱数（24元）减去林腾带的钱数（20元）。

板书算式：24–20=4（元）

五、收获驿站

师：今天这节课我们和林腾一起解决了他在买文具时遇到的难题，（复述本节课解决的几个问题）你们都学会了吗？你们对自己的表现满意吗？还有什么问题吗？

六、阳光作业

师：课后请同学们把今天这节课编写的应用题整理在数学积累本上，然后讨论解决这个问题（课件出示：林腾只带了20元钱，买2个写字板，够吗？），下节课我们来交流。

教学反思

本节数学实践课，意图运用所学知识帮助学生解决在实际买东西时遇到的几个问题，看上去似乎很简单，但是对聋生来说是一个难点，经过这节课的学习，大部分学生不仅会根据情境编写应用题，正确解答，而且学习得很投入，真正让学生体会到了生活与数学的紧密联系。由此，我有如下反思：

1. 注重了情境的创设

引导学生在“买彩泥和写字板”的生活情境中，体验现实生活，引领学生在真实的情境中探究发现买东西的奥妙。数学知识比较抽象、枯燥，要使聋学生以积极主动的状态投入学习，必须利用他们生活中熟悉的事物或情境去引发兴趣。

2. 注重学习方法的渗透，引导学生逐步掌握知识

本节数学实践课挖掘数学知识的生活背景，创设买文具的生活情境，每一教学环节都能与学生的生活实际结合，由浅入深，由易到难贯穿教学的全过程，引导学生从中发现数学，进而产生探究问题、解决问题的强烈愿望，使学生学得积极主动，同时也活跃了课堂气氛。

3. 让学生灵活自主，各有发展

一个班级的学生虽然年龄相差不大，但智力、语言等各方面能力相差甚远，如何让学生在课堂教学中，各有发展，就需要教师在课堂的提问、练习、评价等进行精心的设计，体现了分类教学，分层教学，发展一切学生，发展学生的一切。

4. 注重情感的交流和过程的体现

时时以欣赏者的眼光看待学生，借师生间的愉悦合作、情感交流来调动学生的内部机制，学生在课堂上活起来了，动起来了，自己去回顾、体验、发现、构建，在有效的研究中激起兴趣，从发现中寻找快乐，体会到合作探究、解决问题的乐趣。在情境串与问题串的交融中，注重问题意识的培养，提高了学生学习数学的积极性。

5. 注重知识与生活实际的联系

让学生自己编写应用题，然后解答，说出自己用的是哪一句口诀。注重了让学生将已有的知识和所学的知识相结合，联系了学生的生活实际，省出学习

活动的时间，效果明显。

本课时的教学待发展之处：

1. 分类教学把握得还不够，根据教学目标个别学生达成度不高，应在今后的实践中不断探索适合各类学生的教学方法。

2. 小组合作的作用发挥得还不够。合作很重要，但受年龄限制，低年级学生会在合作中不自觉地放任自己，今后应充分发挥小老师的作用，让每一个人都能在合作中受益。

我的困惑

教学过程中，如何根据学生的数学学习现实，遵循学生的认知规律，努力使教材的知识体系与学生已有经验有机结合，使掌握知识的过程不再是一个机械接纳的过程，而是一个个性得到合理张扬、情感得到合理满足的生命成长里程。

（烟台市特殊教育学校　孙晓宁）

比的意义

教学前思

“比的意义”是青岛版五年级上册的内容，本单元是用一种新的观点、方法来认识数量关系的，不少概念既有联系，又有区别。从比的概念可以直接导出比的基本性质和求比值的方法，比与除法、分数之间也存在着相互转化关系；比的概念是建立比例、正比例和反比例概念的基础，因此理解和掌握比的概念是本节课的教学重点。这部分内容通常是安排在小学的最后阶段进行教学的，由于比与分数有密切联系，把比的一些最基础知识提前放在分数除法中教学，既加强知识间的内在联系，又可以为以后学习比例的知识打下较好的基础。因此，在教学活动中，教师要借助学生已有的知识和生活经验，创设现实的活动情境，为学生提供实践、思考、合作、交流的空间，进一步增加学生探索、体验的机会，使学生在实践中认知比的意义及比和分数、除法之间的关系，并能解决现实生活中的实际问题。

学生分析

学生在已学过和掌握分数、除法的意义，及分数与除法的关系的基础上，进一步学习“比的意义”。虽然学生在生活中也接触到了一些“比”，但并不了解数学的比和生活中的“比”的内在联系和区别。

设计理念

新课程倡导教师在课堂教学中起主导作用，学生才是学习的主体，教师要最大限度地引导学生参与教学的全过程。自学是学生参与学习的一种有效方法，“比的意义”一课概念不仅多而且也琐碎，为了使学生更好地掌握本课内容，突破重难点，我主要采用学生自主学习和合作交流的方式进行，教师做好引导者和参与者的角色，让学生在自学中体会、练习中感悟、讨论中明理。在学习过程中，学生的合作意识、分析概括能力和自主学习的能力得到了培养和提高。

教学目标

1. 理解比的意义。
2. 学会比的读法和写法。掌握比的各部分名称以及求比值的方法。
3. 弄清比与除法、分数之间的关系。明白比的后项不能为零的道理。
4. 通过教学，进一步培养学生分析、比较、归纳、概括能力和自主学习的能力。

教学重点

理解比的意义。

教学难点

掌握比与分数、除法各部分之间的关系。

教学准备

多媒体课件

教学过程

一、联系实际，激情导入

1. 师：我们班共有17名学生，其中男生9人，女生8人。

板书：总人数，男、女生人数

2. 根据以上信息，你可以提出哪些问题？

学生汇报，教师板书。

男生人数是女生人数的几倍？

女生人数是男生人数的几分之几？

3. 在日常生活中像这样用除法对两个数量进行比较时还有一种新的比较方法——比。

板书课题：比的意义

（设计意图：导入新课时，教师能紧密联系学生的生活实际，运用男、女生人数这个素材引入课题，不仅使学生感到数学知识的亲切自然，而且容易激发学生的学习兴趣和探究意识，使学生接触新知识时不感到突然。）

二、探究体验获取新知

（一）教学比的意义

1. 男生人数除以女生人数，我们就可以说成男生人数和女生人数的比是9 ∶ 8。

2. 女生人数除以男生人数，我们可以怎么说呢？

教师指名说。

学生互相说。

3. 教学比的写法。

9比8记作9 ∶ 8，8比9记作8 ∶ 9。"∶"叫比号，写在两个数的中间。

4. 学习比的前项、后项的区别。

这两个例子都是对男生人数和女生人数进行比较，为什么一个比是9 ∶ 8，一个比是8 ∶ 9呢？

引导学生回答9 ∶ 8是男生人数和女生人数的比，8 ∶ 9是女生人数和男生人数的比。

教师指出，两个数量进行比较时一定要分清谁和谁比，谁在前，谁在后，前后位置不能颠倒，否则比表示的具体意义就变了。

5. 巩固比的意义。

（1）黑板的长是3米，宽是2米，请你写出黑板长和宽的比。（强调顺序）

（2）学校买了2张课桌，共花去180元，写出课桌总价与数量的比。

（二）自主探究1

1. 在日常生活中，对两个数量进行比较的例子还有很多。

屏幕出示：一辆汽车2小时行驶90千米，这辆汽车平均每小时行驶多少千米？

学生回答后教师板书：90÷2=45（千米/小时）

师：同学们请看，求汽车行驶的速度，是用哪两个量进行比较？

师：那么路程除以时间还可以怎么说？

路程和时间的比是90 ∶ 2。

2. 归纳总结，揭示概念。

引导学生观察板书，讨论什么叫比？

教师板书：两个数相除又叫做两个数的比。

让学生在课本中找到比的意义，用波浪线画出来，齐读两遍。

（设计意图：两个数相除不只局限于同类量相除，出示一道不同类的数量之间关系，“路程 ÷ 时间 = 速度”，这是一种对于学生来说并不陌生的数量关系，学生运用知识的迁移，路程与时间的关系也能用比表示。让学生在充分感知，体验的基础上加深对比的意义的理解。这里把同类量的比和不同类量的比区分教学，不但教学过程更清晰，而且使学生进一步完善了对比的认识。比的意义是本课教学的一个重点，主要采用学生接受学习和自主学习相结合的方式进行。让学生在书中画出比的意义，这样再次加深了学生对概念的识记，培养了学生良好的学习习惯。）

3. 根据下面的信息你能说出比吗？（屏幕出示）

① 一面国旗长2.4分米，宽1.6分米。

② 王师傅3小时加工12个零件。

（三）自主探究2

1. 教学比的各部分名称。求比值的方法。

2. 看书自学，小组讨论。

3. 汇报学习成果。

4. 巩固练习，说出下面各比的前项和后项，并求出比值。（屏幕出示）

（四）小组合作学习比、分数和除法的关系

1. 比的前项、后项和比值分别相当于分数和除法算式中的什么？

2. 小组讨论后根据学生交流汇报填写下表：

联系（相当于）					区别
比	前项	：（比号）	后项	比值	一种关系
除法	被除数	÷（除号）	除数	商	一种运算
分数	分子	—（分数线）	分母	分数值	一个数

（设计意图：此环节是本节课的教学难点，我发挥学生小组合作学习的优越性，采用小组讨论学习、自学的方法，让他们交流、汇报，实现由模糊到清晰的过程，使学生在合作交流中真正感悟出比与分数、除法之间的关系，这也是让学生充分展现自己思维的过程。最后把三者之间的联系填在表格中加深对概念的理解，表格的出现使这三者的联系与区别显而可见。）

（五）设疑激趣，比的后项可以为 0 吗？你是怎么理解的？（小组讨论）

因为除法中的除数，分数中的分母都不能为 0，所以比的后项不能为 0。

三、多层练习巩固新知

1. 填空。

有 15 个红球和 45 个篮球。

红球和篮球的个数比是（　　　　），比值是（　　　　）。

篮球和红球的个数比是（　　　　），比值是（　　　　）。

2. 工人王师傅 5 小时加工了 150 个零件，请你写出王师傅工作总量与工作时间的比，并求出比值。

3. 请你判断。

小强的身高是 1 米，他爸爸的身高是 175 厘米，小强说他和他爸爸身高的比是 1 ： 175，你认为小强说得对吗？

以此来讲解比的前项和后项单位要统一。

4. 思维拓展，感知数学无处不在。

生活中的比，人体中有趣的比。

人的身高与双臂平伸长度的比大约是1∶1；将拳头翻滚一周，它的长度与脚的长度的比大约是1∶1；人的脚长与身高的比大约是1∶7；身高与胸围长度的比大约是2∶1；人的体重与血液重量之比大约为13∶1。

先自读，后同桌互读，理解内在含义。

（设计意图：思维拓展题的出现既帮助学生加深了对比的意义的理解，又积累了丰富的数学活动经验，大大拓展了学生的知识面，提高了数学思考能力。而且还给学生增加了乐趣。）

四、回忆小结

师：请大家回忆今天所学内容，把你的收获说给你的同桌听，如果还有什么疑问，告诉老师，我们一起来解决。

（设计意图：在最后的总结中，重点让学生对本节课的教学内容进行有序地梳理。使每个学生进一步体验数学学习的成功和喜悦。）

教学反思

为了较好地实现本节课的教学目标，我遵循学生的认知规律，坚持以学生为主体，教师为主导，训练为主线的原则，在不轻视知识结论的前提下，重视知识的形成过程。让学生在积极主动、愉快和谐的氛围中学习新知、培养能力。教学中我着力突现以下四点：

1. 让学生感受到数学知识与实际生活的密切联系。数学问题是来源于生活，而又应用于生活中的。本节课中提供尽可能多的机会让学生从周围熟悉的事物中学习数学和理解数学，体会到数学就在身边，感受到数学的趣味和作用，体验到数学的魅力。例如：新课引入中，我首先从学生所熟知的男、女生人数入手，让学生通过男、女生人数之间的倍数关系，引出课题，使学生平时的生活经验有了一个展示的舞台，加强了数学和生活的联系。通过提供典型材料，让学生说说自己对这些比的理解，这样既有助于了解学情，找准学生的认知起点，又为新课的教学搭桥铺路，我欣喜地看到学生的数学语言表达能力强了，对数学的兴趣浓了。

2. 让学生探究、发现新知。《数学课程标准》指出："学生是数学学习的主人。"如何让学生真正成为数学学习的主人？教师除了要营造民主和谐的学习氛围、注意激发学生学习的兴趣外，更重要的是要精心创设教学情境让学生积极主动地参与到学习中来，给他们提供自主探索、自我发现的机会。本节课中，师生共同概括出比的意义后，让学生小组合作学习，自学比的各部分名称，求比值的方法，比与除法、分数的关系，比的后项可以是0吗等问题。此设想是通过学生独立思考、合作探究，发现或“创造”出新知。事实上，在实际教学中，提出上述问题后，学生思维非常活跃，不仅探索出新知，还提出了“体育比分与我们现在所学的比有什么关系”等问题，学生的创造性、探索精神得到了提升。

3. 充分发挥学生的主体作用。数学教学是师生、生生之间的多边活动，教学效果的好与坏，都是以学生是否参与，参与多少决定的，因此在教学中采用恰当的教学手段，充分调动学生的主观能动性，让学生动手、动脑、动口，多种感官参与学习数学知识的活动中来，真正成为学习的小主人。在教学比的各部分名称及比同分数与除法的区别时，安排学生自学知识，让学生自学其内容，掌握知识，并通过交流、理解进行汇报各人的收获，然后再进行一些练习性题目的训练，这样不仅使学生的求知欲由潜伏状态转入活跃状态，有力地调整学生思维的积极性和主动性，还使学生的思维实现两个飞跃：一次是从感性到理性的飞跃；一次是从理性到实践的飞跃。

4. 设计开放性练习，拓展学生思维，开阔学生视野。课堂因为开放，才能激活学生的思维，才能促使学习资源的生成、才会有学生创造的欲望与创造成果的展示。有关人体中的比，引起了学生极大的兴趣。这些题目生活气息浓厚，学生有很强的亲切感。利用开放题充分发展学生的个性特长，进行因材施教，让不同的学生在数学上有不同的发展，同时培养学生的创造性思维和灵活地选择合适信息处理实际问题的能力。

（烟台市特殊教育学校　于桂华）

勾股定理

教学前思

本节课所授的是山东教育出版社出版的《数学七年级上册》第24～27页的

内容。本节课计划通过教师引导学生，用数方格的方法来探究等腰直角三角形中两直角边和斜边的关系，进而引导学生自主探究一般的直角三角形中两直角边和斜边的关系，从而启发学生猜想任意的直角三角形中两条直角边和斜边的关系。

得到猜想之后，继续引导学生对猜想进行归纳，并且验证，最后得到勾股定理，让学生经历整个“观察—猜想—验证—归纳”的探究过程。

教学目标

1. 体验勾股定理的探索过程，由特殊的直角三角形猜想勾股定理，再由一般的直角三角形验证勾股定理。

2. 在探索勾股定理的过程中，让学生经历“观察—猜想—验证—归纳”的数学思想，并体会数形结合和从特殊到一般的思想方法。

3. 会利用勾股定理解释生活中的简单现象。

4. 通过介绍勾股定理在中国古代的研究，激发学生热爱祖国，热爱祖国悠久文化的思想，激励学生发奋学习。

教学重点：探索和验证勾股定理。

教学难点：在方格纸上通过计算面积的方法探索勾股定理。

教学过程

一、课程导入

师：同学们，我们今天一起来探索勾股定理。勾股定理在人类的发展史上起着极其重要的作用。（展示课件）

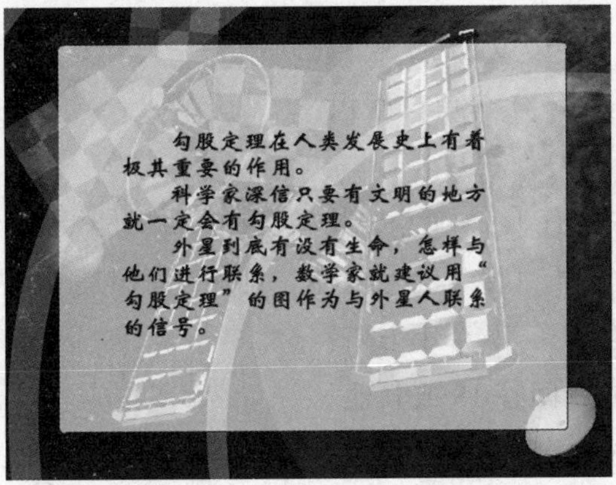

师：那么勾股定理到底是什么呢？我们这节课就来一起探究。

二、探索新知

1. 探索一

（1）图 1（展示课件）

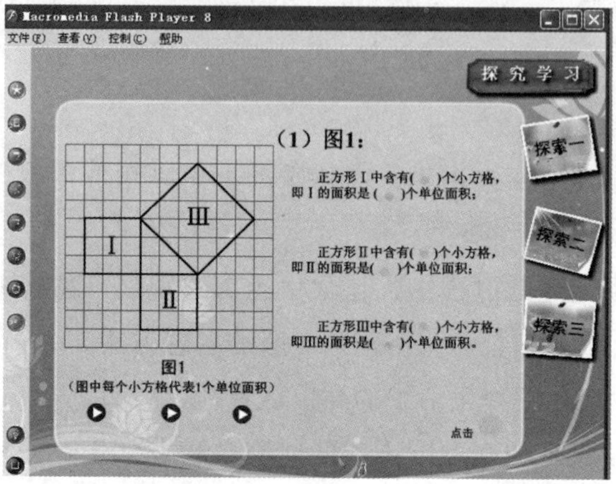

师：请观察图1，它是由哪些几何图形组成的？

生：一个三角形，三个正方形。

师：三角形是怎样的三角形？

生：等腰直角三角形。

师：我们现在就来观察一下等腰直角三角形三条边上的这三个正方形面积之间有什么关系。

图中的每个小方格代表1个单位面积，正方形I中含有（ ）个小方格？

生：9个。

师领着数1，2，3……9个。

师：即I的面积是（ ）个单位面积？

生：9个。

师：正方形II中含有（ ）个小方格？即II的面积是（ ）个单位面积？

生：正方形II中含有（ 9 ）个小方格，即II的面积是（ 9 ）个单位面积。

师：正方形III含有（ ）个小方格？

生或者沉默，或者回答 18 或其他。

师：① 请拿出图 1，用你喜欢的方法，小组探究，正方形 III 的面积是多少？

② 请拿出图 1，用你喜欢的方法，小组探究，你的猜测对不对？

学生探究，教师板书，然后辅助学生进行探究。

	S_{I}	S_{II}	S_{III}	
图1	9	9		

学生可能出现的方法：

① 剪切，然后重新拼组。② 把零散的拼成完整的，数一数。

③ 扩大为原来的 2 倍。④ 量一量。或者其他。

师：你的探究结果是什么？

生：18。

师：哪位同学愿意上台来展示一下你们小组的探究过程？

（学生依次上台展示，负责计算的同学把计算过程写在图 1 旁边。）

师：很多同学都是用这种方法。（演示课件）

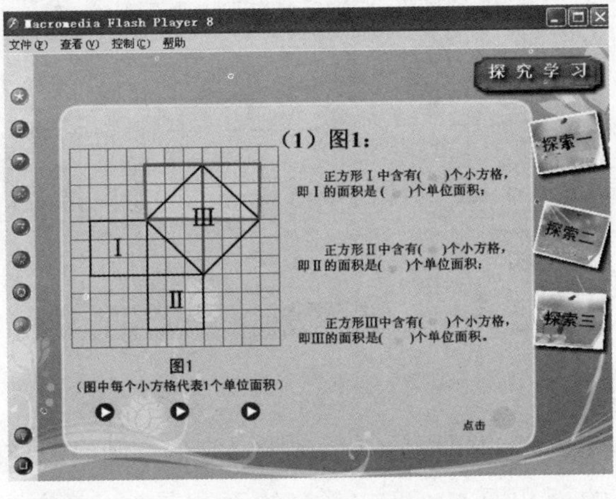

师：经过探究，我们发现，正方形III的面积是18。

师板书：

	S_{I}	S_{II}	S_{III}	
图1	9	9	18	9+9=18

师：请大家观察一下，这三个数据之间有什么关系？（指9 9 18）

生：9+9=18（师板书）。

师：也就是正方形I的面积+正方形II的面积=正方形III的面积。

如果用S_{I}、S_{II}、S_{III}分别表示它们的面积，那么，它们之间的关系可以表示成什么？

生：$S_{\mathrm{I}}+S_{\mathrm{II}}=S_{\mathrm{III}}$。

师板书：

	S_{I}	S_{II}	S_{III}	$S_{\mathrm{I}}+S_{\mathrm{II}}=S_{\mathrm{III}}$
图1	9	9	18	9+9=18

（2）图2

师：这个关系是不是对所有的等腰直角三角形都成立呢？请同学们快速研究一下图2，看看图2中三个正方形的面积之间是什么样的关系。（展示课件）

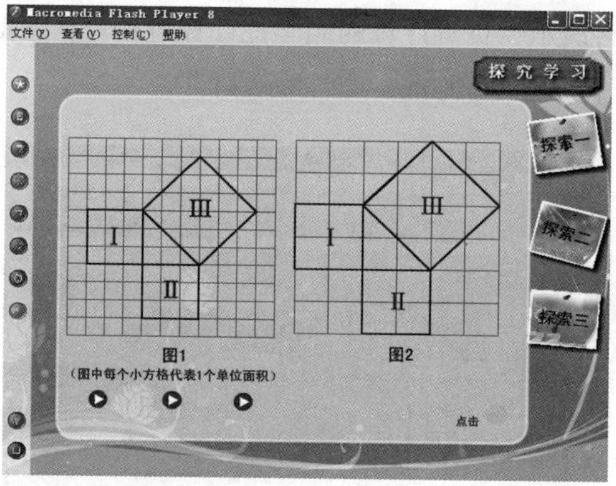

学生分小组研究。

师：正方形I、II、III的面积分别是多少，它们之间有怎样的关系？

生：正方形I的面积是4，正方形II的面积是4，正方形III的面积是8，4+4=8，它们之间有正方形I的面积+正方形II的面积=正方形III的面积，这样的关系。

师板书：

	S_{I}	S_{II}	S_{III}	$S_{\mathrm{I}}+S_{\mathrm{II}}=S_{\mathrm{III}}$
图1	9	9	18	9+9=18
图2	4	4	8	4+4=8

2. 探究二

（1）图 3

师：通过刚才对图 1 和图 2 的研究，我们发现，分别以等腰直角三角形的三边为边长的正方形面积之间有这样的关系。（指 $S_{I}+S_{II}=S_{III}$），那么一般的直角三角形是否也存在这样的关系呢？请观察图 3，并且填写表格。（展示课件）

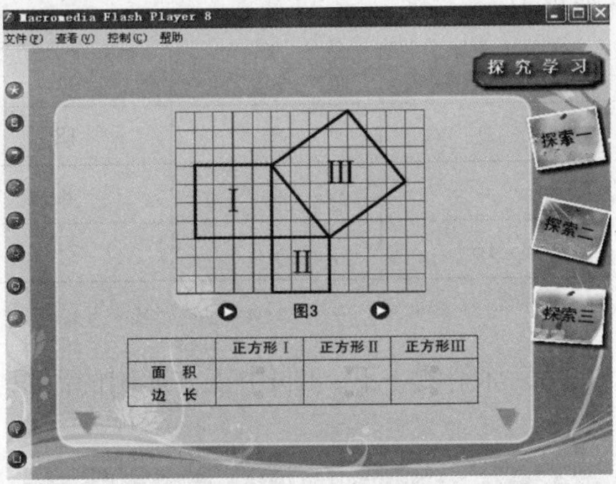

学生分小组进行探究。

学生可能的方法：

① 剪切，然后重新拼组；② 计算；③ 量一量，或者其他。

师：哪位同学愿意展示你们小组的研究过程？

学生演示。

师：很多同学用了这样的方法。（展示课件）

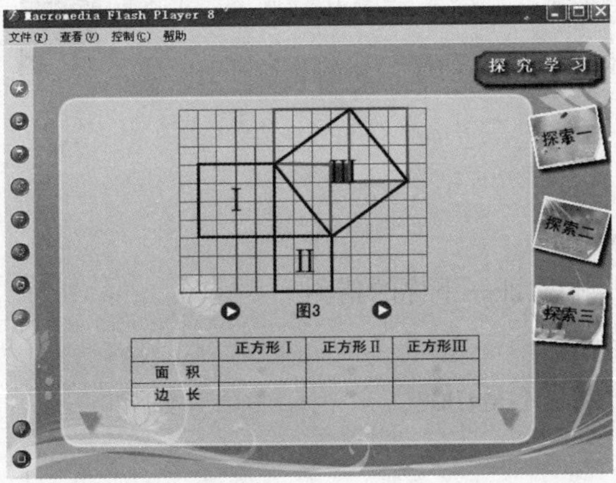

师：哪位同学愿意说一说这三个正方形的面积分别是多少？它们之间有什么关系？

生：正方形I的面积是16，正方形II的面积是9，正方形III的面积是25。

16+9=25，它们之间有正方形I的面积+正方形II的面积=正方形III的面积，这样的关系。

学生回答，教师板书。

	S_{I}	S_{II}	S_{III}	$S_{I}+S_{II}=S_{III}$
图1	9	9	18	9+9=18
图2	4	4	8	4+4=8
图3	16	9	25	16+9=25

（2）图 4

师：根据这个关系，你猜测一下，图4中正方形III的面积会是多少？（展示课件）

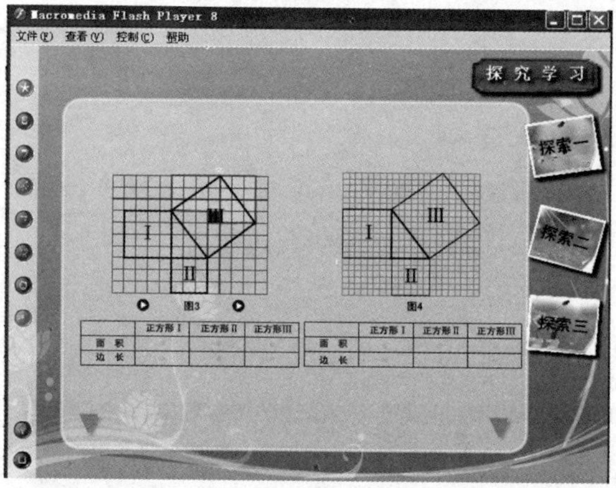

生：100。

师：为什么？

生：64+36=100。

师：请你在图4中验证一下你的猜测。

学生分小组验证。

师：验证的结果是不是100?

生：是。

师板书：

	S_{I}	S_{II}	S_{III}	$S_{\mathrm{I}}+S_{\mathrm{II}}=S_{\mathrm{III}}$
图1	9	9	18	9+9=18
图2	4	4	8	4+4=8
图3	16	9	25	16+9=25
图4	64	36	100	64+36=100

师：也就是说，这个关系（指 $S_{\mathrm{I}}+S_{\mathrm{II}}=S_{\mathrm{III}}$），不论是对等腰直角三角形，还是一般的直角三角形，都成立。

（3）分析

师：这个关系，我们还可以用直角三角形的三边来表示。请看：

（展示课件）

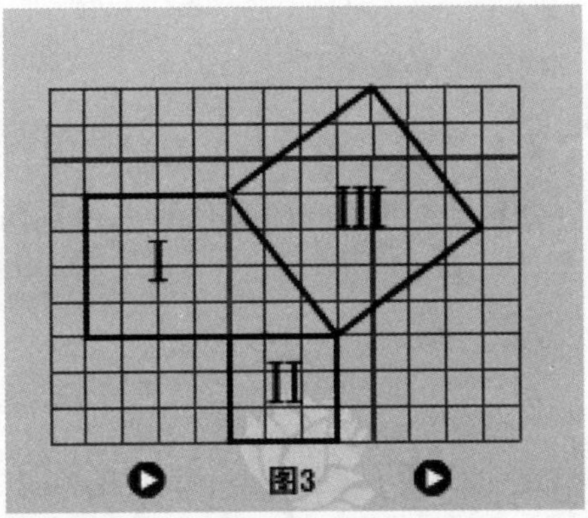

这条线既是正方形 I 的（　），又是直角三角形的（　）。

生：这条线既是正方形I的边长，又是直角三角形的直角边。

师：那么这一条呢？（课件出示II的边）

生：既是正方形II的边长，又是直角三角形的另一条直角边。

师：这一条呢？（课件出示III的边）

生：既是正方形III的边长，又是直角三角形的斜边。

师：现在，请你用直角三角形的三边分别表示出这几个正方形的面积。

生：正方形I的面积是42，正方形II的面积是32，正方形III的面积是52。

这三边的关系可以表示为：

学生讲，教师红粉笔板书。

	$S_{Ⅰ}$	$S_{Ⅱ}$	$S_{Ⅲ}$	$S_{Ⅰ}+S_{Ⅱ}=S_{Ⅲ}$
图1	9	9	18	9+9=18
图2	4	4	8	4+4=8
图3	16	9	25	16+9=25
	4^2	3^2	5^2	
图4	64	36	100	64+36=100
				$8^2+6^2=10^2$

师：你能不能用图4中直角三角形的三边表示出这个关系？

生：$8^2+6^2=10^2$。

教师红笔板书。

3. 探索三

师：这个规律是不是对所有的直角三角形都适用呢？根据这个规律，请你猜测一下，一个两直角边分别为5厘米、12厘米的直角三角形，它的斜边应该是多少？

生：$5^2+12^2=169(13^2)$。

教师红笔板书。

师：迅速在纸上画出这个三角形，测量一下它的斜边，验证你的猜测是否正确？（展示课件）

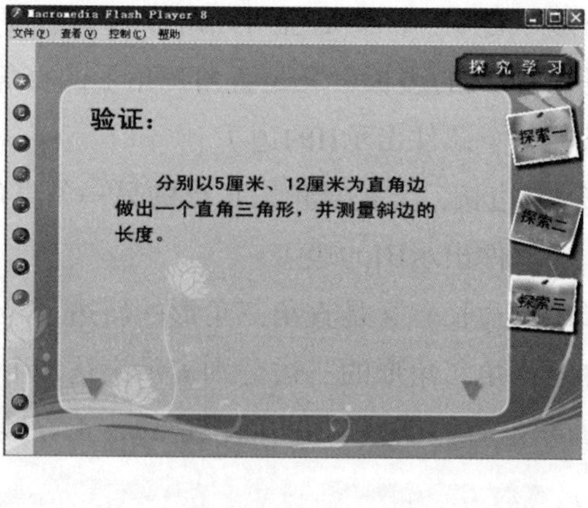

学生画直角三角形。

教师在黑板画直角边为 a、b，斜边为 c 的直角三角形。

师：哪位同学愿意展示你的验证？

学生展示。

师：是否符合规律？

生：符合。

师：通过验证，我们发现，这个规律，对于任意一个直角三角形都成立。

4. 揭示定理

师：如果直角三角形两直角边分别为a、b，斜边为c，那么，你能用a、b、c表示出这个关系吗？

生：$a^2+b^2=c^2$。

教师板书。

师：请你用自己的语言描述一下这个关系。

生：直角三角形两直角边的平方和等于斜边的平方。

师引导学生逐词说出，教师板书。

师领读，画出重点：直角三角形　直角边　斜边

师：这就是我们今天要学习的勾股定理，为什么叫做勾股定理呢？

（展示动画）

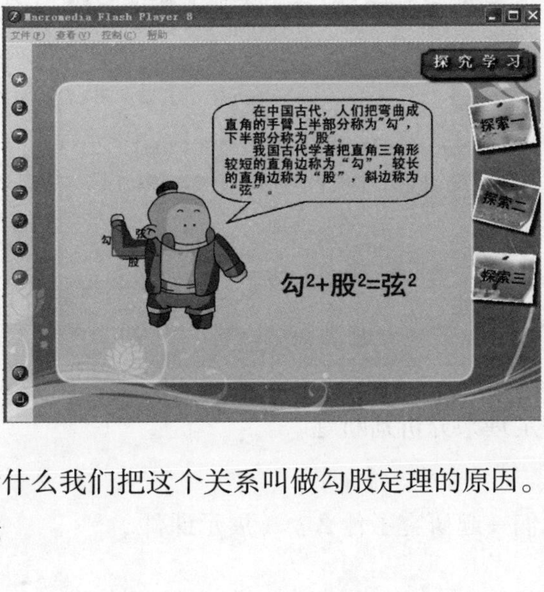

师：这就是为什么我们把这个关系叫做勾股定理的原因。

三、联系实际

师：勾股定理在我们的实际生活中有广泛的应用，你比如说在买电视机的时候。（展示课件）

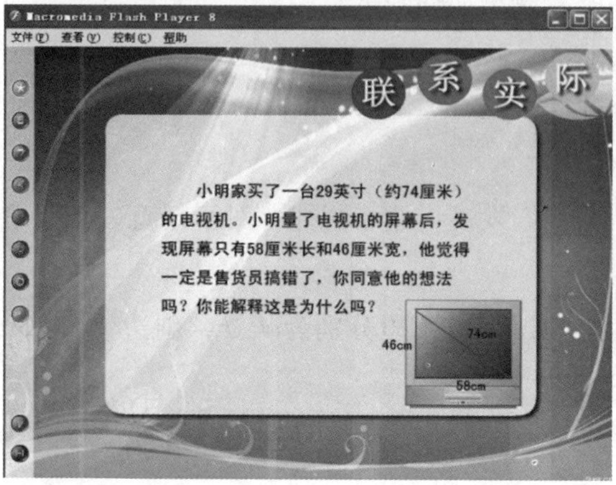

师：你能解释这是为什么吗？

生：29英寸指的是电视机屏幕的对角线的长度。

四、运用新知，解决实际问题

师：这节课你掌握的怎么样呢？让我们来验证一下吧！

（展示课件）

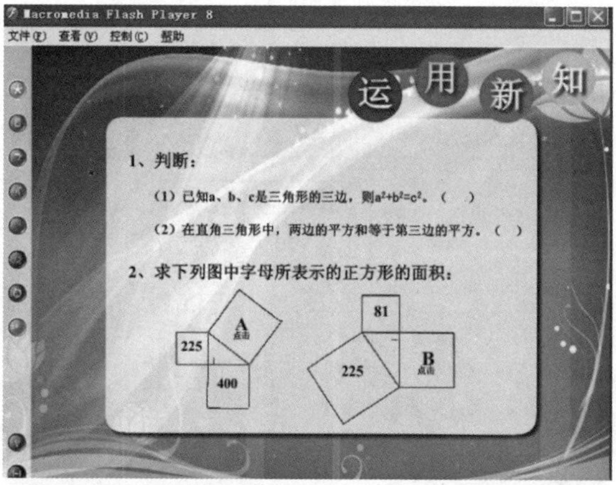

结合黑板上的定理来分析判断题。

五、收获果实

师：这节课我们一起研究了什么？（展示课件）

生：勾股定理。

师：勾股定理的内容是什么？

生：如果直角三角形两直角边分别为a、b，斜边为c，那么，$a^2+b^2=c^2$，即 直角三角形两直角边的平方和等于斜边的平方。

六、拓展作业

1. 查找资料，了解其他勾股定理的证明方法。

2. 观赏勾股树，设计自己的勾股树作为数学实践作业。

教学反思

本节课的设计思路是引导学生“做”数学，选用“引导探究式”教学方法，先由浅入深，由特殊到一般地提出问题，接着引导学生通过实验操作，归纳验证，在学生的自主探究与合作交流中解决问题，这样既遵循了学生的认知规律，又充分体现了“学生是数学学习的主人、教师是数学学习的组织者、引导者与合作者”的教学理念。通过教师引导，学生动手、动脑，主动探索获取新知，进一步理解并运用归纳猜想，由特殊到一般，数形结合等数学思想方法解决问题。同时让学生感悟到：学习任何知识的最好方法就是自己去探究。

通过本节课的课堂实际操作，让我有很多的启发，特反思如下：

1. 情景导入，提起学生探索新知的兴趣

本节课采用“外星人”这个青春期孩子看起来比较神秘而又好奇的事物为楔子，提起学生学习的兴趣，从而将学生的好奇心引到“勾股定理到底是什么”这上面来，让学生对新知产生浓厚的兴趣，从本质上为有较好的教学效果打下了基础。

2. 转变师生角色，让学生自主学习

新课标要求教师一定要改变角色，变主角为配角，把主动权交给学生，让学生提出问题，动手操作，小组讨论，合作交流，把学生想到的、想说的想法和认识都让他们尽情地表达，然后教师再进行引导与点评，这样做会有许多意外的收获，而且能充分发挥挖掘每个学生的潜能，久而久之，学生的综合能力就会与日俱增。

本节课，我从备课准备阶段，就一直要求自己和学生一起成长，把自己列为学生的一员，从学生的知识体系出发，设计各种引导问题，让学生在教师的引导下能够逐步探索到新知。课堂上，我积极参与到学生的探索讨论中，在学生的探索遇到困难时，我稍稍引导，帮助他们走到正确的探索道路上，起到启明星的作用。由于实现了教师角色的转变，师生关系融洽，学生积极参与，气氛活跃，在他们心底涌现了一股浓浓的学习欲望，课堂学习效果很好。

3. 转变教学方式，让学生探索、研究、体会学习过程

本节课主要分为两次探索，从等腰直角三角形中两直角边和斜边的关系到两直角边不相等的直角三角形的三边关系，让学生经历“观察—猜想—验证—

归纳”的数学思想，并体会数形结合和由特殊到一般的思想方法。

这种授课模式来源于教育改革，来源于素质教育，不但要授之以鱼，更要授之以渔。整节课几乎都是学生自主实验、自主探索、自主完成由形到数的转化，学生的主动性及合作精神都体现出来了。研究成果不仅极大地丰富了学生对勾股定理的证明的认识，而且学生从中获得了利用已知探求未知的能力和方法，创新素质得到了培养和提高，这对学生今后的学习和将来的发展是大有裨益的。

4. 几何教学，充分利用多媒体设备

几何学习，对于听障学生来说，是一个比较困难的学习，因为听不到声音，语言理解和组织能力就相对薄弱，空间想象能力也因此而降低，针对这个问题，我们采取了多媒体设备辅助教学，多媒体是最形象直观的工具，学生通过图形的动态变化，建造自己的想象空间，可以说，为抽象思维搭建了平台，为创造性的思考准备了阶梯。

本节课的教学给我的思维以新的冲击，是我教师生涯成长的一个脚步，我相信，在新的课程改革的大背景下，我会有更多的领悟与反思，并且会应用到我的实际教学当中去，更好地服务于我的学生。

（烟台市特殊教育学校　段晓伟）

长方形和正方形的认识

教学分析

长方形和正方形的再认识，目的在于让学生结合生活实际，通过动手操作发展并尝试归纳出长方形、正方形的特征，充分发挥学生的创造性。教材设计了一个探索活动，鼓励学生在操作中探索长方形、正方形的特征，然后通过想一想使学生了解长方形和正方形之间的联系。

设计思想

从欣赏中导入，让学生既享受了美，又能很自然地进入学习状态。通过做长方形来探究长方形的特点，体现了新课标的理念，让学生在玩中学，对长方形的特点有一个深入的理解。根据长方形的特点判断几个图形是不是长方形，及时巩固所学长方形的特点，进而导入到验证正方形的特点。介绍长方形与正方形，再次巩固了新知。趣味练习使学生在生动有趣的情境中得到拓展延伸。

教学内容

掌握长方形和正方形的特征。

教学目标

1. 掌握长方形和正方形的特征。

2. 使学生在具体的操作思考过程中学会探究图形特征的方法。

3. 使学生在自主探究和合作探究的学习过程中养成独立思考，互相交流，互相帮助的良好学习习惯。

教学重点

掌握长方形和正方形的特征。

教学难点

学会探究图形特征的方法。

教法：演示法、归纳法、启发法。

学法：操作法、总结法、自主探究和合作探究法。

教具：钉子板、长方形和正方形纸各一张、课件。

学具：绿色长方形和黄色正方形纸各一张、方格纸、直尺、三角板、彩笔。

课前游戏：课前根据教师的描述猜人，引出利用特征来解决问题在数学学习中也经常用到。

教学过程

一、激情导思

师：今天我们先欣赏4幅漂亮的图画，请你仔细观察，说一说他们分别是什么？

生：大树，太阳，机器人，小房子。

师：从这些漂亮的图画里能找到我们以前学过的图形吗？

生：能。：

师：什么图形？

生：长方形，正方形，圆形，三角形。

（教师板书：长方形 正方形 圆形 三角形）

师：我们对这些图形已经有了一个初步的认识，今天这节课咱们就重点研究一下长方形和正方形这两种图形的特征。

（板书课题：长方形和正方形的认识）

二、探究新知

（一）教师引领学生探究长方形的特征。

师：在你们每个人的桌子上都有1个黄色的长方形（出示课件）。

1. 数一数。

师：请同学们数一数长方形有（　）条边，（　）个角。

生：长方形有4条边，4个角。

师：观察一下这4条边长短一样吗？

生：不一样。

师：哪条比较长？

学生指着说。

师：通常我们把长方形中较长的边叫做长方形的长（板书），跟着老师一起读“长”。

师：哪条比较短？

学生指着说。

师：通常我们把长方形中较短的边叫做长方形的宽（板书），跟着老师一起读“宽”。

2. 量一量、折一折。

师：知道了长、宽，那么长是多少？这两条长之间有什么关系？宽是多少，这两条宽之间又有什么关系？下面量一量，长方形的4条边分别是多少厘米？并记下来（出示课件）。

学生测量。

师：谁能告诉大家你的测量结果？

生：25厘米，15厘米，25厘米，15厘米（也可教师边提问，学生边回答）。

师：也就是说，上、下这两条边的长度怎么样？（相等）

左、右这两条边的长度怎么样？（相等）

（教师板书：相等）

师：再来观察，上、下这两条边是相对的，（举例子）所以我们就把这两条边统称为“对边”，左、右这两条边也是相对的，所以也统称为“对边”，（板书：对边）因此我们就说：“对边相等”。这就是长方形的第一个特征。（板书：相等）

师：刚才我们是用尺子测量知道了长方形的对边相等，如果不用尺子测量，怎样才能知道长方形的对边相等呢？

学生自己试着演示。

师：怎样折？你能演示给大家看吗？

师：我们跟着他一起来折一折吧。

师：把长方形对折，这两条长完全重合，说明了这两条长完全相等，也就是对边相等；然后这样对折，这两条宽完全重合，说明了两条宽完全相等，也就是对边相等。

3. 比一比，长方形的 4 个角是（　）角。

师：探究完了边，我们再来看角，观察，这4个角都是（　　）角。

生：直角。

师：怎样才能知道这4个角到底是不是直角呢？有没有好办法？

学生自己试着演示。

师：你能给大家演示一下吗？（学生到黑板前演示）

师：三角板的这个角是什么角？（直角）用三角板上的直角和长方形的4个角比一比，如果重合，说明这4个角是直角。

（二）归纳引领探索的方法

师：刚才，我们通过数一数、量一量、折一折、比一比的方法，知道了长方形有4条边，对边相等，有4个角，都是直角。下面我们就利用长方形的这些特征，在方格纸上画一个长方形。

小巩固：画长方形，说说自己画的长方形有（ ）条边，对边（ ），（ ）个角，都是（ ）角。

（三）小组合作，探究正方形的特征

1. 探究特征

师：探究完了长方形的特征，接下来，请同学们拿出黄色的正方形的纸，咱们继续用数一数、量一量、折一折、比一比的方法小组合作探究正方形的特征。

出示幻灯片：数一数，正方形有（ ）条边，（ ）个角。

量一量，折一折，正方形每条边长（ ）厘米，每条边的长度（ ）。

比一比，正方形的各个角是（ ）角。

发任务书，学生 4 人一组，分工操作，教师指导。

小结交流探究结果。

师：哪个小组愿意把你们探究的结果和大家一起分享？

学生互相交流。

教师小结：有4条边，4条边相等，有4个角，都是直角。

2. 学习名称

师：长方形的4条边都有名字，分别是长、长、宽、宽；正方形相等的4条边也有一个名字，叫边长（板书：边长）。

（四）总结长方形、正方形的特征

师：同学们这节课我们用数一数、量一量或折一折、比一比的方法，进一步探究了长方形、正方形的特征，谁能完整地告诉大家长方形、正方形的特征？

出示幻灯片（填空）。

	边	角
长方形	有4条边，对边相等	有4个角，都是直角
正方形	有4条边，4条边相等	有4个角，都是直角

三、拓展应用

师：同学们对长方形和正方形有了进一步的认识，现在老师要考考你们了！

第一关：慧眼识图，眼疾手快！快速找出长方形和正方形（课件出示若干图形，包括长方形、正方形、圆形、三角形、梯形、平行四边形等）。

第二关：手脑并用，心灵手巧！

1. 在钉子板上围长方形和正方形。

2. 用给出的三角形摆出长方形或正方形。

3. 在方格纸上画一个长方形和一个正方形。

第三关：团结协作，智中取胜！

看图找出：长方形有（ ）个，正方形有（ ）个。

四、总结收获

师：今天这节课我们进一步认识了长方形和正方形，你都学会了哪些知识？

生：长方形有4条边，对边相等，4个角，都是直角。

正方形有4条边，4条边相等，4个角，都是直角。

师：我们是用什么方法发现这些特征的？

生：数一数、量一量、折一折、比一比。

师：只要我们细心观察、善于思考，就可以发现长方形和正方形更多的奥秘。

五、阳光作业

师：看，老师这里就有许多长方形和正方形拼成的图案，非常的有趣。

（出示课件：用学过的图形拼成的象形图案。）

课后请同学们发挥想象，用长方形和正方形创作更有趣的图画。

教学反思

《数学课程标准》指出："关注学生的经验和兴趣，通过现实生活中的生动素材引入新知，使抽象的数学知识具有丰富的现实背景，努力为学生的数学学习提供生动活泼的材料与环境。"本课是学生认识长方形和正方形的基础上进行教学的。在设计本课时，我依据教材特点，遵循"以学生为本"的教学原则，从学生已有的视角出发，瞄准与学生生活经验的最佳联络点，为其提供自我发现、自我感悟、自我展示的空间。几何教学，从教具演示到学具操作；从形式推导到公式意义的理解；从关注学习结果到关注学生的学习过程，形成了一种比较成熟的教学方法。在这一理念的指引下，在实际教学中我尝到了探索的喜悦，对几何教学有了更深入的理解和认识。

这节课中，我主要在以下几个方面做了努力：

1. 创设情境，激发学生兴趣

首先，从生活中熟悉的图形引出新课，并借此鼓励学生，目的是想吸引学生的注意力，激发学生的学习兴趣，以提高课堂教学效率。

其次，借助学生已有的生活经验分辨长方形和正方形，使数学回归生活，在整个教学活动中，从新课的引入到比较特征，都是从学生的生活实际选择学习材料。这些素材，体现了学习内容的趣味性，调动了学生原有的生活经验，使学生觉得生活就在自己身边，利用数学本身的魅力来吸引学生，让学生在生活中体验数学，同时培养了学生的动脑、动口、观察、比较等能力。

2. 学生的“自主探究活动”贯穿整节课

苏霍姆林斯基在半个世纪前就提出了“研究性学习”的理论。他在《让学生进行独立的脑力劳动——研究性学习法》一文中指出：“在人的心灵深处，都有一种根深蒂固的需要，这就是希望自己是一个探索者、发现者、研究者，而在儿童的精神世界中，这种需要特别强烈。”所以，在初步认识长方形和正方形的特征时，我以“探究活动”贯穿整节课，让学生自己动手操作，通过数一数、折一折、比一比、说一说，激发学生的学习兴趣，加深对所学内容的理解。让学生在活动中体验，在体验中领悟，由生活中具体的物品，到抽象的几何图形，自然过渡、水到渠成。

3. 小组合作学习

整节课创设了大量的学生动手操作、用眼观察、动口表达的小组合作学习的实践活动。学生自然的成了学习的主人，有效地提高了主动探索、解决问题的能力。

（烟台市特殊教育学校　崔 宁）

三角形的认识

教学前思

本节教学内容为青岛版《数学四年级上册》第五单元第二信息窗“三角形的认识”第1.2个红点部分的内容。这部分内容是在学生已经初步认识了三角形的基础上进行学习的，是今后进一步学习几何初步知识的基础。遵循聋生的认知特点，本节课将为学生提供大量的观察、思考、操作、合作、交流、验证的空间和时间，使学生在自主探究和合作交流中，认识三角形的特性，学会三角形任意两边之和大于第三边，并会运用这一关系来解决问题，体会数学的思想方法并获得广泛的数学经验。

教学目标

1. 通过观察操作使学生正确理解三角形的意义及各部分名称。

2. 通过试验比较使学生了解三角形的稳定性及在生活中的应用，体验数学与生活的联系。

3. 通过小组合作探究，引导学生正确理解三角形任意两边之和大于第三边，并会运用这一关系来解决问题。

4. 初步培养学生的合作探究意识。

5. 以发展学生的数学语言为基本目标贯穿整节课堂教学。

6. 努力让D类同学感受到数学学习的趣味性，简单了解三角形的意义、各部分名称及特性。其他同学努力掌握以上全部教学目标。

教学重点

1. 通过观察操作使学生正确理解三角形的意义及各部分名称。

2. 通过试验比较使学生了解三角形的稳定性及在生活中的应用，体验数学与生活的联系。

3. 通过小组合作探究，引导学生正确理解三角形任意两边之和大于第三边，并会运用这一关系来解决问题。

教学难点

通过小组合作探究，引导学生正确理解三角形任意两边之和大于第三边，并会用这一关系来解决问题。

教法学法

紧紧围绕新课程理念，努力改革课堂教学中教师始终“讲”、学生被动“听”的局面，充分相信学生，把学习的主动权交给学生，充分调动学生的学习积极性。为此，我设计在本课采用动手操作、直观演示、观察发现、实验对比、小组合作探究学习的教学方式。

教具准备

多媒体课件，投影仪，小棒，双面胶，合作探究表格，三角形、四边形教具。

课前准备

1. 学生用学具拼三角形、四边形或五边形。

2. 思考：什么叫做三角形？

教学过程

一、动手操作，理解概念

1. 理解三角形的意义

师：把你们刚才拼好的三角形举起来给老师看看。今天这节课我们就来认识三角形。

师：那什么叫做三角形？

师概括：（师指着三角形说）由三条线段围成的图形叫三角形。（板书）

重点指出：三条线段、围成。

2. 认识三角形各部分的名称

师：三角形各部分的名称叫什么？

师指着黑板上画好的三角形说：这条线段叫做什么？（边）

围成三角形的每条线段叫做三角形的边。三角形有几条边？（3条）

这两条边所组成的图形叫什么？（角）

每两边所组成的图形叫做三角形的角。三角形有几个角？（3个）

这个点叫做什么？（顶点）

每两边的公共端点叫做三角形的顶点。三角形有几个顶点？（3个）

3. 即时演练

判断：哪些图形是三角形？为什么？（课件出示）

二、试验比较，认识特性

1. 实验研究

师：知道了三角形的定义及各部分的名称，接下来我们再来研究一下三角形有什么特性。

请看屏幕。（课件出示塔吊图片）

师：这是什么？（塔吊）

师：繁忙的建筑工地上，塔吊正在忙碌地工作着，请同学们仔细观察塔吊中有三角形吗？（有）

多不多？（多）

我们来看一下。（课件演示三角形）

师：我们看到塔吊上有这么多三角形，那塔吊为什么设计成三角形？（课件出示问题）

师：拉一拉三角形、四边形或五边形，同桌之间互相交换着拉一拉、说一说。

师：谁来交流一下你有什么发现？

生1：三角形怎么拉也拉不动。

生2：四边形一拉就变形了。

生3：五边形一拉就变形了。

师：四边形、五边形框架轻轻一拉就变形了，而我们用力拉三角形的框架时，形状不容易改变，因此我们就说“三角形具有稳定性”。（板书）

师：塔吊正是利用了三角形的稳定性，才能如此稳固结实，才能在城市建设中更好地发挥它的作用。

2. 欣赏图片

师："三角形的稳定性"在生活中有着广泛的应用，老师这里有一组图片，请同学们来欣赏。

课件出示：滑翔机、帆船、各种大桥、金字塔等图片。

师：因为三角形具有稳定性，所以它们都设计成三角形的，很结实，不易损坏变形。

3. 找一找

师：我们周围也有很多利用了三角形的稳定性的设计，你能找找看吗？

学生汇报发现。（篮球架、空调支架、晾衣架、太阳能、房子……）

课件展示课前教师收集的图片。

（篮球架、空调支架、晾衣架、太阳能、房子、看板、单杠、电动车……）

师：同学们观察得非常仔细！这些都设计成三角形的，重要的原因就是利用了三角形的稳定性，让它们更加稳固结实！这样的设计还有很多，课后同学们可以再找找看！

师：其实数学就在我们身边，大家一定要多观察发现，多动脑思考，好好学数学，用数学。

4. 新知应用

（1）修理桌椅：在修理桌椅时，通常在桌椅腿上斜着钉一根木条。这样做是为什么呢？（课件出示图片和问题）

（2）围篱笆：谁的方法更牢固，为什么？（课件出示图片和问题）

三、合作探究，深入探索三角形三条边之间的关系

1. 合作探究

师：掌握了三角形的稳定性，我们再来研究一下三角形三条边之间有什么关系。

师：老师这里设计了一张表格，请同学们以小组为单位来完成。请小组长负责好。（学生分小组操作，并填写表格）要求：①量一量、比一比、拼一拼，看三根小棒能不能拼成一个三角形；②试着找出三角形三条边之间的关系。

小棒组别		小棒的长度（cm）	能否拼成三角形	任意两边长度之和○第三边的长度（在○里填“>”“<”或“=”）
第一组	小棒1			（ ）+（ ）○（ ）
	小棒2			（ ）+（ ）○（ ）
	小棒3			（ ）+（ ）○（ ）
第二组	小棒1			（ ）+（ ）○（ ）
	小棒2			（ ）+（ ）○（ ）
	小棒3			（ ）+（ ）○（ ）
第三组	小棒1			（ ）+（ ）○（ ）
	小棒2			（ ）+（ ）○（ ）
	小棒3			（ ）+（ ）○（ ）

讨论：① 什么情况下能拼成三角形？

② 什么情况下不能拼成三角形？

结论：三角形任意两边之和（　　）第三边。

师：谁愿意把你们小组的实验结果和大家汇报一下？

生1：我们小组发现有的三根小棒能围成三角形，有的不能围成三角形。

当两根小棒之和小于第三根的长度时，不能围成三角形。

当两根小棒之和等于第三根的长度时，不能围成三角形。

2. 教师针对学生的实验报告进行总结

利用教具，结合同学们的报告，教师总结说明：不是任意的三根小棒都能拼成三角形。当有两根小棒之和小于或等于第三根时，都不能围成三角形。只有当任意两根小棒的长度之和大于第三根时，才能围成三角形。

因此我们得出这样的结论：三角形任意两边的长度之和大于第三边。（板书结论）

3. 验证关系

师：是不是任意一个三角形的三条边都有这样的关系呢？

课件出示一个三角形，三边长度分别为 8 cm、6 cm、10 cm。

通过比较得出这个三角形任意两边长度之和都大于第三边，进而说明任意一个三角形三条边都有这样的关系。

4. 巩固练习

（1）下面哪几组中的三条线段可以围成一个三角形？为什么？（课件出示 5 组线段）

（2）根据三角形任意两边的长度之和大于第三边，判断走哪条路近？（课件出示图片）

四、畅谈收获

通过学习，你有哪些收获？还有什么问题？

学生畅所欲言。

五、阳光作业

1. 把今天所学知识以数学日记的形式整理在数学积累本上。

2. 合作完成课本第 87 页第 11 题。

教学反思

一节课下来，从学生们的笑脸上感觉他们学会了，而且学习是快乐的，也体验到了数学学习的趣味性，感受到了数学就在他们身边。学生学得快乐，作为教师的感觉也是快乐的。静下心来反思这节课的教学，我有以下感悟：

1. 备课要下功夫

（1）要按照“六步备课法”的要求深入研读教材。

（2）课前学情调查，课中有的放矢。在学习本节课之前，学生对于三角形的概念在脑海中并不是一张白纸，所以之前的学情调查使我很清楚地知道导入环节的活动安排不必过于细致，否则就浪费了宝贵的课堂教学时间。将宝贵的时间留给探究三角形三边关系，突破重、难点上。

（3）仔细分析学生的实际情况，根据学生的实际情况分类设定不同的教学目标，采用不同的教学方法突破重、难点。

（4）在备课的过程中一定要和组内同事多探讨研究，尤其是在你拿不定主意的时候，大家坐下来商量商量，问题就可能轻松地解决了。

2. 眼、手、脑、耳、嘴并用，掌握三角形概念

枯燥的说教和直白的呈现三角形并告诉学生三角形有三个顶点、三条边、

三个角，是由三条线段连围成的，这样的教学只能使学生脑海里有一个三角形的形象，不能真正的掌握三角形的概念，到运用的时候就会错误百出，经不起考验。本课通过拼一拼、说一说，充分调动了学生的眼、手、耳、脑、嘴，在静态和动态结合中观察认识三角形及其特征，提高了学生的思维能力和综合素养。学生对于定义真正理解了，在判断练习时不但能准确判断对错，而且能够说出为什么。

3. 从生活中来，回归到生活中去

数学源于现实，寓于现实，用于现实。如：课件呈现塔吊图片发现三角形；让学生从身边寻找利用了三角形的稳定性的设计；巩固练习，桌椅腿摇晃了如何加固，利用三角形任意两边之和大于第三边说说找找走哪条路近……这些设置加深了学生对本课知识的理解和掌握，提高了学生的数学能力。

4. 小组合作探究三角形三条边之间的关系

教师细致的安排和清楚的要求为学生有效的小组合作探究奠定了基础。为了保证小组合作学习真正达到实效,而不流于形式,课前我对于刘主任讲过的《小组合作学习模式》再一次系统地进行了学习，根据本班学生的实际情况进行了分组，指定小组长负责，并根据学生的学情精心设计了合作探索表格。在本课的实际操作中，效果不错，小组长负责的非常好，每个同学都参与进来，有的量一量，有的拼一拼，有的比一比，通过直观演示，计算比较，加上小组长的有效负责指导深入讨论，每个小组都顺利地归纳出“两条边之和大于第三条边的关系”，这比直接给出这个关系更有利于学生的思维能力的提升，提高了学生活学活用知识的能力。

5. 关于分类教学，虽然在目标的设定以及实际授课中都有体现，也让特困生在本节课中多少有些收获。但如何让每一个学生在每一节课中都有收获，仍是我今后继续努力的方向。

（烟台市特殊教育学校　孙晓宁）

集合的含义与表示

设计背景

本节课选自《数学（人教版）必修1》第一章第一节，内容是能够了解集合的含义，了解集合中元素的三个性质，了解元素与集合的关系，常用数集的表示，会用适当的方法表示集合。根据聋生知识储备及接受新知能力差的特点，将教学内容做了调整，分为两个课时，本课时只讲授集合的含义，集合中元素的性质和元素与集合的关系三个内容。虽然在初中数学的学习中已经接触了一些集合的相关知识，但是由于聋生的知识整合及主动迁移能力较弱，再加不太会读书，学习较被动，故而整个教学环节需要创设恰当的问题情境，营造一定的学习氛围，其中大部分的问题都是根据聋生的特点，自己编写的贴近生活的，能够帮助学生理解的实际问题，这样做拉近了数学与现实的距离，激发了学生的求知欲，调动了学生主体参与的积极性。用问题引导学生去积极的思考，从而发现问题，解决问题，培养聋生的观察能力、思维能力。另外，通过对问题的分析和对新知的总结概括，培养了聋生的分析能力、语言表达能力和概括能力。

教学目标

1. 通过实例了解集合的含义；掌握集合中元素的特性，并会判断一些对象的全体能否构成集合；体会元素与集合的从属关系。

2. 通过实例抽象概括集合的共同特征，培养学生的抽象概括能力。

3. 培养数学的特有文化——简洁精练，体会从感性到理性的思维过程。

教学重难点

正确理解集合的含义。

教学过程

一、创设情景，引入新课

师：上课之前，老师请同学们看一组美丽的图片，等一会儿告诉老师你们看到了什么？

（多媒体投影：非洲草原一群大象在缓步走来）

师：大家看到了什么？

生：一群大象。

老师板演：一群大象。

（多媒体投影：蓝蓝的天空中，一群鸟在飞翔）

师：这是什么？

生：一群鸟在飞。

师：对，看到了一群鸟。

同时板演：一群鸟。

（多媒体投影：职专二班全体同学的照片）

师：这是什么？

生：职专二班全体同学。

师：对。

同时板演：职专二班全体同学。

师：同学们还能举出类似的“群体”吗？

生1：全体中国人。

生2：（抢着说）中国女人。

师：非常好，我们经常像这样在一定范围内，对所讨论的事物进行分类，分类后常用一些术语来描述它们，例如“群体”“全体”“集合”等。在数学学习的过程中，也接触到了一些集合，同学们还记得我们学过的集合吗？

在我们的生活和学习中都存在集合，那么集合的含义究竟是什么呢？这就是本节课我们要研究的问题——集合的含义与表示。

设计意图：通过学生熟悉的实际生活问题引入课题，为概念学习创设情景。这样，就拉近了数学与现实的距离，激发了学生的求知欲，调动了学生主体参与的积极性。让学生在课堂一开始就感受到数学就在我们身边。

二、新知探究

新知探究（一）：

观察下列 8 个例子，组内讨论，试着概括出它们的共同特征。

（1）1～20以内的所有质数；

（2）我校的篮球队员；

（3）满足$2x-3>0$的实数；

（4）我国古代四大发明；

（5）所有正方形；

（6）抛物线$y=x^2$上的点；

（7）方程$x^2+3x-2=0$的所有实数根；

（8）到直线l的距离等于定长d的所有点；

生：都有特定的研究对象。

师：我们把研究对象统称为元素。

生：这些对象构成一个整体。

师：我们刚刚把这些对象定义为？

生：元素。

师：对，我们把一些元素组成的全体叫做集合。通过定义我们发现集合是由什么组成的？

生：集合是由元素组成的。

师：我们通常用大写拉丁字母A，B，C，……表示集合，用小写拉丁字母a，b，c，……表示集合中的元素。

板书：

1. 集合的含义

一般地，我们把研究对象统称为元素，把一些元素组成的总体叫做集合（简称集）。我们通常用大写拉丁字母 A，B，C，……表示集合，用小写拉丁字母 a，b，c，……表示集合中的元素。

思考：以上8个例子是集合吗？若是，元素分别是什么？

生1：例（1）中，我们把1～20以内的每一个质数作为元素，这些元素的全体就组成一个集合；

生2：例（2）中，把我校篮球队的每一位队员作为元素，这些元素的全体就组成一个集合。

新知探究（二）

师：下面的几个例子，同学们下课后继续讨论，通过刚才的学习我们知道了集合是由元素组成的。那么是不是任意一组对象都能组成一个集合呢？集合中的元素有什么特征？这就是我们今天要探究的第二个问题“集合中元素的特征”。

请同学们拿出探究（二），上面有三个思考问题，希望同学们通过这三个问题来找到答案。

2. 集合中元素的特征

思考1：

（1）职专二班的全体女同学。

（2）职专二班比较高的男同学。

（3）某单位所有的“帅哥”。

（4）我国的大城市。

以上对象都能组成集合吗？由此说明什么？

结论：集合中的元素必须具有确定性。

思考：“我国的小河流”、“比较大的数”、“高一所有胖的同学”等能组成集合吗？

生：“我国的小河流”、“比较大的数”、“高一所有胖的同学”不能组成集合，以为它们的研究对象不确定。

思考2：在一个给定的集合中能否有相同的元素？由此说明什么？

如：由实数1，2，3，1组成的集合有几个元素？

结论：集合中的元素是不重复出现的。集合中的元素必须具有互异性。

如：应把集合{1，2，2}改写成{1，2}。

思考3：咱班的全体同学组成一个集合，调整座位后这个集合有没有变化？由此说明什么？

结论：集合中的元素是没有顺序的。集合中的元素必须具有：无序性。

如：集合{1，2，3}和{1，3，2}表示同一集合。

相等的集合：只要构成两个集合的元素是一样的，我们就称这两个集合相等。

集合中的元素，必须具备确定性、互异性、无序性。反过来，一组对象如果不具备这三种性质，这组对象也就不能构成集合。集合中元素的这三大特性是我们判断一组对象是否能构成集合的依据。

师：下面来检查一下你学会了吗？

（1）A=｛1，3｝，问3，5哪个是A的元素？

（2）A=｛素质好的人｝能否表示成集合？

（3）A=｛2，2，4｝表示是否准确？

（4）A=｛太平洋，大西洋｝，B=｛大西洋，太平洋｝是否表示同一集合？

答：（1）3 是集合 A 的元素，5 不是集合 A 的元素。（2）由于素质好的人标准不可量化，故 A 不能表示为集合。（3）的表示不正确，应表示为 A=｛2，4｝。（4）的 A 与 B 表示同一集合，因为其元素相同。

判断下面各组对象能否构成集合，并说明理由：

（1）所有的好人；

（2）小于2 003的数；

（3）和2 003非常接近的数。

（4）大于 3 小于11的偶数。

师：我们知道集合是由元素组成的，那么集合与元素的关系应当如何表示呢？这就是我们要探究的第三个问题元素与集合的关系，请同学们思考一下问题。

思考：如果用A表示职专二班的全体同学组成的集合，用a表示赵丰利，用b表示王晓玉，那么a，b与集合A分别是什么关系呢？

新知探究（三）

3. 元素与集合的关系

如果 a 是集合 A 中的元素，就说 a 属于集合 A，记作 $a \in A$；

如果 a 不是集合 A 中的元素，就说 a 不属于集合 A，记作 $a \notin A$。

例如：A={1，2，3，4，5}，则3___A，6___ A。

注1：元素与集合的关系只有属于和不属于两种，对给定明确的集合A和任何元素a，$a \in A$与$a \notin A$两种情况中必有一种且只有一种存在。

注 2：符号 $\notin$ 和 $\in$ 是表示元素与集合之间的关系的，不能用来表示集合与集合之间的关系，要注意区分。

（设计意图：通过多次设置问题，引导学生步步深入，体现循序渐进的认知过程。在课堂教学中教师引导学生探索获得知识、技能的途径和方法，通过探索，培养学生的观察能力和分析能力，学生在探索的过程中品尝到了成功的喜悦，更激起了学生的探索精神和创新意识。）

三、课堂练习

用符号“∈”或“∉”填空：

（1）设 A 为所有亚洲国家组成的集合，则中国 ________A，美国 ________A，印度________A，英国________A；

（2）若 A=｛方程 $x^2=1$ 的解｝，则 -1________A；

（3）若 B=｛方程 $x^2+x-6=0$ 的解｝，则 3________B。

四、知识拓展

已知集合 $A=\{x\in\mathbf{R}|\ ax^2+2x+1=0,\ a\in\mathbf{R}\}$ 中只有一个元素（A 也叫单元素集合），求 a 的值，并求出这个元素。

五、课堂小结

1.集合的含义；

2.集合中元素的性质：确定性、互异性、无序性；

3.元素与集合的关系：$\in$、$\notin$。

板书设计

一、集合的含义；

二、集合中元素的性质：确定性、互异性、无序性；

三、元素与集合的关系：$\in$、$\notin$。

教学反思

这节课主要是对集合的含义与表示进行教学，在教学进行之前，本人设计了一些实际例子为了解集合的含义做铺垫，又从实例进入分析，了解元素与集合的关系，集合中元素的确定性、互异性、无序性，实现从感性到理性的跳跃，并进行类比思想的渗透，让学生在思考、交流、讨论、概括中获取新知，充分展示以学生为主，教师引导的教学理念，激发学生学习数学的兴趣。

不足之处：

1. 学生的预设不够充分，没有很好的备学生，当学生出现我意料之外的答案时，不能很好地引导学生得出正确的结论。

2. 学生在回答问题的时候，只是简单地回答是或不是，没有很好的引导学生用数学语言回答问题。

3. 板书太过潦草，设计不够精美，在以后的教学中要注意板书的设计及书写。

4. 时间把握不好，前期讨论时间过长，以至于最后的练习环节草草而过，课堂小结都没来得及做。

（烟台市特殊教育学校　孙兴梅）

9的乘法口诀

教学构思

数学知识来源于生活实际，生活本身又是一个巨大的数学课堂。我们的数学教学要尽可能地与学生的现实生活和社会生活相联系，让学生认识到生活中处处有数学，数学中处处有生活的道理。在教学一些概念知识的时候不能让学生死记那些枯燥的概念和公式。因此，我在教学中十分注重把教材内容与生活实践结合起来，加强数学教学的实践性，给数学找到了生活的原型。

《数学课程标准》指出：有效的数学学习活动不能单纯地依赖模仿与记忆。学生有效的学习方式应该是开放式的、生动活泼的、主动的和富有个性的活动。数学学习活动必须建立在学生的认知发展水平和已有的知识经验基础之上，并应创设丰富的教学情境，向他们提供充分从事数学活动和交流的机会，帮助他们在自主探索和合作交流的过程中真正理解和掌握基本数学知识和技能、数学思想和方法，获得广泛的数学经验。数学教学要关注学生经历、体验、探索的学习过程，将知识转化成能力。数学教学是数学活动的教学，是师生互动、生生互动、共同发展的过程，学生是数学学习的主体，教师是数学学习的组织者、引导者与合作者。

现在我以“9 的乘法口诀”教学为例，谈谈如何在教学中体现数学教学生活化。如何在教学过程中创设问题情境为学生提供动手操作、自主探索与合作交流的学习机会。

教学内容

全日制聋校实验教材《小学数学三年级》第五册第 69 页例 1。

教学目标

1. 使学生经历编制9的乘法口诀的过程，体验9的乘法口诀的来源。

2. 理解每一句9的乘法口诀的意义，初步熟记9的乘法口诀，能用乘法口诀进行计算。

3. 通过编制口诀使学生学会运用类推的方法学习新知识。

4. 培养学生应用知识解决简单实际问题的能力，初步养成独立思考和主动探究的能力。

教学重难点

1. 理解乘法口诀的意义，熟记9的乘法口诀，明白口诀的来源。

2. 难点：发现规律并利用规律来记忆9的乘法口诀。

教学准备

课件、小花贴纸、9串星星（共9串）、9捆铅笔（共5捆）。

教学过程

一、复习旧知，激趣引入

师：同学们，我们一起来开火车好吗？

（检查听力设备）师生齐做动作：

1. 小火车，呜呜呜，口算题卡：4×7=　7×6=　5×7=　7×3=　6×6=　4×7=　5×3=

2. 口诀练习（听：黄汶裕、王惠、吕文卓、于晓。看口：王星、由佳艺、郝晓康。指语：孙文飞、孙倩倩、王岚。）

三八（　　）、四六（　　）、二七（　　）

三六（　　）、五五（　　）、二八（　　）、四七（　　）

3. 9连续加9:（9）、（　）、（　）、（　）、（　）、（　）、（　）、（　）、（　），并板书。

二、动手操作，探究新知

师：同学们，刚才我们练习了9连续加9的填空题，这节课老师看看你们会探索出9的乘法口诀吗？这节课，就用我们平时用的奖励贴纸来帮助我们吧。

1. 摆小花。（教师一个一个的摆，学生边摆边数，摆一行 9 个。）

师：同学们，请你仔细观察一共有多少朵花？

生：一共有9朵小花。

师：在看到的数学信息里，有几行呢？

生：有1行。

师：有一行，这一行有9朵。实际上就是求有（ ）个9是多少？（板书：1个9）

师：求一个9是多少，用乘法怎样表示呢？（板书：乘法）

生：9×1=　1×9=。

师：等于多少呢？

生：9×1=9　1×9=9。

师：根据这个乘法算式，你能编出乘法口诀吗？

生：一九得九。

师：我再摆一行小花呢？（接着师一个一个的摆，学生边摆边数，再摆一行9个）现在一共有几朵小花呢？

生：现在有18朵小花。

师：你是怎样计算出来的？

生：9+9=18。

师：现在仔细观察这个加法算式，它的加数有什么特点？

生：加数是一样的。

师：求几个相同加数的和，用什么算法比较简单？

生：求几个相同加数的和，用乘法计算比较简单（写在“词字句积累”里）。

师：现在再来观察一下，有几行，每行有几朵？

师：有2行，每行有9朵。实际上就是求有（ ）个9？

师：就是求2个9是多少，用乘法怎样表示呢？

生：9×2=18，2×9= 18。

师：会根据这两道乘法算式编写一句乘法口诀吗？

生：二九十八。

师：我再摆一行小花呢？现在一共有多少朵花？

生：有3行小花，每行有9朵。一共有27朵。

师：你是怎么算出来的？

生：9+9+9=27（朵）。

师：几个9？

生：3个9。

师：我们来仔细观察这道加法算式，还有更简便的算法吗？

生：用乘法。9 × 3=27，3 × 9= 27。

师：你会编写一句乘法口诀吗？

生：三九二十七。

2. 当小老师

师：下面的小花我想请同学们上来“当小老师”帮老师摆一摆。谁愿意呢？

生1：（再摆一行小花）现在一共有多少朵花？

生：有4行小花，每行有9朵。一共有36朵。

师：你是怎么算出来的？

生：9+9+9+9=36（朵）。

师：几个9？

生：4个9。

师：我们来仔细观察这道加法算式，还有更简便的算法吗？

生：用乘法。9 × 4=36，4 × 9= 36。

师：你会编写一句乘法口诀吗？

生：四九三十六。

生2：（再摆一行小花）现在一共有多少朵花？

生：有5行小花，每行有9朵。一共有45朵。

师：你是怎么算出来的？

生：9+9+9+9+9=45（朵）。

师：几个9？

生：5个9。

师：求几个相同加数的和，还有更简便的算法吗？

生：用乘法。9 × 5=45，5 × 9=45。

师：你会编写一句乘法口诀吗？

生：五九四十五。

生3：（再摆一行小花）一共有多少朵小花？

生：有6行小花，每行有9朵。一共有54朵。

师：你是怎么算出来的？

生：9+9+9+9+9+9=54（朵）。

师：几个9？

生：6个9。

师：我们来仔细观察这道加法算式，还有更简便的算法吗？

生：用乘法。9×6=54，6×9= 54。

师：你会总结出乘法口诀吗？

生：六九五十四。

三、组内探索，展示成果

师：现在我们要动动小手了，分组研究七九六十三、八九七十二、九九八十一。

组1：我们小组研究的是七九六十三，（再摆一行小花）我们发现有7行小花，每行有9朵。一共有63朵。

师：你们是怎么算出来是63的呢？

生：9+9+9+9+9+9+9=63（朵）。

师：求几个相同加数的和，还有更简便的算法吗？

生：用乘法。9×7=63，7×9=63。

师：几个9？

生：7个9。

师：你会总结出乘法口诀吗？

生：七九六十三。

以此类推：八九七十二、九九八十一。

师：现在我们来回顾看一下9的乘法口诀。

		用乘法：		乘法口诀：
9	1 个 9	9×1=9	1×9=9	一九得九
9+9=18	2 个 9	9×2=18	2×9=18	二九十八
9+9+9=27	3 个 9	9×3=27	3×9=27	三九二十七
9+9+9+9=36	4 个 9	9×4=36	4×9=36	四九三十六

9+9+9+9+9=45	5个9	9×5=45	5×9=45	五九四十五
9+9+9+9+9+9=54	6个9	9×6=54	6×9=54	六九五十四
9+9+9+9+9+9+9=63	7个9	9×7=63	7×9=63	七九六十三
9+9+9+9+9+9+9+9=72	8个9	9×8=72	8×9=72	八九七十二
9+9+9+9+9+9+9+9+9=81	9个9	9×9=81		九九八十一

四、巩固练习，运用新知

随堂测评

1. 例：9+9+9+9　　9×4　　9+9+9+9+9+9（　　）

9+9+9+9+9+9+9+9（　　）　　9个9（　　）

2. 填空：9×2= __　　9×4= __　　9×8= __

2×9= __　　4×9= __　　8×9= __

口诀：________　　口诀：________　　口诀：________

9×6= __　　9×3= __　　9×9= __

6×9= __　　3×9= __

口诀：________　　口诀：________　　口诀：________

植入普校教材（青岛版义务教育课程标准实验教科书《数学二年级上册》第41页第三单元“凯蒂学艺”信息窗4——趣味剪纸：

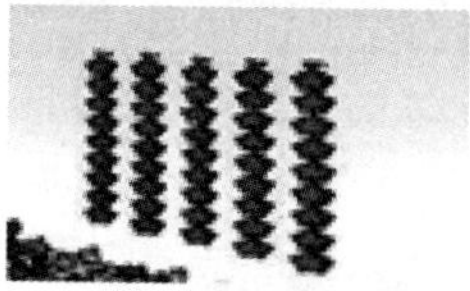

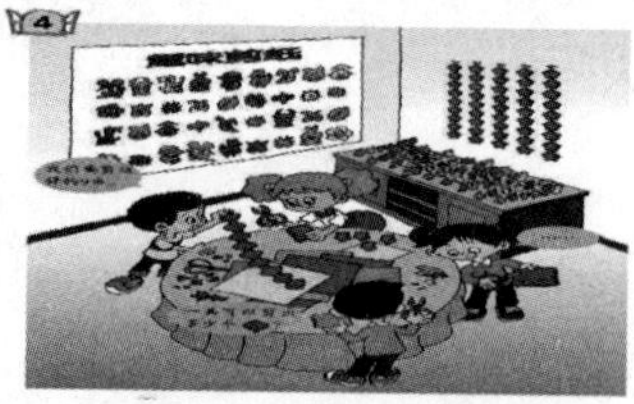

根据以上部分情景，你发现了什么数学信息？根据这些信息你能提出什么数学问题？

五、生活中的数学

拓展练习：运用9的乘法口诀编写应用题。

师：同学们，请你仔细观察我们的教室里有没有关于9的乘法的数学信息呢？

教师有意在墙上挂上5串小星星，每串9个，在窗台上摆上3捆铅笔，每捆9枝。让学生根据已有的数学信息口述一道乘法应用题并写在数学积累本上。

六、课堂小结

同学们，你学到了什么新知识？（总结今天学习的新知识）玩得高兴吗？生活中处处充满着数学知识，希望同学们做个有心人，仔细观察生活中的数学知识。在玩中学，在学中玩。

教学反思

在教学过程中，能巧妙地创设情境，激发学生的学习兴趣和强烈的求知欲望。注重有机地采取多种教学方法，多种练习形式进行教学，引导学生积极思维，主动获取知识，总结规律。让学生在自主学习、探索交流中要学数学，会学数学和乐学数学。力求体现“以学生发展为本”的指导思想。本课教学成功之处主要体现在以下几个方面：

1. 感受生活，激发学生的学习兴趣

《数学课程标准》指出：“数学教学要紧密联系学生的生活环境，从学生熟悉的生活情境出发，选择学生身边感兴趣的事物，提出有关的数学问题，使学生体验数学与日常生活的密切联系。”因此，我从学生所熟悉的生活情境出发，选择学生身边具有一定数学价值的、生动有趣的，有利于学生探索的事物作为学习的素材，以激发学生学习的兴趣与动机，调动他们学习的机智，从中感受到数学就在自已的身边，就存在于自己熟悉的现实世界里。

例如，新课开始，创设有趣的开火车活动，既巧妙地检查了学生的听力设备接收情况，又复习了8的乘法口诀，为学习9的乘法口诀打下基础。接着追问：“同学们会探索出9的乘法的口诀吗？”这一问题激起了学生自主探索的欲望，激发学生的学习兴趣和学习动机。又如，利用学生平时的奖励贴纸，结合多媒体演示，引出学生实际生活中很多常见的事物在学习中的广泛应用。为什么要用学生们常见的事物做新授课的学习内容呢？是为了再次激发学生的求知欲望，并且使学生具体地感知数学学习内容生活化的广泛性，潜移默化地向学生渗透了生活中处处都有数学问题。

2. 重视引导学生用多种感官参与知识的形成过程

心理学实验证明，思维往往是从动作开始，切断活动与思维的联系，思维就不能得到发展。要解决数学知识的抽象性与学生思维形象性之间的矛盾，关键是依靠动手操作。基于上面的认识，我在引导学生认识“七九六十三”时，采用学生小组合作，自主探究的教学方法，让学生在实践活动中，利用已有的经验摆一摆、说一说等方法对乘法口诀进行研究，自己发现“七九六十三”的规律并总结“七九六十三”这一口诀。

例如，教学通常做法是：教师摆小花，按照教师提出的要求让学生多次讨论，再让学生解答，从中发现规律。这样的设计固定了学生的思维。此次设计学生自主探索活动一反常规，提出一个既具探索性又具趣味性，更具挑战性的问题。请学生分组探究讨论剩下的七九六十三、八九七十二、九九八十一这三个乘法口诀，比一比，看哪个组能最快地探索出这个乘法口诀的规律，然后再到台上展示探索过程。立即课堂气氛活跃了，学生思维放开了，学生学得更轻松愉快。这样整节课无论在时间上还是空间上学生始终是课堂教学的主体，课堂成了学生的活动室，实验室，而教师犹如足球场外的教练。

通过动手实践活动，启发学生用眼观察，动脑思考，动口参加讨论，用耳去辨析同学们的答案，收到了较好的教学效果。

3. 利用所学知识，解决生活中的实际问题

数学来源于生活，生活中处处充满着数学，新课标指出：“教师应充分利用学生已有的生活经验，引导学生把所学的数学知识应用到现实中去，以体会数学在现实生活中的应用价值。”因此本课设计的最后一个教学环节就是“生活中的数学”。

在教室里挂上 5 串小星星，每串 9 个。在窗台上摆上 3 捆铅笔，每捆 9 枝。

又一次诠释了生活中的数学应用理念，学习数学知识是为生活服务的，生活中处处有数学知识。

4. 重视直观教学，充分发挥多媒体计算机辅助教学的功能

小学生对动态的新鲜的事物很感兴趣，喜欢探究。教学过程中，我充分发挥多媒体计算机的辅助教学功能，以直观、动态、形象化的演示效果，创设启迪学生积极思维和创造的视听学习环境，让学生饶有兴趣地观看生动画面的同时，渐入佳境，在愉悦的气氛中享受数学思维的快乐。

例如，在新课开始利用多媒体演示开火车活动，学生被生动的画面吸引住了，自然兴趣浓厚。在总结 9 的乘法口诀时，和植入普校教学内容“凯蒂学艺：趣味剪纸”都用多媒体演示。生动形象的画面深深地印在学生的脑海里。学生

在不知不觉中掌握了学习内容。

（烟台市特殊教育学校　江 婧）

除法的初步认识

教学分析

计算教学是小学数学教学的重点，除法是计算的重要组成部分，表内除法是学习除法的基础，而“除法的初步认识”又是学生学习除法的开始，是学习除法概念的第一课。学生在原有的知识结构中没有这方面的知识，学生对除法意义的理解及对除法的兴趣将直接影响到后面的学习，所以这节课显得尤为重要。

教材在编排时从分东西引入,通过分东西使学生初步领会“平均分”的实际意义。

教学前思

1. 教学指导思想

① 从生活实际出发，体现知识的形成过程，符合学生的认知规律；

② 课堂上注重学生多方面的发展，实现三维目标；

③ 立足培养学生的创新意识和自主学习的能力；

④ 教学过程中，注意创设情境和氛围。

2. 教学设计的几个层次

① 由同样多引出平均分。

在此安排了两次实践操作，一是把10根铅笔随便分成 2 份；二是把10根铅笔分成 2 份，每份要同样多。通过第一次动手操作，由学生的汇报引出“同样多”，通过第二次动手操作和教师的提问引出“平均分”。

② 用“平均分”指导操作。

在教师讲完故事后，让学生把 20 个桃平均分成 5 份，求每份是几个，就用刚学的“平均分”来指导学生动手操作。

③ 解决如何“平均分”。

上一环节的实践只是让学生尝试着平均分，并没有告诉学生如何才是平均分，在学生操作之后，观看教师分的过程，再模仿教师的分法进行分，最后请一个学生上台展示，帮助学生解决了平均分。

教学目标

（一）知识目标

1. 让学生通过亲自动手分实物，明确“平均分”的含义。

2. 从平均分的过程中清楚、直观地了解平均分的两种意义。

（二）能力目标

1. 通过实际操作，培养学生的动手实践能力和语言表达能力。

2. 培养学生探索知识的能力和自主学习的能力。

（三）德育目标

教育学生要礼貌待人。

A 类学生达到以上所有目标。

B 类学生达到以上第 1 目标。

C 类学生在教师的引导下尽量达到第 1 目标。

教学重难点

理解“平均分”的含义。

教具、学具：课件、铅笔、雪花片、磁铁。

教学过程

（一）激趣引入

1. 激趣

师：同学们，课间同学们帮老师分发学具和作业本，你们喜不喜欢帮老师分东西？

生：喜欢。

师：今天这节课我们就一起来分东西，通过分东西学习新知识，好吗？

2. 导入

师：秋天到了，果子都熟了。小动物们要举办一个丰盛的宴会。同学们看宴会上都为小动物准备了哪些食物呀?

生1：桌子上有桃子、苹果、竹笋、松果、2只熊猫、5只小猴……（C类学生回答，给予学生客观的评价）

生2：熊猫爱吃竹笋、猴子爱吃桃、小兔爱吃萝卜、松鼠爱吃松果。

师：你真聪明。

（二）新授

自主探究，建立“平均分”的概念。

师：这么多丰盛的食物，小动物们一定馋坏了吧！同学们看情景图，熊猫哥哥和弟弟都在目不转睛地盯着竹笋看呢！他们想干什么呀？可是他们遇到了一个问题，请听：（课件展示）

1. 师：10个竹笋要分给两只小熊猫，这是哥哥，这是弟弟，怎么分呢？同学们用手中的铅笔代替竹笋，帮一帮哥哥和弟弟，按你的想法分一分好吗?

师：同桌说一说你是怎么分的?

师：谁来说一说你是怎么分的?

2. 汇报交流：各类学生分层回答

生1：我是这样分的，一只熊猫分5个，另一只也分5个。

生2：我是这样分的，我看两只小熊猫不一样大，大的熊猫分6个，小的分4个。因为大的熊猫吃得多，小的熊猫吃得少。

生3：我是这样分的，大的熊猫分7个，小的熊猫分3个。

生4：大的熊猫分4个，小的熊猫分6个，因为大的要让着小的。

……

3. 归纳整理

师：咱们同学真了不起，想出了这么多分法，有一种分法的结果有点特别，看出来了吗?

师：这种分法为什么特别呀?

生：因为只有第一种分法，熊猫哥哥和熊猫弟弟分的一样多，其他几种分法分得不一样多。

师：其他的不是哥哥多就是弟弟多，只有这种分法每份分的同样多（同时板书）。像这种分法我们在数学上就叫做平均分（齐读）。

师：下面我们再把10个竹笋都改成平均分，好吗？

师：现在每只熊猫都分到了几个？5个，也就是每份分的——同样多，这种方法也叫做“平均分”。好，谁能用完整的语言再来说一遍？

（教师把学生提出的有关平均分的问题记录在黑板上）

师：谁来在演示一下，怎么才能把10个竹笋平均分给两只熊猫呢？你能用桌上的小图形代替竹笋分一分，试一试，好吗？（教师巡逻指导）

师：哪位同学愿意起来说说你是怎么分的？

B类学生回答

生1：先给大的熊猫1个，再给小的熊猫分1个……然后再……

生2：先给小的2个，再给大的2个，然后再给……

生3：先给大的熊猫5个，再给小的5个。

师：同学们想了这么多的方法，有1个1个分的，有2个2个分的，还有3个3个分的，4个4个分的，5个5个分的，都是分完为止。虽然分法不同，但两只熊猫分到的竹笋都是5个，也就是同样多。

师：每只熊猫分的同样多就叫做“平均分”。

4. 动手操作，进一步理解平均分的含义

师：把竹笋平均分给大的熊猫以后，其他的小动物觉得这样分很好，它们等不及了也要求平均分，你看有一只小猴子都馋得流口水了，他们想吃什么呀？这里有多少只桃子呀？20只，你能帮它们平均分开吗？有几只小猴子呀？

师：小猴子有要求了，20个桃子，平均分给5只猴子，谁能根据这个信息提一个数学问题呢？每只小猴分几个桃子？

咱们一起来帮帮小猴子吧。同学们先自己考虑一下,小组内商量一下怎么分。

5. 汇报交流

师：都分好了是吧！哪个小组能下来展示一下，你们小组怎么分的呢？

看清楚怎样分的吗？先给了一个，为什么？因为要一样多……

6. 归纳整理

师：刚才，咱们帮小动物们把桌子上的果实平均分开了，虽然分的方法不一样，有的是一个一个地分开了，有的是两个两个地分开了，还有的是几个几个地分开了。不管怎样都是平均分开了，也就是每份分得都同样多。

（三）巩固练习

同学们帮小动物们分完了他们喜欢吃的食物，同学们想不想分一分自己喜欢的水果呀？好，请同学一起来看大屏幕。

1. 把 6 个桃子平均分在 3 个盘子里，每盘有（ ）个。

2. 把 16 个香蕉平均分给 4 个同学，每个同学分得（ ）个。

分别让学生分完后，学生上台演示分的过程并用语言表述。

师：谁愿意上台分给大家看？（用磁铁演示）（C类学生回答）

（四）归纳总结

今天我们通过分东西认识了的新知识，就是平均分：无论怎么分，每份分得的都同样多，就是平均分。

（五）看书加深印象（第 48、49 页红点 1.2）

（六）拓展提升

老师这里有一道思考题请同学们试着用学具分分看：12个圆圈，平均每组分的同样多，可以有几种分法？（A类学生回答）

（七）阳光作业

1. 老师把 10 本作业本，平均分给 2 名同学，每名同学分得几本？

2. 课本第 50 页 1.2。

（八）板书设计

把 10 个竹笋分给 2 只熊猫，每只熊猫分 5 个竹笋。

把 20 个桃子分给 5 只猴子，每只猴子平均分到 4 个桃子。

把 6 个桃子平均分在 3 个盘子里，每盘有 2 个。

把 12 本作业本平均分给 4 名同学，每名同学分得 3 本。

每份分得同样多，叫做平均分。

教学反思

低年级学生的认知特点是具体形象思维为主，喜欢动手是他们的天性。数学活动中的操作既可以激发学生参与数学活动的兴趣，更重要的是帮助学生体验、理解数学的知识。因此，我在教学中把学的权力交给学生，让学生自己动手去摆一摆、分一分。在设计教案时，把教学重点确定为通过实际分东西，使学生知道“平均分的含义”。

课后，带给我的反思是很多的，其中最主要有两点：

1. 请相信学生能行！

过去，我们总怕孩子们听不懂、记不住。课上教师说得多、重复的地方多，给学生说的机会并不多。我们都知道学生都有一定的生活经验和知识基础积累，他们有对问题的看法和理解，也想表达、诉说。他们很想把自己的想法说出来，跟老师交流。因此，我们一定要把学习的主动权还给学生。孩子们只有在经历知识建构的过程中，才能体会到学习的乐趣，成功的喜悦。同时在建构知识的同时，他们也学会了与同伴的交流与合作。

2. 纵观整堂课，我让学生自己相互去交流、思考的时间相对少，这样只能是让一少部分学生参与到了课堂教学中来，使得还有一部分学生还没有充分理解平均分的含义时就匆忙的提出了主题，没有注意到应该采用举一反三、逐步渗透后再提出来，这点从教学上来说有点失败。虽通过平均分，实际操作进行直观的学习，但学生在学习的过程只是机械性的学习，缺乏主动性、灵活性、生动性。以后会秉承以学生为本的教学理念，还孩子们一片新的天空。

（烟台特殊教育学校　任万林）

附 录

附录1：生活化评价分析表

教师教学能力评价分析表

等级评定 / 评价实施细则		评价结果：优 15～20分	评价结果：良 10～15分	评价结果：中 5～10分	评价结果：差 0～5分	总分
原创个性20分	1.创意新颖性、构思独特性、设计巧妙性、应用艺术性。 2. 设计案例和活动的有效性、突破性和创新性。	充分体现	能够体现	勉强体现	难以体现	
必备要素20分	1.教学分析：教材、学情。 2.教学目标：三维目标、重难点。 3.教学过程： ①教学设计内容科学性、表述准确性、术语规范性。 ②教学步骤明晰性，教学环节完整性。 ③教学方法、手段，学生活动设计合理规范性。 ④问题或任务设计是否有利于实现教学目标，是否有利于教学情境营造和教学活动组织。 4.教学反思：反思恰当性、评价合理性。	表现出：教学分析、教学目标准确到位；教学过程科学合理、突出教学情境；教学反思恰当、有余味。	表现出：教学分析、教学目标明确；教学过程完整但不能突出教学情境；教学反思不充分。	表现出：教学分析、教学目标不明确；教学过程不规范；教学反思不恰当。	表现出：教学分析、教学目标不到位；教学过程不完整；无教学反思。	
实践特性20分	1.教学过程设计严谨性。 2.教学过程描述精炼性。 3.可操作性、可移植性。	充分体现	较好体现	基本体现	难以体现	
教学资源20分	1.资源选择科学性、合理性，资源质量度，支持教学需要度。 2.资源组织的层次性，条理清晰度、运用便捷度。	表现出：科学优质、突出实效。	表现出：合理清晰，有一定实效。	表现出：合理，难达实效。	表现出：选用了资源，但不合理。	

续表

技术运用20分	1.媒体选用恰当性，设计交互性，操作便捷性，能否发挥计算机和网络的优势。 2.运行稳定性，媒体流畅性。 3.界面友好性，构图合理性，色彩协调性。 4.语言简洁、生动，文字、版式规范、字体运用恰当性。 5.视像、动画的感染力。	表现出：善于并合理使用所需要的技术。	表现出：会使用所需要的技术。	表现出：需要提高所使用的技术。	表现出：使用技术时，需要他人帮助。	

学生学习能力评价分析表

评价指标	权重	评价等级及分值				得分			
		A(9～10分)	B(7～8分)	C (5～6分)	D(4分以下)	自评	互评	教师评价	小计
活动态度10分	10%	积极主动参加每一次学习活动，能主动和同学交流,不怕吃苦，勇于克服困难。	积极主动地参加每一次学习活动，能和同学交流，不怕吃苦，能克服一定困难。	能参加学习活动，基本能和同学交流，不怕吃苦，能克服一些简单的困难。	不积极参加学习活动，不善于和同学交流，怕吃苦，不能克服困难。				
搜集资料10分	10%	能快速地、准确地运用多种途径进行搜索、查找资料，具有较强的处理信息的能力。	能运用多种途径进行搜索、查找资料，具有一定的处理信息的能力。	基本能搜索、查找相关资料并能作一定的处理。	搜索、查找资料的能力很低，几乎不能处理信息。				
完成任务10分	10%	不需要提醒，就能熟练的、准确的，提前完成任务。	经常做自己的任务，且能按时完成，几乎不需要提醒。	几乎需要经常提醒，才能基本完成任务。	依赖性强，没有主动性，不能完成任务。				

续表

小组合作20分	内部	10%	各成员共同学习、研究，积极开展合作学习，能在分工的同时很好地帮助本组其他成员完成工作。	各成员共同学习、研究，能较好地开展合作学习，能完成基本的协作，能够较好地完成任务。	各成员很少共同学习、研究，在合作学习中不够积极主动参与其中，但能在老师引导下帮助同组同学完成任务。	各成员之间没有共同学习、研究，没有体现小组分工和协作的合作精神，只知道完成自己的工作，自顾自。				
	外部	10%	了解其他小组研究课题，小组间经常交流数学知识资源，互相帮助。	了解其他小组研究课题，小组间有时会交流数学知识资源，互相帮助。	小组之间有时交流数学知识资源，很少互相帮助。	小组之间几乎没有交流数学知识资源。				
创新实践10分	10%		实践中能灵活应变，及时提出问题，分析、归纳和总结问题，解决问题的思路方法独特新颖，勇于克服困难，积极动脑、动手、动口。	实践中有应变能力，能提出问题，分析问题，有解决问题的方法和思路，能克服困难，勤于动脑、动手、动口。	实践中不能随机应变，要靠他人的帮助和指导才能动手解决问题。	实践活动中很被动，不愿动脑、动手和动口，遇到困难束手无策。				
研究报告10分	10%		论述清楚，有条理，证据充分，组织严密，内容丰富完整，形式规范，语言流畅，有说服力。	报告论述清楚，表达准确，内容充实，语言通顺，形式规范，有说服力。	报告论述基本清楚，内容简单，语言平淡，表组织不严密。	报告陈述不清，内容空乏，语言不通顺，表达不清楚，组织不严密，几乎难以理解。				

续表

学习成果20分	数学知识	10%	了解身边的数学知识，并能够准确用数学解决生活中的问题。	能较好地了解身边的数学知识，并能较好用数学解决生活中的问题。	能基本了解身边的数学知识，并基本能用数学解决生活中的问题。	能大致明白身边的数学知识，不能用数学解决生活中的问题。				
	成果展示	10%	收集数学在生活中的应用很全面，汇报条理清楚，仪式大方得体，展示成果丰富多彩，通过黑板报、手抄报、幻灯片等多种形式展示，能明显体现学习成果。	收集数学在生活中的应用，汇报条理清楚，展示成果较多，能有2~3种展示形式，能明显体现学习成果。	收集数学在生活中的应用不全面，汇报有条理，但成果较少，展示形式单一，学习成果体现不明显。	收集数学在生活中的应用很少，汇报模糊，没有成果，展示形式单一。				
总计										
注：评价结果分四个等级：90分以上为优秀、70分以上为良好、60分以上为达标，60分以下为需努力。										

附录2：数学实践活动课学生评价分析表

数学实践活动课学生非智力因素评价表

姓名：　　　　年级：　　　　评价级别：　　　　时间：

评价项目	评　价　内　容	评价等级			
		优	良	合格	不合格
学习兴趣	1.对数学有强烈的好奇心，乐于学习数学。 2.能经常阅读数学课外读物，丰富数学知识。 3.能用数学的眼光观察周围的事物，初步具有数学意识。				

续表

学习态度	1.上课注意力集中，主动参与学习。 2.及时认真完成各项作业。 3.遇到难题能刻苦钻研，不怕困难。				
学习习惯	1.课前预习，课后复习。 2.上课时善于进行观察、思考、操作、表达等学习活动。 3.完成作业后能自觉自我检查。				
独立精神	1.能独立思考，提出自己的见解。 2.常提建议，善于补充同学的发言。 3.能寻求创造性的解题方法。				
合作意识	1.能主动参与小组讨论，共同探索知识。 2.善于帮助学习中有困难的同学。 3.乐于接受其他同学的帮助。				
备注： 优为90分，良为70分，合格为60分，不合格为40分。 进行以上5项相关的分数合计后所得分数，属哪一等级范畴内即为此级。					

数学实践活动课学生实践运用能力评价分析表

姓名：　　　年级：　　　评价级别：　　　时间：

评价项目	评　价　项　目	评价等级			
		优	良	合格	不合格
习惯能力	1.认真听课。 2.仔细看书。 3.抄录课堂板书内容以及记好作业。				
操作能力	1.会用学具摆设应用题情景。 2.会运用线段帮助分析数量关系。 3.会测量或估量物体的尺寸。 4.会用尺子等工具画多种有趣的图形。				
思维能力	1.会有次序的观察事物。 2.会用分析、综合、比较、猜想等思考方法。 3.会抽象、概括事物之间的关系和联系。				

续表

记忆力	1.熟记四则计算意义、法则、性质及口诀。 2.熟记人民币、重量、时间、长度、面积等单位的进率。 3.熟记整数、小数、分数、百分数互化的常用数据。 4.熟记各种面积、体积、周长公式及有关形、体特征。				
分析能力	1.会给学过的相应应用题补问题、条件。 2.会用综合法、分析法解应用题。 3.会用图画或线段分析数量关系。 4.会解决实际生活中的有关问题。 5.会用不同的方法进行解题。				
计算能力	1.正确熟练地进行四则计算并掌握相应的速算方法。 2.会运用演算、估算方法以及假设方法。				
空间想象能力	1.认识、熟悉平面图形和立体图形。 2.掌握平面图形、立体图形的特征。 3.能把实际生活中的所见图形归类计算。				
备注： 优为90分，良为70分，合格为60分，不合格为40分。 进行以上7项相关的分数合计平均后所得分数，属哪一等级范畴内即为此级。					

数学实践活动课学生语言表达能力评价分析表

姓名：　　　年级：　　　评价级别：　　　时间：

评价项目	评价内容	评价等级			
		优	良	合格	不合格
口头表达能力	1.回答问题声音响亮，语句完整，说话有顺序，前因后果交待清楚。 2.会用一些简单数学术语。 3.能完整说出定律、法则、公式等。 4.能针对问题进行讨论，提出自己的见解。 5.能根据条件编写出两步以上复合应用题。				

续表

书面表达能力	1.书面作业端正、正确。 2.能根据生活实际编写出有价值的应用题。 3.会用简单的图形、线段表示数量关系。 4.能收集、记录相关的有趣的游戏、难题、数学家的成就等知识。 5.能设计出内容丰富多彩的数学小报。 6.会用与之水平相当的语言记录数学日记。				
备注： 优为90分，良为70分，合格为60分，不合格为40分。 进行以上2项相关的分数合计平均后所得分数，属哪一等级范畴内即为此级。					

附录3：学生数学实践活动课学业成就的评价目标体系

低年级生活实践活动课评价标准

1. 在教师的引导下，对数学产生兴趣，对身边与数学有关的事物怀有好奇心。

2. 在教师的指导和帮助下，学会从数量上、图形上观察身边事物的数量和简单几何图形的特征。

3. 在教师的指导和帮助下，学会收集简单的数据信息。

4. 在教师的指导下，对问题的条件和所求逐步有所了解。

5. 了解、接触简单的数学问题，会模仿范例提出简单的数学问题。

6. 在教师的指导和帮助下，初步学习将实际生活中的问题转化成数学问题。

7. 在教师的指导和帮助下，初步学习有条理、有根据地思考问题，能使用“因为……所以……”的表达形式，初步学习表达解决问题的大致过程，能用实物、图画或简单的语言表达身边的事物或数学问题。

8. 在教师的示范和指导下，初步学会通过实物操作或使用模型解决问题。

9. 在教师的鼓励下，能克服在数学活动中遇到的某些困难，开始树立学好数学的信心，愿与同学合作开展数学活动。

中年级生活实践活动课评价标准

1. 对周围与数学有关的事物怀有好奇心，有探求数学问题的愿望。

2. 能根据教师的要求正确、有序地观察周围事物的数量和关系，以及常见几何图形的特征，并能通过实物操作和使用图形、图表解决实际问题。

3. 学会根据教师的要求搜集有关的数据信息，会区分有价值信息和无价值信息。

4. 初步学会理解问题的条件、解题的目标和举出例子（数学材料、数学事实）解决问题的方法。

5. 较多地接触与自己生活有关的实际问题，能围绕创设的问题情景提出问题。

6. 在教师的指导和帮助下，学会将实际生活中的问题转化成数学问题。

7. 在教师的指导和帮助下，初步学会有条理、有根据地推理一些简单问题，学会使用“如果……将会……”的表达形式，初步学会表达解决问题的过程，能用熟悉的数学语言讨论周围的事物，能结合所学知识写出简单的数学日记。

8. 能把与数学知识相关的所见所闻，运用丰富多彩的板报形式表达出来。

9. 在教师的指导下，对所学的数学内容感兴趣，树立学好数学的动机，能主动参与教师组织的数学活动，积极克服活动中的困难。

高年级生活实践活动课评价标准

1. 有较强的数学好奇心和求知欲，对事物有寻根究底的意愿和积极态度。

2. 能独立观察日常生活中事物的数量和几何图形的特征。

3. 学会根据需要搜集有关的数学信息，并根据一定的要求进行整理。

4. 对需要解决的问题有较明确的目标指向性。有一定的审题能力，对所提的问题能正确表述。

5. 接触一些较容易的与社会、生产有关的问题，能围绕问题情景抓住知识要点提出建构和应用方面的问题，学习后对所学内容能质疑问题。

6. 能运用所学的知识将实际问题转化成数学问题。

7. 基本学会表达解决问题的过程，能用数学语言讨论比较容易的数学问题，能运用较流畅的语言把所学的数学知识写成数学日记的形式。

8. 能自行设计创办内容丰富、色彩合理的数学趣味小报。

9. 能进一步体会数学的趣味性和挑战性，开始产生对数学的爱好，有学好数学的责任感。能较独立地克服数学活动中的某些困难，初步会合理地组织数学活动。

（评价学生解决问题能力、语言能力、实践能力等诸水平的参照标准。）

附录4：低年级学生实践活动安排（青岛版数学教材）

教材内容	实践活动内容
《分类》	让学生回家后，按照一定的标准整理自己的房间，亲身经历分类的过程，感受分类在生活中的作用，互相交流整理和分类的方法。教师可以对学生适时地渗透爱劳动、爱家庭的教育。
《认识物体》	让学生回家后找出形状是正方体、长方体、圆柱体、球体的物体，利用这些物体，发挥自己的想象力，搭出自己喜欢的东西，并带到学校。教师组织学生在全班交流，说一说搭的是什么物体，分别用了哪些立体图形？
《认识钟面》	（1）小小设计师：设计一个钟面图案，画出你最喜欢的时间，并用两种方法表示出来。巩固学生对钟面的认识和对整时、半时的认读。（2）运用所学知识：你想怎样更好地安排自己的一天呢？把你的想法告诉你的爸爸、妈妈。引导学生逐步养成珍惜时间和合理安排时间的良好习惯。
《统计》	让学生独立调查自己班里10名同学的上学情况，是乘车上学还是步行上学？是结伴走还是单独走？通过学生独立地调查、整理数据、表达结果，培养学生的统计意识。调查时可以指导学生会用表格记录，使活动更便于操作。学生在表达他们的调查结果时，可能会用不同的方式。教师要引导和鼓励学生相互交流，发表自己的意见。

续表

《生活中的数》	小调查：你们学校一年级有多少个班？每班各有多少人？哪班人数最多？哪班人数最少？目的是培养学生的实践能力，体现数学在生活实际中的应用。教师注意因地制宜的组织学生活动，并引导学生交流、反馈调查结果。
《观察与测量》	让学生回家后分别从前面、后面、侧面、上面、下面等不同的角度去拍摄自己喜欢的物体的形状，并洗出照片或者将图片拷在U盘里，教师及时收集、整理，并在班里对优秀作品进行展示活动，让学生深刻体会到：从不同的角度观察同一物体，所看到的形状可能是不同的。
《有趣的图形》	鼓励学生充分发挥自己的想象力和创造力，用七巧板拼出一个自己最喜欢的图形，可用一副或多副七巧板来拼，学生可以用照片来记录自己的成果，教师注意对作品的收集和展示，并组织学生进行交流。
《购物》	（1）用附页中的人民币表示教材中出现的各种商品的价格，说一说购买这些商品需要哪些面额的人民币。（2）请学生们拿出自己的文具，根据生活经验和同伴说一说这些文具的价格，并选择其中若干文具，用模拟人民币做购物游戏。（3）小组内做兑换人民币的游戏。如用1元换10角，1角换10分，1张5元币换5张1元币……在游戏中学习小面额人民币的换算关系。
《方向与位置》	回家观察家里客厅东、南、西、北四个方向各有什么物体，并向爸爸妈妈说一说，以及家里小区附近东、南、西、北四个方向各有什么物体？
《时、分、秒》	制作一个周末的作息时间表，安排自己一天的学习生活，并搜集有关时间的名人名言。
《分一分与除法》	回家准备一把瓜子放入袋子中，和爸爸妈妈去抓一抓，如果手中的瓜子能平均分成2份，得2分；如果还能正好平均分成3份，再得3分；如都不能，则不得分。轮流做几次，得分高的获胜。
《方向与路线》	辨认东、南、西、北、东北、东南、西北、西南八个方向，自己制作一幅《可爱的校园》地图。
《测量》	回家测量生活中什么东西长1厘米、什么东西长1分米、什么东西长1米，并在自己身上也找一找1厘米、1分米和1米的长度。
《认识图形》	每人用硬纸分别做一个锐角、一个直角、一个钝角;用我们学过的正方形、三角形、长方形、平行四边形拼成一幅美丽的几何图形。

附录5：学生日记

感受生活中的推理

2010年3月18日

今天第三节课是数学实践课，内容是“生活中的推理”。

以前我介绍自己以及相关事情都是直接介绍，了解事物也是直接了解结果。而老师这节课介绍给我们的事情不是这样，只给我们介绍了事情的间接情况，我不能直接知道结果，心里挺难受的，也挺着急，这个问题我着急了好大一会儿，我真的好想揭开这个谜底。想来想去，还是解决不了问题。

这时，老师给我们介绍了用表格搜集、整理信息，进行推理、判断的思考方法。我按照老师所教的方法，把题目中的有关信息全都搜集、整理在表格中，然后进行想象、研究、推理、才判断出事情的正确结果，我豁然开朗，觉得数学实践课很有情趣。这节课我不但理解了“活跃、屡投屡中、航模、分别、信息”等词语，还会用表格搜集、整理信息，辅助推理，以便正确地判断出结论。我又学会了一种解决生活问题的方法。以后，我再有烦恼，可以运用以上方法解决自己遇到的困难，我心里有说不出的喜悦与兴奋。我还试着用它解决了“判断任教老师”问题和“游戏中的排序”问题，这个方法真好，我很喜欢。

如果我经常用推理、思考解决问题，脑子肯定会越来越灵活，就会像所看的动画片《柯南》一样，聪明机智、心细善辩，成为生活中的有心人。

快快来加入我们的行列，学数学实践课吧，它会教你学会很多东西，帮助你解决很多生活实际问题。

（学生：王佳静　指导老师：孙言杰）

我会认识角了

2012年4月5日

今天我们认识了角，有锐角、直角、钝角。直角大于锐角而小于钝角。一个角是由一个顶点向不同的方向引出两条射线，也叫边形成的夹角，角的大小与边的长短没有关系，两边张口越大，所形成的角就越大。

在日常生活中，我们也常常见到角。例如：钟面上的时刻，9时和3时，时针和分针就形成了直角；1时，时针和分针就形成了锐角；5时，时针和分针就形成了钝角。只要我们仔细观察，生活中所遇到的角很多啊，学习数学真好！

（学生：申晓杰　指导老师：孙晓宁）

测　量

2013 年 5 月 15 日

今天数学课上，我们学习了测量，数学老师让我们把自己准备的直尺拿出来，先量一量自己手中的铅笔有多长？我量了量，有 17 厘米长，老师又叫我们量自己的数学书，长 26 厘米。这时，只见老师手中拿出一小截铅笔让我们估一估大约有多长。同学们积极举手回答，众说纷纭，老师点到了我，我说：“大约有 10 厘米长。”老师让另一位同学到前面去实际量一量，刚好 10 厘米。这时掌声雷鸣，真准确。老师把 10 厘米板书在黑板上，接着说：“10 厘米还可以说是 1 分米，10 厘米 =1 分米，长度单位分米比厘米大”。老师又写上：10 厘米 =1 分米，分米用英文字母 dm 表示，1 dm=10 cm。

老师要求我们记住，在大脑中形成表象，教我们用手势比划比划，1 厘米有多长，1 分米有多长。告诉我们在测量物体时，要观察用什么长度单位来测量既简便又合适。我用老师教的方法测量我的课桌有多高，真的很好啊！学数学真好！我喜欢数学课！

（学生：逄晶晶　指导老师：段晓伟）

学好数学能省钱

2012 年 4 月 16 日

星期天，我和爸爸妈妈去逛超市买牙膏。到了超市，我们直奔洗化柜，我们发现了同种竹盐牙膏有两种卖法：①3支110克的牙膏组成清新畅享装是17.9

元；②一支重150克的牙膏是8元。

妈妈对我说："常鹏，我们今天打算多买一些牙膏回去慢慢用，你看这两种卖法的牙膏买哪种省钱呢？"这下子可把我难住了，妈妈又对我说："今天我们把17.9元就当成18元，你来算一算吧！"我立即说："买清新畅享装省钱。"妈妈问："为什么呢？"我说我是这么想的：18元买三盒，用18÷3＝6（元），那么110克的牙膏6元每盒。150克的牙膏8元每盒，也就是多2元钱多买40克牙膏，照样算1元可买20克牙膏。而买150克的牙膏1元买不到20克。所以我认为买清新畅享装省钱！妈妈听了以后高兴的对我说："太棒了！学好数学真有用！"

今天，我知道了，数学在日常生活中要经常用到，还能省钱呢，我一定要好好学习数学！

（学生：成 倩　指导老师：祝红军）

附录6：学生作品

手抄小报

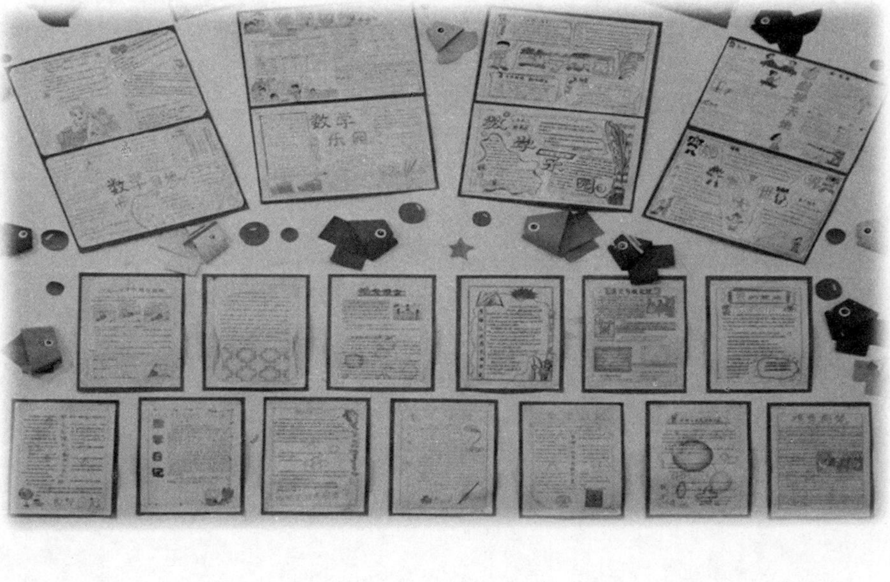

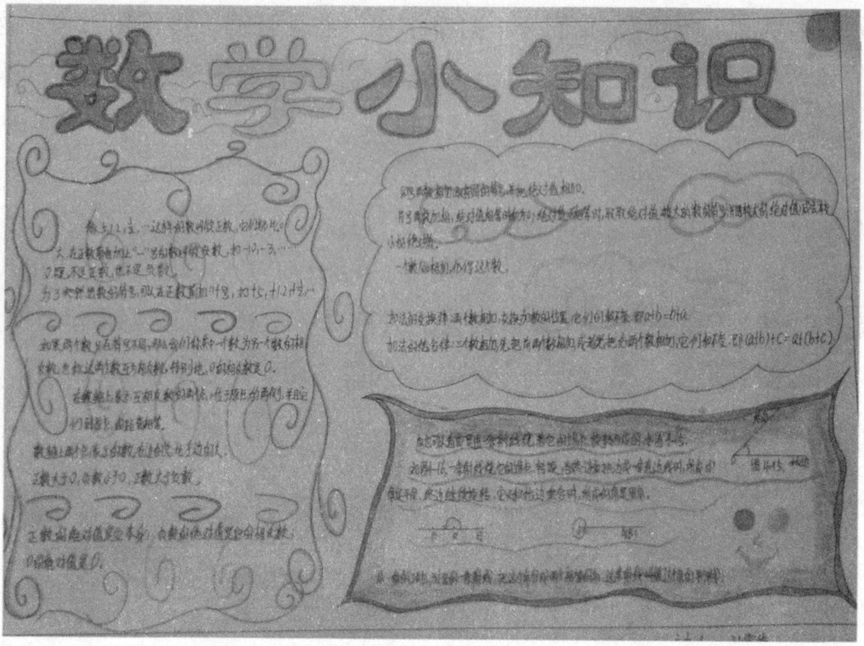
数学小知识

数学园地

学生创意作品

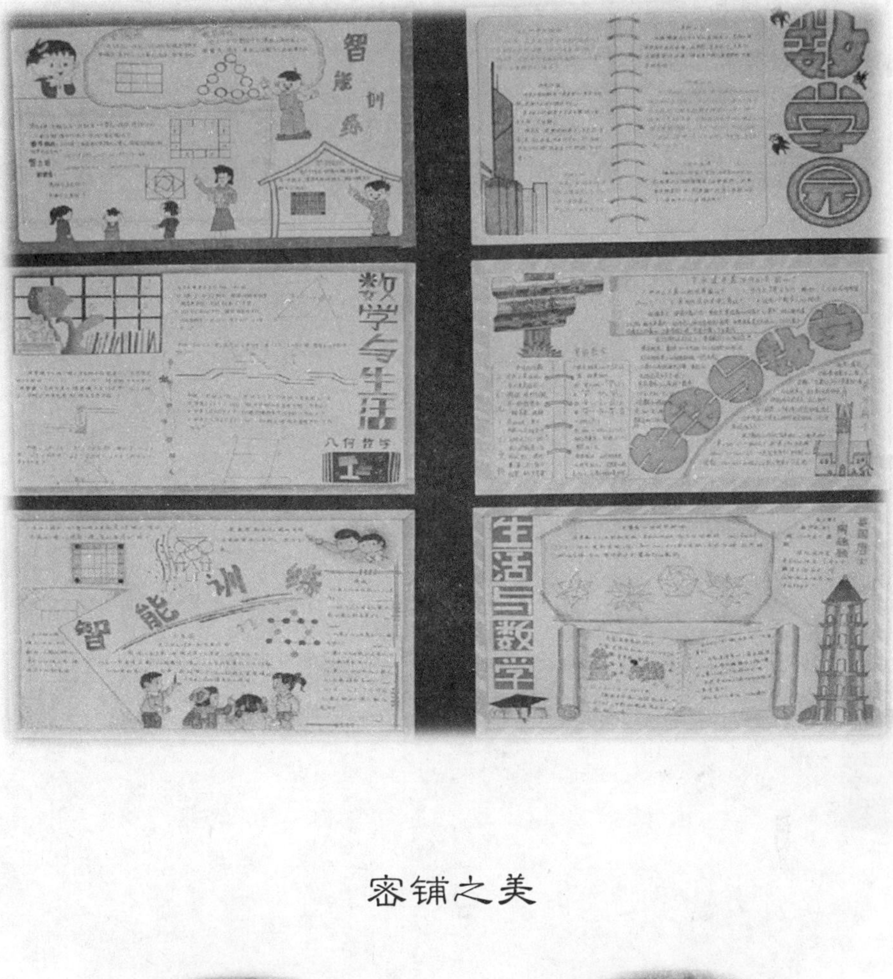

密铺之美

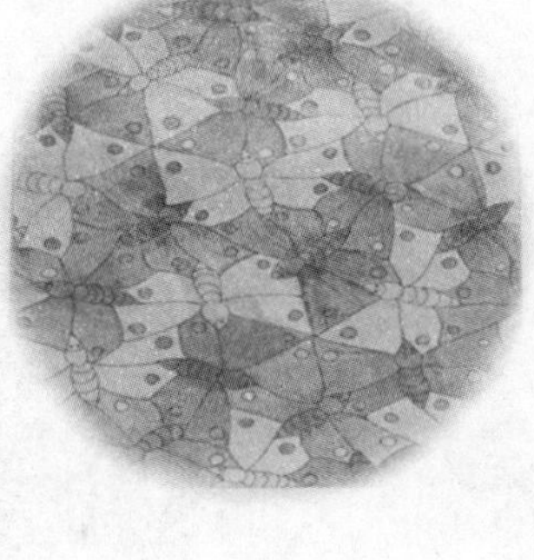

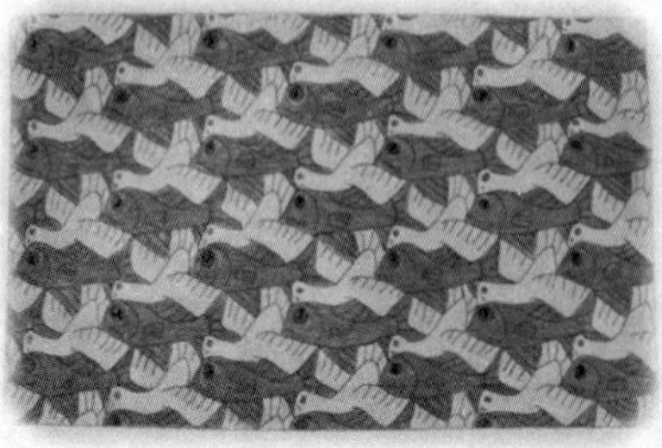

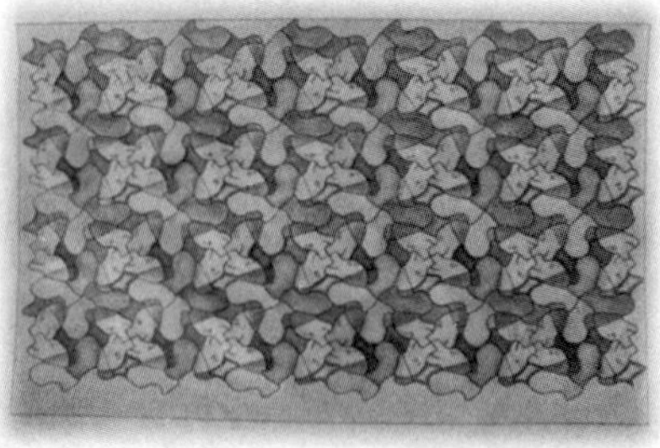

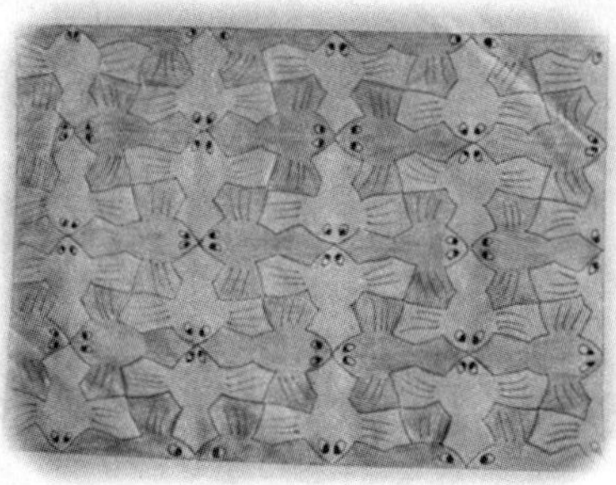

对称之美

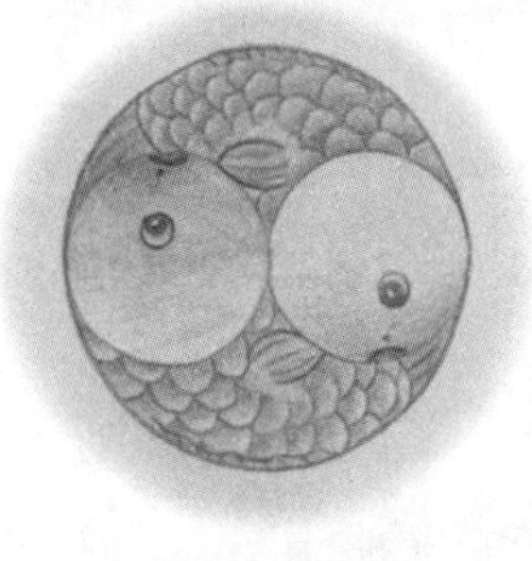

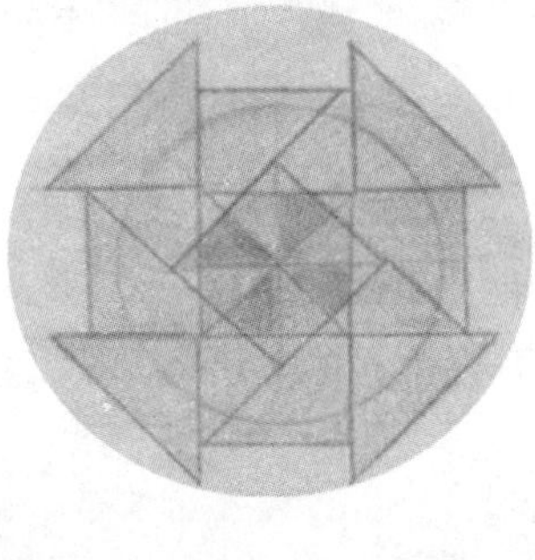

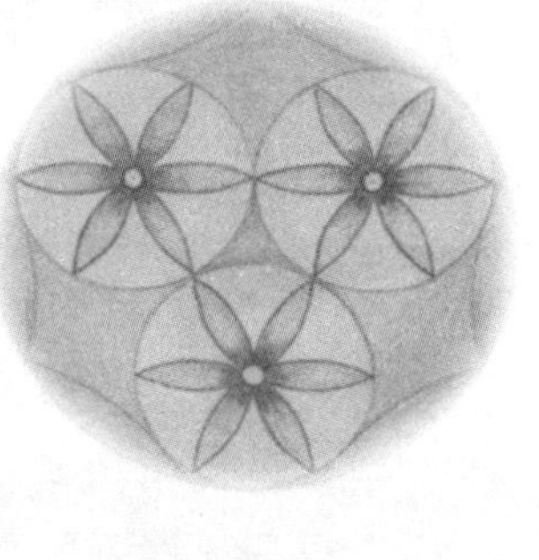

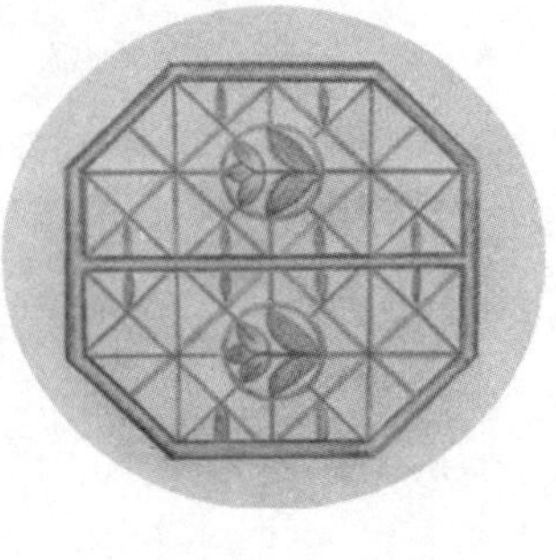

学生电子作品：我的校园

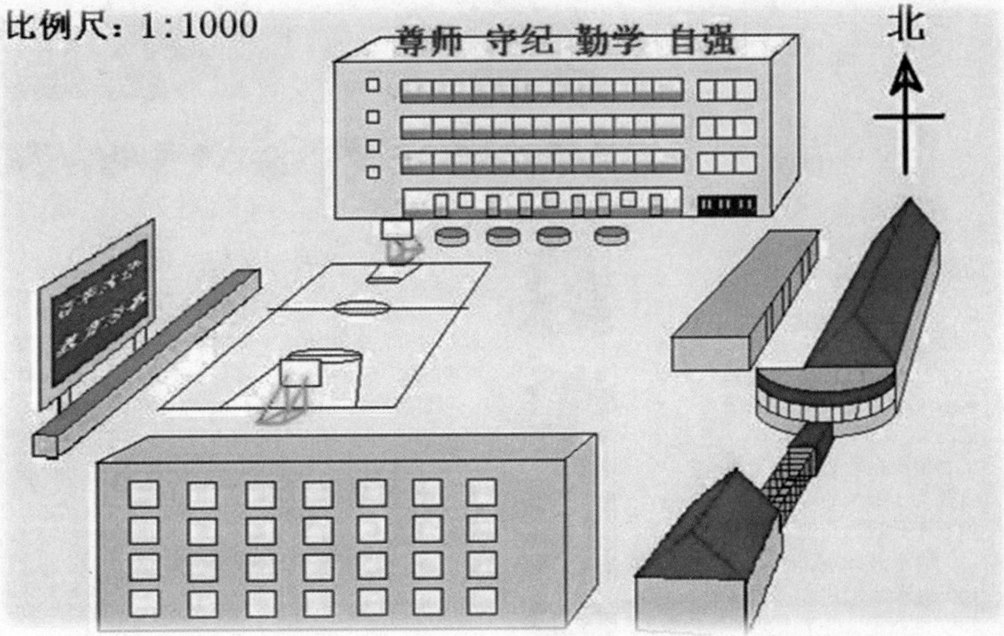

电子导报

八年级一班制作人：贺双双

数学实践天地

纳米

纳米是一种长度单位，它用来表示微小的长度。1 纳米为十亿分之一米，即 10^{-9} 米，它相当于 1 根头发丝直径的六万分之一。直径为 1 纳米的球与乒乓球相比，相当于乒乓球与地球相比。

纳米技术是指在 0.1 纳米至 100 纳米范围内，通过直接操纵和安排原子、分子来创造新物质，它将对人类的未来产生深远影响。例如，采用纳米技术，可以在一块方糖大小的磁盘上存放一个国家图书馆藏书的所有信息；应用纳米技术还可以制造出“纳米医生”，它微小到可以注入人体的血管中。

你想了解更多的有关纳米技术或微观世界中有趣的问题吗？那就请你去查查资料或请教专家吧。

一亩树林的作用

一亩树林每天能吸收 67 千克二氧化碳，放出 49 千克氧气。一亩树林一个夏季可蒸发 42 吨水，一年可达三百至五百吨。一亩树林一年可吸收各种灰尘 22~60 吨。一亩树林一个月可吸收各种有毒气体 4 千克。一亩有林地比一亩无林地多蓄水 20 吨。一亩防风林可保护一百多亩农田免受风灾。

实践活动课的特点

数学实践活动课，顾名思义为：数学 + 实践活动。活动是形式，是数学内容的载体和实际目标的手段。数学实践活动课可以激发学生学习数学的兴趣，引导学生学会应用所学的数学思想和方法去观察、分析、研究问题，从而明确学习数学的根本目的在于应用。养成从数学的角度考虑日常事务的习惯。为此，要根据小学生的好奇、好动、有较强求知欲的特点，尽可能做到方法要“活”，组织形式能“动”。如何让实践活动课上的“妙趣横生”？我们有必要对它的特点进行一番探究。

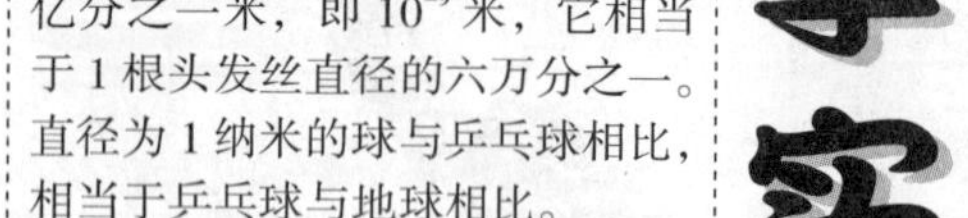

我认为上好一节实践活动课要做到以下几点：

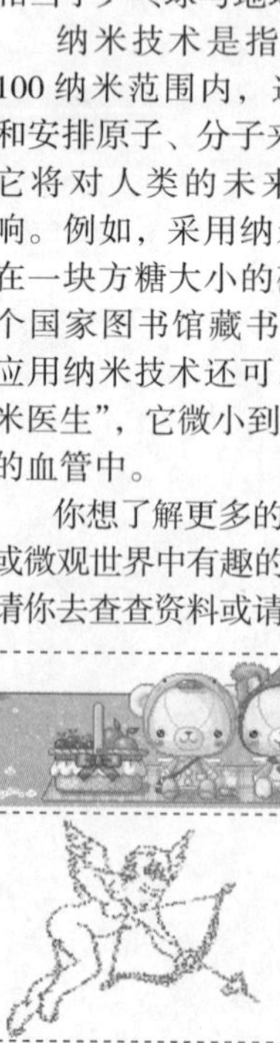

（1）给学生创设一个生动有趣的情境，让学生感受到数学的乐趣。
（2）教师在课前和活动开始时应做好活动定向的引导。
（3）教师在活动进行中要适时地加以组织和指导。
（4）教师在活动结束后要及时地促进学生认识的提升。

参考文献

[1] 祁红霞，沈建岭. 浅谈小学数学实践性作业设计[J]. 小学教学参考. 2011，3.

[2] 仇红丽. 让数学家庭作业充满情趣[J]. 小学教学参考. 2010，2.

[3] 鲁国富，顾尧根. 新课程背景下数学作业的新视点[J]. 小学教学参考. 2010，4.

[4] 丁琳，叶立军. 中美中小学数学家庭作业的比较研究[J]. 教育探索. 2009，1.

[5] 张燕华. 融于生活，感悟数学[J]. 小学教学参考. 2010，9.

[6] 教育部基础教育司，数学课程标准研制组编. 全日制义务教育数学课程标准解读（实验稿）[M]. 北京：北京师范大出版社，2002.

[7]《青岛版小学数学五四制实验教材使用报告》

[8]《青岛版小学数学五四制与六三制修订本教材内容结构对比表（2012.11.27海明威）》

[9] 罗增儒，李文铭. 数学教学论[M]. 陕西：陕西师范大学出版社，2003.

[10] 郭元祥. 综合实践活动课程设计与实施[M]. 北京：北京首都师范大学出版社，2003.

[11]钟启泉. 新课程培训[M]. 北京：北京大学出版社，2002.

[12] 成尚荣，洪永山，邱建华. 构建生活的课堂[M]. 江苏：江苏教育出版社，2001.

[13] 钟启泉，李雁冰. 课程设计基础[M]. 山东：山东教育出版社，2000.

[14] 陈旭远. 推进新课程——新课程推进中的问题与案例分析[M]. 吉林：东北师范大学出版社，2004.

[15] 李瑾瑜等. 课程改革与教师角色转换[M]. 北京：中国人事出版社，2002.

[16] 郑毓信. 数学思维与小学数学教学[J]. 课程 教材 教法. 2004.

[17]斯苗儿. 小学数学教学案例专题研究[M]. 浙江：浙江大学出版社，2005.

[18]郑俊选．小学数学教学改革实践与研究[M]．北京：人民教育出版社，2004.

[19]李美榭．小学数学生活化[J]．浙江教育网，2004.

[20]吴正宪．正宪创造了孩子们喜欢的数字课堂[M]．北京：北京国际文化出版公司，2003.8.

[21] 新课程实施过程中培训问题研究课题组编.新课程与学生发展[M]．北京：北京师范大出版社，2001.

[22] 教育部基础教育司组织编.走进新课程——与课程实施者对话[M]．北京：北京师范大出版社，2002.

[23]马云鹏，张春莉等．数学教育品评价[M]．北京：高等教育出版社，2003.

[24]陈清容．小学数学新课程课堂教学案例[M]．广州：广东高等教育出版社，2003.

[25] 金雪根．小学数学探究性学习初探[J]．小学数学教师，2002.4.

[26] 马云鹏．小学数学教学论[M]．北京：人民教育出版社，2003.

[27] 新课程实施过程中培训问题研究课题组编.新课程理念与创新[M]．北京：北京师范大出版社，2001.

[28] 蒋守彬．“生活化”小学数学教学的尝试[J]．教育科学研究，2004.6.

[29] 曹羽飞．小学数学教育改革文集[M]．北京：人民教育出版社，2004.

[30]《小学数学新课程标准》.

[31] 陈旭远，刘冬岩．促进学生体验的教学策略[J]．中国教育学刊，2004.

[32] 杨志杰．让学生动手操作起来[J]．小学数学，2007.

[33] 成尚荣．构建生活课堂[M]．江苏：江苏教育出版社，2001.

[34] 郑宝霞．谈如何让数学课堂充满生活气息[J]．成才之路，2010.3.

[35]欧阳琴．对小学生思维特征与数学教学的思考[J]．考试周刊，2009.2.

[36] 杨金侠．培养小学数学动手操作的能力[J]．成功教育，2011.4.